国家社科基金项目"新型城镇化金融支持研究"

（项目编号：14BJY055）资助

新时代区域协调发展机制研究书系

新型城镇化
金融支持研究

XINXING CHENGZHENHUA
JINRONG ZHICHI YANJIU

马德功　王建英　康雪晴　曹文婷◎著

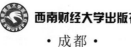西南财经大学出版社

·成都·

图书在版编目(CIP)数据

新型城镇化金融支持研究/马德功等著.—成都:西南财经大学出版社,
2021.5
ISBN 978-7-5504-4607-6

Ⅰ.①新…　Ⅱ.①马…　Ⅲ.①城市化—金融支持—研究—中国
Ⅳ.①F299.21

中国版本图书馆 CIP 数据核字(2020)第 207058 号

新型城镇化金融支持研究

马德功　王建英　康雪晴　曹文婷　著

策划编辑:李邓超
责任编辑:王青杰
封面设计:墨创文化
责任印制:朱曼丽

出版发行	西南财经大学出版社(四川省成都市光华村街 55 号)
网　　址	http://www.bookcj.com
电子邮件	bookcj@swufe.edu.cn
邮政编码	610074
电　　话	028-87353785
照　　排	四川胜翔数码印务设计有限公司
印　　刷	四川五洲彩印有限责任公司
成品尺寸	170mm×240mm
印　　张	19
字　　数	398 千字
版　　次	2021 年 5 月第 1 版
印　　次	2021 年 5 月第 1 次印刷
书　　号	ISBN 978-7-5504-4607-6
定　　价	88.00 元

序

城镇化是人类社会发展的阶段性产物，是集约化规模效应的内在要求。新型城镇化是我国经济社会进入高质量发展阶段的重要标志。诺贝尔经济学奖获得者斯蒂格利茨曾预言，中国的城镇化将对21世纪的世界产生重要影响。李克强总理指出，新型城镇化是中国经济未来发展的引擎，是关系现代化全局的大战略，是最大的结构调整，事关几亿人生活的改善。

一、新型城镇化与高质量发展

我国已经进入经济发展的"新时代"，经济增长方式正在从"粗放型"转向"集约型"，经济发展模式从"高速发展"进入"高质量发展"阶段。与此相适应，经济产业结构趋于优化，经济驱动力从要素型转向创新型，拉动力也由投资和出口型转向消费型，经济的增长速度在适度放缓，经济所提供的产品和服务品质在稳步提升。在高质量发展的新时代，我国经济所提供的高质量的产品和服务，能够满足消费者多样化、个性化、不断升级的高品位需求，更好地满足人民群众日益增长的对美好生活的向往。

改革开放以来，我国经济的高速增长很大程度上靠出口以及投资拉动，然而随着人口红利的减少、片面投资弊端的凸显，这种传统的经济增长方式已经过时。与我国经济高质量发展的"新时代"相适应，新型城镇化成为促进我国经济发展的新的增长点，也将成为提升我国居民生活品质、不断满足人民群众美好生活向往的新型载体。

二、新型城镇化的路径与模式

新型城镇化的过程是一个通过市场配置资源的过程，其可行性路径主要包括商业城镇化路径、工业城镇化路径、农业城镇化路径和教育城镇化路径。在人类发展的历史进程中，人们的生存和发展首先依赖于农业，因而居住的地方首先是农村。通过参加农业劳动和生产获取的农业产品（商品），农民会拿到集市（市场）上去交换。集市（市场）的规模化发展，需要相应的配套服务产业和设施的相应发展，如餐饮、住房、娱乐、教育、医疗等服务业和相应服务设施等。这就是城市（城镇）的雏形，此即通过商业实现城镇化的路径。

一是工业城镇化路径。随着社会的发展和工业化进程的推进，以农业为主导的产业结构升级为以工业为主导的产业结构。基于交易便利的考虑，生产基地往往设在离交易场所较近之处，进而工业生产基地的设立与发展进一步促进了交易市场及其相关服务设施的发展。此即城市（城镇）的雏形，即通过工业实现城镇化的路径。

西方工业化进程大约用了200年时间，大致经历了四个时期：工业化初期、工业化成熟期、工业化时期、信息化时期。完成工业化的标志包括：第三产业产值和就业率超过第二产业；能源和资源消耗增长速度趋于下降，国民生产总值增长与能源和资源消耗的增长脱钩；大多数人要去处理信息，而不是生产；企业的优势在于其区域性的物流公司是否运作起来，是否是零库存。

在我国，最具代表性的如苏州新加坡工业园区的形成与发展，1994年设园，随着新型城镇化的进程在苏州耸立起一座新城，2018年苏州已经发展成为可与发达经济体媲美的现代化城市，堪称"工业城镇化路径"的典范。

二是农业城镇化路径。农业现代化的进程主要指农业生产方式由粗放型到集约型的过程，依赖于农业生产科技的进步、农业生产组织方式与规模经济的创新。集约型农业生产方式的重要标志之一是劳动生产率的提升，即大量的土地资源依靠科技推动，进而产生规模效应，并释放出大量的劳动力人口，释放出的人口进一步集中，充实于支持高度集约化的现代农业的服务业，依托集约化规模化的现代农业，由就近服务现代农业的服务业支撑而逐步发展为新型小城镇，此即农业城镇化路径。新疆石河子市就是依托农业和农场，在广袤的戈壁滩上发展起来的一座新城，被誉为"戈壁明珠"而著称于世。其于1976年设市，2019年常住人口达70余万，生产总值538.7亿元，跃居中国西部百强县市。

三是教育城镇化路径。教育资源的科学合理布局对新型城镇化的发展有着积极而重要的促进作用。一方面，教育为新型城镇化的发展储备了人才，尤其是职业教育的发展为新型城镇化储备了技能型人才；另一方面，城镇的教育发展促进了人口的迁移，尤其促进了农村人口向城镇的迁移。家庭迁移是我国人口迁移的主要形式，有子女的父母迁移的主要动力来自对子女未来的希望，如希望子女得到更好的教育等。为了寻求更高的教育回报率，为了使自己或自己的子女获得良好的教育，他们总是从教育资源落后的地区迁往教育资源发达的地区。教育资源落后的地区往往是乡村地带，而教育资源先进的地方大都属于经济发达的城镇，当这种迁移过程发生时就构成了人口城镇化的过程。此即教育城镇化的路径。

三、优质教育资源引致新型城镇化

新古典经济学理论提出，劳动力迁移行为的决定取决于迁移后的预期收入是否大于迁移成本，但"新迁移经济学"对经典的人口迁移理论提出了挑战，认为家庭会为了实现预期收入最大化以及获取优质稀缺资源等进行家庭成员的迁移。对一个家庭而言，影响其迁移的因素是多方面的，子女的教育无疑是一个重要的因素。在我国，一方面，城市的教学条件、师资水平高于农村；另一方面，对农村人口来说，其越来越认识到教育对改变未来收入状况的重要性。由于教育资源向城镇倾斜，造成城镇教育条件远远高于乡村地区，为了子女接受更好的教育，许多农村的家长选择陪同孩子进入城镇，"陪读"现象油然而生。从新型城镇化实现的路径考察，教育不失为一种促进新型城镇化进程的新型路径。

优质的城镇教育资源会吸引农村人口的聚集。城镇的教育水平较高，很大程度上源于城镇更高的经济水平，城乡的这种经济差距很难在短期内消除，因而农村学生在城镇学校的聚集将在一定时期内长期存在，"陪读"现象亦将长期存在。教育城镇化的路径是通过其对人口聚集的促进作用实现的，随着城镇教育水平的提高，农村人口倾向于进入城镇接受教育，学生的父母也往往随迁入城并就业定居。解决好随迁家长的就业、住房及社会保障等问题，就能成功实现家庭的整体性迁移。

四、新型城镇化进程中的金融支持

新型城镇化需要金融支持。实现资源配置效率的最大化（帕累托效率），是社会经济发展贯穿始终的目标追求，与不断满足人民日益增长的对美好生活的向往高度切合。新型城镇化属于资源配置的过程，通过市场实现新型城镇化是我国的基本路径和重要模式。通过市场配置资源的跨期性特征表明，我国的新型城镇化过程，金融支持不可或缺。

我国新型城镇化是人的城镇化。新型城镇化的终极目标是提升人民群众的生活品质，满足人民群众日益增长的对美好生活的向往。人的城镇化即城镇新增人口的市民化，应当包括城镇新增人口就业、新增人口的安居、新增人口的子女就学、新增人口的医保社保、新增人口的文化生活等。

基于新增人口城镇化的核心理念，新型城镇化的过程是城市功能需求增量的形成过程，进而是城市功能供给持续增加以弥补供求缺口的过程。新型城镇化对城市功能增量的需求主要体现在：新增城镇人口对城市基础设施增量的需求；新增城镇人口对城市就业岗位与就业结构增量的需求；新增城镇人口对城市教育资源增量的需求；新增城镇人口对城市社会保障增量的需求等。城市基础设施、就业岗位与结构、住房医疗资源、教育资源及社会保障等供给量的相应增加，主要是通过市场配置资源的形式实现的，在此过程中金融的支持不可或缺。

金融支持新型城镇化的路径包括：对城镇公共基础设施增量的金融支持，对城镇新增产业与原有产业结构升级及其相应就业岗位增量的金融支持，对城镇新增人口就业技能培训项目及行业的金融支持，对城镇新增人口住房、医疗等资源增量的金融支持，对城镇新增人口子女就学的优质教育资源增量的金融支持，对城镇新增人口家庭社会保障增量的金融支持，对城镇新增人口金融服务的增量支持等。

本书对新型城镇化金融支持的研究思路、技术路线及研究方案的设置，正是基于上述的理念、逻辑和路径展开的。

本书在作者主持的国家社科基金项目"新型城镇化金融支持研究（14BJY055）"基础上完成，基于中国特色社会主义市场经济的基本属性，对我国新型城镇化的金融支持进行了系统的理论和现实思考，深入分析新型城镇化与高质量发展的内在逻辑，从市场配置资源的机理探求金融支持新型城镇化的可行性路径。本书对推进我国经济社会的高质量发展，不断满足人民群众对美好生活的向往，实现我国"两个一百年"的奋斗目标，具有重要的理论价值和实践意义。

马德功

2020 年 8 月

前　言

　　城镇化是全球各国国家工业化的一个必然进程，也是我国现代化建设的必经之路。随着经济社会的发展，虽然我国城镇化建设已经取得了显著成就，但是传统城镇化重数量轻质量的推进模式也暴露出许多问题，不再适应我国新时代发展的新要求。随着城镇化的推进，新型城镇化建设在党的十八届三中全会被纳入国家发展战略，这标志着新型城镇化发展进入新阶段。新型城镇化的"新"就是要由过去片面注重追求城市规模扩大、空间扩张，改变为"以人为核心"，通过以提升城市的文化、公共服务等内涵为中心，使农村转移人口真正融入城镇，实现市民化。

　　随着我国城镇化建设的逐步深入，大规模的资金支持和有效的制度保障是助力新型城镇化推进的重要因素。随着新型城镇化进程中农业转移人口（农民工）转移到城镇，与之相伴的就业、随迁子女教育、社会保障、基础设施建设和住房等涉及该群体真正实现城镇化的重要领域建设对资金的需求日趋扩大。根据《国家新型城镇化规划（2014—2020年）》，我国到2020年要实现1亿左右农业转移人口和其他常住人口在城镇落户。据统计，一个农民工转移到城镇所需投资成本约为15万元。根据国务院发展研究中心金融研究所陈道富、朱鸿鸣的测算，2013—2020年，我国新型城镇化建设的静态融资缺口和动态融资缺口分别达4.91万亿元和11.11万亿元，新型城镇化建设对资金的需求规模巨大。可见，我国新型城镇化的进一步推进面临巨大的资金缺口，对资金的需求仍然很大，仅依赖财政支持新型城镇化为其提供资金支撑远远不足。目前我国金融市场的资金供给与资源配置等方面尚未实现对新型城镇化实现有效的金融支持作用。金融作为现代经济发展的核心，金融资源的合理配置是新型城镇化进一步发展的重要推动力量，应该充分发挥其对于新型城镇化建设的支持作用，优化金融资源配置对新型城镇化建设发挥强力、有效的支持作用。

　　本书以金融支持已转移或有意向转移到城镇生活的农业转移人口（农民

工）的新型城镇化为研究对象，对如何通过市场机制优化金融资源配置推进新型城镇化发展进行研究并创新性地提出了"双五"的理论框架体系：第一个"五"是指从经济城镇化、人口城镇化、基础设施均等化、公共服务均等化和人民生活质量城镇化这五个维度对以"人"为核心的新型城镇化进行界定；第二个"五"是指金融支持新型城镇化进程中的城市基础设施建设、农业转移人口就业质量的提升、随迁子女教育问题、社会保障问题和保障性住房五个具体表现方面。基于以上"双五"的理论框架体系，本书对新型城镇化金融支持的必要性进行理论研究并构建了新型城镇化金融支持路径模型，提出金融对新型城镇化的支持可通过基础设施建设、农业转移人口就业、随迁子女教育、社会保障和保障性住房五个方面来实现。继而，以供求关系为视角对新型城镇化进程中基础设施建设、农业转移人口就业、随迁子女教育、社会保障和保障性住房五个方面的金融支持现状进行定性与定量分析，对金融支持以上五个维度的结构性问题与投融资缺口进行测算。结合国外城镇化发展的典型代表国家的金融支持模式和制度安排等经验和目前我国新型城镇化金融支持所存在的问题，我们提出了推动我国新型城镇化发展的金融支持策略与建议。

马德功

2020 年 8 月

目　录

第一部分　基础篇

第二部分　分析篇

第三部分 借鉴篇

第一部分　基础篇

1 绪论

1.1 研究背景及研究意义

1.1.1 研究背景

城镇化是每一个国家实现现代化的必经之路。然而，传统城镇化在实现过程中已经暴露出许多问题，新型城镇化应运而生。新型城镇化的"新"主要体现为以"人"为核心，坚持以人为本，这是区别于以土地为主导的传统城镇化的主要特征。新型城镇化以工业现代化为动力，要求统筹兼顾，高效集约，走绿色、低碳、高质量的可持续城镇化发展之路。李克强总理在推进新型城镇化建设试点工作座谈会上提出，新型城镇化贵在突出"新"字，核心在写好"人"字。新型城镇化就是要从原先的轻质量重数量，盲目地追求土地扩张的发展形式，转变为注重城镇化质量，以人为核心，以农业转移人口市民化为本质的新模式。新型城镇化是我国现代化建设的重大战略，是扩大内需、调整经济结构的重要途径，对实现新时代中国特色社会主义现代化具有重大意义。

1978—2019 年，我国工业化水平和现代化水平不断提升，城镇化率的提升也十分迅速。1978 年，我国的城镇化水平仅为 17.92%，经过四十余年的发展，于 2019 年已经提升至 60.60%①，平均年增长率为 1.04 个百分点。城镇化的高速推进，加速了农村劳动力向城镇的流动与转移，全国各级规模的城市和建制镇的数量都大规模增加，使得我国城乡生产要素配置提高，国民经济水平也稳步上升，一定程度上推动了社会结构的深刻变革，城镇化建设获得了巨大的成绩。随着城镇化的进一步推进，党的十八届三中全会把新型城镇化建设纳

---

① 数据来源：国家统计局。

入国家发展战略，也标志着新型城镇化发展进入新阶段，金融成为推动其发展的重要因素。根据《国家新型城镇化规划（2014—2020年）》，我国到2020年要实现1亿左右农业转移人口和其他常住人口在城镇落户。据统计，一个农民工转移到城镇所需投资成本约为15万元，这就意味着我国城镇化建设需要大量的资金。根据国务院发展研究中心金融研究所陈道富、朱鸿鸣的测算，2013—2020年我国新型城镇化建设静态资金需求和动态资金需求分别达到20.43万亿元和5.07万亿元，静态资金供给能力和动态资金供给能力分别为15.52万亿元和23.97万亿元，静态融资缺口和动态融资缺口分别达4.91万亿元和11.11万亿元。可见，我国新型城镇化的进一步推进面临巨大的资金缺口，对资金的需求量仍然很大，仅依赖财政支持是远远不够的。目前我国金融体系资源配置能力尚未得到充分发挥，配套制度保障不完善，市场机制无法得到充分发挥，不能很好地引导资金为新型城镇化建设提供有效资金供给，可见，如何通过市场机制，实现金融对新型城镇化形成有效支持亟待深入研究。

因此，本书以党的十八大和党的十八届三中全会提出的建设追求高质量的新型城镇化为准则，对中国新型城镇化的金融支持问题从规范分析和实证分析的视角进行审视，重点从新型城镇化进程中基础设施建设、就业、教育、保障性住房和社会保障金融支持的结构性问题以及资金缺口规模进行分析，探索适合我国金融支持新型城镇化新模式，为政府未来制定新型城镇化与金融支持调控政策提出建议。

1.1.2 研究意义

新型城镇化作为我国现代化建设的重大战略，在推进我国经济发展、实现社会主义现代化等方面具有十分重要的意义和作用。现有相关文献资料对新型城镇化的内涵界定、新型城镇化的金融支持渠道和方式等研究仍有不足，对于新型城镇化金融支持的具体资金缺口和结构缺口等有待进一步研究。在此背景下，明确金融支持新型城镇化的必要性和可行性，用科学的金融手段和方法解决新型城镇化进程中遇到的实际问题，具有重大的理论和现实意义，同时也是学术界面临的重点与难点。

从学术价值来看，目前学术界对金融支持新型城镇化的研究并未形成一套完善的理论体系与研究框架。在探讨金融支持新型城镇化的已有研究中，大部分都对金融资金期限错配、地方财政透支过度、社会资金难以进入等问题进行了较为充分的研究，也提出了金融支持的渠道和方法。但这些研究都存在一个先验假设，也就是直接默认了现有的金融支持体系能够为新型城镇化提供完善的支持，却没有对金融支持新型城镇化的作用机制进行理论论证。本书基于这样的背景，以金融发展理论和金融效率理论为指导，首先，论证了金融支持新型城镇化的机制和路径；其次，在此基础上深入研究了新型城镇化各个具体表现方面的金融支持情况和投融资需求，全面建立起完善的理论体系，为金融支持新型城镇化的问题研究提供了理论基础。

从应用价值来看，新型城镇化自提出实施以来，现有的金融支持大部分来源于地方政府和银行贷款，频频遇到资金流问题。由于大部分的城镇化投融资责任由地方政府承担，而其留存的财政收入远远不足，只能依靠卖地和举债来支持，形成了超十万亿元的地方政府债务。同时，在以 GDP 增速为主的政绩考核压力下，各地普遍大改大建基础设施，城镇化投资的规模和速度都远超出地方财政的承受能力。在此背景下，政府和银行难以为新型城镇化提供增量资金支持，现有资金有较大的流动性风险。因此，无论是站在推动新型城镇化建设的角度，还是站在防控金融风险的角度，研究新型城镇化的金融支持问题都具有重要的现实意义。在聚焦金融支持新型城镇化的现有相关文献资料中，多数仍将重点放在"土地城镇化"以及基础设施建设中的融资困境问题上，虽然一些文献有提到"人的城镇化"，但仍然没有涉及与亟待解决的民生问题相关的具体方面，如农业转移人口的就业问题、随迁子女教育问题和保障性住房问题等。本书具体问题具体分析，切实提出了具有针对性的政策建议，提供了较强的应用价值。

从社会意义来看，新型城镇化不仅是我国现代化建设的重大战略，促进经济发展的重要途径，也与脱贫攻坚民心工程紧密相连，是精准扶贫的特色渠道，对吸纳更多扶贫移民进城就业、融入城镇具有重大意义。新型城镇化强调人的城镇化，要充分考虑到农业转移人口的最真实最迫切的城镇化需求，解决转移后的一系列社会问题，将每一个政策切实贯彻到实处，让农业转移人口真正融入城镇，才能实现金融支持新型城镇化的社会价值。本书通过实地调研，考察具体社会问题，从"人"的城镇化融入层面考虑了新型城镇化的金融支持问题，从现实社会出发全面解读新型城镇化，对新型城镇化进程中基础设施建设、农业转移人口的教育、就业、保障性住房和社会保障五个方面的金融支持问题进行研究，为实现新型城镇化进程中农业转移人口的市民化提供了一定的对策与建议。

1.2 国内外相关研究文献综述

1.2.1 国外相关研究现状

城镇化的过程常伴随着工业化、现代化，是每个国家在经济发展中都会经历的历史阶段。从西方国家相关经验得知，由于现在发达国家的城镇化水平已经较高，相关的金融支持城镇化的研究也相对较少，主要侧重于城镇化过程中的基础设施建设、土地建设等具体方面的金融支持作用。如下一些学者的研究成果形成了国外对于金融支持城镇化的代表性观点。

Dematteis（1996）① 研究了欧洲国家的城镇化过程，认为城市交通系统的发展有效促进了城镇化，金融系统在这一过程中为城市交通系统提供了大量的资金，保证了交通基建的完成，为城镇化提供了支持。Kim（1997）② 则从房地产行业分析入手，认为城市发展的重要部分就是房产开发建设，而这一部分的资金来源以银行贷款居多，金融十分有必要在房地产行业提供支持，从而支持城市建设。Teranishi（1997）③ 着重分析了城镇化过程中的基础设施建设和房地产行业融资问题，认为现有的金融体系还不足以对城镇化提供足够的支持作用，不完善的金融体系还会拖累城市发展。因此亟须金融体制改革、产品创新来更好地服务城市化。21 世纪以来，更多的外国学者从实证分析的角度研究了金融支持与城镇化之间的关系。Cho、Wu 和 Boggess（2003）④ 以美国西部的加利福尼亚州、爱达荷州、内华达州、俄勒冈州和华盛顿州为例，利用多叉分支选择模型对城镇化水平、金融发展与土地使用制度之间的相互作用程度进行研究，认为土地投资与开发是城镇化进程中必不可少的条件，而金融发展

---

① DEMATTEIS G. Towards a Unified Metropolitan Urban System in Europe: Core Centrality versus Network Distributed Centrality [J]. Urban networks in Europe, 1996: 19-28.

② KYUNG-HWAN K. Housing Finance and Urban Infrastructure Finance [J]. Urban Studies, 1997, 34 (10): 597-1630.

③ TERANISHI J. Interdepartmental Transfer of Resources Conflicts and Macro Stability [M] // Aoki Kim, Okuno-Fujiwara, eds. Economic Development and Roles of Government in the East Asian Region. Nihon Keizai Shimbun, Inc. 1997.

④ CHO S H, WU J J, BOGGESS W G. Measuring Interactions among Urbanization, Land Use Regulations, and Public Finance [J]. American Journal of Agricultural Economics, 2003, 85 (4): 988-999.

对其具有重大影响。Mathur（2013）①、Lin（2011）②、Hossain（2013）③、Joana 等（2013）④ 认为土地集中与再改建、土地资本化、市政支出、城镇化专项税是城市化资金的重要来源；Martell 等（2006）⑤ 试图从地方政府债务融资来解决城市化融资难题；Ekumankama（2012）⑥ 提议政府通过资本市场将私人资金纳入城市化建设中。

此外，就金融支持城镇化的重要性而言，国外学者主要通过金融发展与经济增长的相关性研究以及经济增长与城镇化之间的相关性研究，来间接地得出金融发展与城镇化之间的关系。国外学者 Gottmann（1957）⑦ 较早地描述了何为大都市，他认为"引人注目的是从波士顿到华盛顿海岸密集的城市"。Friedmann 和 Wolf（1982）⑧ 提出"世界城市"，把都市化和经济全球化结合到一起。Lampard Eric E（1955）⑨ 和 Henderson J Vernon（2000）⑩ 通过实证分析发现城镇化水平随着经济增长而显著提高。对于金融发展与经济增长的相关性研究方面，Goldsmith（1959）⑪ 是较早探讨金融发展和经济增长之间关系的学者之一，认为金融结构由现存的金融工具和金融机构种类组成，金融结构和金融发展对经济增长的影响就算不是唯一的重要问题，也是重要的问题之一。

---

① MATHUR S. Use of Land Pooling and Reconstitution for Urban Development：Experiences from Gujarat, India [J]. Habitat International, 2013（38）：199-206.

② LIN G C S, YI F. Urbanization of Capital or Capitalization on UrbanLand? Land Development and Local Public Finance in Urbanizing China [J]. Urban Geography, 2011, 32（1）：50-79.

③ HOSSAIN M. Poor Municipal Spending for Infrastructure Development and Gap for Investment：A Case of Bangladesh [J]. International Journal of Business and Management, 2013, 8（11）：27-37.

④ ALMEIDA J, CONDESSA B, PINTO P, et al. Municipal Urbanization Tax and Land-use Management—The Case of Tomar, Portugal [J]. Land use policy, 2013（31）：336-346.

⑤ MARTELLl C R, GUESS G M. Development of Local Government Debt Financing Markets：Application of a Market-Based Framework [J]. Public Budgeting & Finance, 2006, 26（1）：88-119.

⑥ EKUMANKAMA O O, UJUNWA A, AHMAD U H, et al. Managing Urban Cities in Nigeria Efficiently by Local Councils：The Capital Market Option [J]. Management Science and Engineering, 2012, 6（4）：30-41.

⑦ GOTTMANN J. Megalopolis or the Urbanization of the Northeastern Seaboard [J]. Economic Geography, 1957, 33（3）：189-200.

⑧ FRIEDMANN J, WOLFF G. World City Formation：An Agenda for Research and Action [J]. International Journal of Urban & Regional Research, 1982, 6（3）：309-344.

⑨ LAMPARD E E. The History of Cities in the Economically Advanced Areas [J]. Economic Development and Cultural Change, 1955, 3（2）：81-136.

⑩ HENDERSON J V. The Effects of Urban Concentration on Economic Growth [R]. National Bureau of Economic Research, 2000.

⑪ GOLDSMTH R W. Financial structure and development as a subject for international comparative study [J]. NBER, 1959：114-123.

King 和 Levine（1993）① 利用发展中国家的相关数据，实证发现经济增长与金融发展显著正相关。Levine（1997）②认为，金融体系通过资本积累和创新两个渠道来带动经济增长，由此可以间接探寻金融发展和城镇化之间的正相关关系。

1.2.2 国内相关研究现状

我们通过对国内相关文献的整理，发现目前我国关于金融支持新型城镇化的研究主要集中于以下几个方面：

1.2.2.1 新型城镇化发展动力机制

新型城镇化的各种动力机制可以详细展现推动新型城镇化发展所必需的动力因素。在新型城镇化动力机制研究上，杨发祥（2014）③ 认为新型城镇化的动力机制是由政府、市场、农民等多重力量协同推进的，并指出政府是新型城镇化的主导动力，市场是资源优化配置的有效方式，农民是新型城镇化的根本问题。王发曾（2010）④ 构建出中原经济区新型城镇化动力机制，涉及经济发展、社会发展等方面的核心机制（发展动力）和行政促进、行政控制的辅助机制（行政动力）。卫言（2010）⑤ 认为新型城镇化的核心动力是产业结构转换（一产初始动力、二产根本动力、三产后续动力），直接动力是生产要素流动（劳动力、资本、技术等），内生动力是聚集经济效应，加速动力是全球化推进，而特殊动力是政府推动。杨新华（2015）⑥ 认为，从城镇自组织动力（市场）方面来看，现代农业与农村工业的结合促进了城镇服务业的快速发展，信息化推动了三大产业发展并逐步成为城镇经济的主导产业；同时，从城镇他组织（政府）来看，虽然城镇化来源于他组织与自组织的耦合，但基于

① KING R G, LEVINE R. Finance and growth: Schumpeter might be right [J]. The quarterly journal of economics, 1993, 108 (3): 717-737.

② LEVINE R. Financial Development and Economic Growth: Views and Agenda [J]. Journal of Economic Literature, 1997, 35 (2): 688-726.

③ 杨发祥, 茹婧. 新型城镇化的动力机制及其协同策略 [J]. 山东社会科学, 2014 (1): 56-62.

④ 王发曾. 中原经济区的新型城镇化之路 [J]. 经济地理, 2010, 30 (12): 1972-1977.

⑤ 卫言. 四川省新型城镇化水平及指标体系构建研究 [D/OL]. 成都: 四川师范大学, 2012 [2016-05-12]. http://kns.cnki.net/KCMS/detail/detail.aspx?dbcode=CMFD&dbname=CMFD201301&filename=1012501905.nh&v=MjA4MzhSOGVYMUx1eFFlTN0RoMVQzcVRyV00xRnJDVVVI3cWZZdWRzRnl2bVY3N1BWRjJ2SExhZnEg5ak1xcEViUEk=.

⑥ 杨新华. 新型城镇化的本质及其动力机制研究: 基于市场自组织与政府他组织的视角 [J]. 中国软科学, 2015 (4): 183-192.

市场力量的自组织仍然是城镇化的基础力量，"政府主导，市场推进"的城镇化模式值得我国借鉴。此外，中共东明县委党校课题组（2013）[①] 和张丽琴（2013）[②] 指出，人口、资源、环境等是制约新型城镇化建设的主要影响因素，通过构建定量模型可揭示它们之间的影响关系及程度等。

综上，我国目前对于新型城镇化发展动力机制的研究主要集中于促进或阻碍新型城镇化发展的各项因素，同时也探讨了政府作用与市场作用、农民作用的关系，从定性和定量方面都进行了一些区域性的研究。

1.2.2.2 新型城镇化实现路径

就新型城镇化实现路径的研究，主要倾向于研究不同区域新型城镇化的实现路径，研究成果较为丰富，研究内容主要集中于从人口流动、政府投入、土地财政、基础建设、制度保障等方面研究新型城镇化优化路径。马凯（2012）[③] 从深化土地管理制度改革、统筹推进人口管理制度改革、着力推进农民工市民化、深化财税金融体制改革和行政管理体制改革这五个方面推进城镇化。张向东（2013）[④] 以河北省为例设计了以基础设施、经济发展、人口城市化、生活方式、环境状态、城乡统筹共6个维度的27个操作指标，是目前比较贴近城镇化内涵的指标体系。张永岳（2014）[⑤] 认为应继续推进工业化，在此基础上实现农业现代化，加强教育及公民意识建设，加快土地制度等改革，扫清城镇化进程中的障碍等。尹彦文（2015）[⑥] 提出通过放开户口的限制，打破城乡二元结构，保障城乡待遇和权利上的平等，为流动人口提供与城镇居民差异更小的社会保障水平和发展空间。总的来看，目前对新型城镇化实现路径的研究多集中于某一地区，对不同区域新型城镇化具体实现路径的分析较为丰富。

[①] 中共东明县委党校课题组."三型社会"条件下山东省新型城镇化建设影响因素研究 [J].新疆农垦经济，2014（3）：34-41.

[②] 张丽琴，陈烈.新型城镇化影响因素的实证研究：以河北省为例 [J].中央财经大学学报，2013，1（12）：84-91.

[③] 马凯.转变城镇化发展方式 提高城镇化发展质量 走出一条中国特色城镇化道路 [J].国家行政学院学报，2012（5）：4-12.

[④] 张向东，李昌明，高晓秋.河北省新型城镇化水平测度指标体系及评价 [J].中国市场，2013（20）：76-79.

[⑤] 张永岳，王元华.我国新型城镇化的推进路径研究 [J].华东师范大学学报（哲学社会科学版），2014（1）：92-100.

[⑥] 尹彦文.新型城镇化进程中基本公共服务均等化的路径选择 [J].西安建筑科技大学学报（社会科学版），2015（3）：47-53.

1.2.2.3　探寻构建新型城镇化的指标体系

新型城镇化具有非常丰富的内涵，若仍以常住人口占总人口比例为指标衡量则凸显其局限性。如何平、倪苹（2013）[①] 试图为城镇化质量建立衡量指标体系；如王博宇等（2013）[②] 以江西省为例，尝试构建新型城镇化评价指标体系；成都市统计局（2013）[③] 按照经济水平、人口质量、基础设施、公共服务和生活质量五大评价领域，共22个具体指标，已经开始对本市新型城镇化发展程度进行度量和计算。

1.2.2.4　金融支持与新型城镇化的必要性

在必要性研究上，国内学者主要通过研究金融支持对新型城镇的促进作用来说明金融支持的必要性。崔喜苏、荣晨（2014）[④] 通过构建新型城镇化指标，从固定资产投资视角，不仅分析了金融支持规模、结构、效率对新型城镇化的影响，还测度了金融支持新型城镇化效应对投资的敏感性。周宗安、王显晖、汪洋（2015）[⑤] 采用固定效应面板数据模型，实证分析了金融支持新型城镇化的建设，发现信贷资源、金融效率和保险发展都积极促进了新型城镇化发展。杨慧、倪鹏飞（2015）[⑥] 从协调度视角考察了金融支持与新型城镇化的关系，结果发现，虽然两者协调情况在好转，但仍存在金融支持规模不足、结构欠妥、效率偏低等现象。荣晨、葛蓉（2015）[⑦] 基于政府与市场关系，采用面板数据模型分区域研究金融支持新型城镇化的效果，发现存在显著差异。熊湘辉、徐璋勇（2015）[⑧] 采用空间面板计量方法，从金融规模、金融效率和金融结构三个方面分析了中国金融发展对新型城镇化建设的影响，发现金融支持是推动新型城镇化发展的重要因素，且区域差异较大。

国内研究主要是提出新型城镇化需要金融创新支持并探讨新型城镇化进程

① 何平，倪苹.中国城镇化质量研究 [J].统计研究，2013，30 (6)：11-18.

② 王博宇，谢奉军，黄新建.新型城镇化评价指标体系构建：以江西为例 [J].江西社会科学，2013 (8)：72-76.

③ 成都市统计局.成都市2012年新型城镇化综合评价监测报告 [R].2013：10-11.

④ 崔喜苏，荣晨.新型城镇化、固定资产投资与金融支持：基于省际面板数据的实证研究 [J].投资研究，2014，(11)：139-149.

⑤ 周宗安，王显晖，汪洋.金融支持新型城镇化建设的实证研究：以山东省为例 [J].东岳论丛，2015 (1)：116-121.

⑥ 杨慧，倪鹏飞.金融支持新型城镇化研究：基于协调发展的视角 [J].山西财经大学学报，2015 (1)：1-12.

⑦ 荣晨，葛蓉.我国新型城镇化的金融支持：基于政府和市场关系的经验证据 [J].财经科学，2015 (3)：22-32.

⑧ 熊湘辉，徐璋勇.中国新型城镇化进程中的金融支持影响研究 [J].数量经济技术经济研究，2015 (6)：73-89.

中需要进行金融创新、加大金融支持力度的重点部分和新型城镇化的推进需要金融创新等。王振坡、游斌和王丽艳（2014）[①]认为金融是现代经济的核心，新型城镇化发展带来我国人口、经济、社会领域的重大变革，金融支持与创新是这些变革的助推器，并从人口、产业和空间三个层面分析了新型城镇化的金融需求，探索金融业如何通过提供金融支持提升新型城镇化的效率，从而促进新型城镇化发展的路径；从政府和市场两方面分析完善金融制度、调整金融结构的措施，以优化新型城镇化的金融支持，推进新型城镇化的实现。李亦楠和邱红（2015）[②]从新型城镇化融资难为切入点，提出应以优化政府财政融资渠道为导向，激发地方公债融资潜力，规范地方政府融资平台，推广公私合作融资方式，倡导金融创新融资途径，构建一个融资主体多元化、融资方式多元化、融资领域多元化的多维融资体系。胡海峰和陈世金（2014）[③]从融资结构创新视角提出金融创新对新型城镇化的重要性。曹凤岐（2013）[④]提出解决城镇化的资金需求最重要的是建立完善的财政金融支持和保障体系，增加地方财政收入，允许地方政府多渠道筹资，发展县域经济，增强县域经济实力，增加县级财政收入，充分利用政策性金融、资本市场和社会资本为城镇化服务，开展资产证券化。同时，设立基础设施产业投资基金，发展城市信托、房地产信托，吸引民间资本进入城市基础设施、商品房和保障房的建设。此外，还必须发挥商业银行和其他中小金融机构的作用，依靠银行中长期贷款、短期贷款、小额信贷和其他金融服务，解决中小微企业融资难问题及农业生产、创业、就业问题。可见，在新型城镇化的发展中金融创新是必要环节和推动力量。

1.2.2.5 金融支持新型城镇化存在的问题

国内大部分学者研究认为，我国现有的金融体系和金融制度不足以为新型城镇提供完善的金融支持，具体的代表性观点如下：

姚宜（2016）[⑤]分析认为，我国从 2002 年实施新型城镇化战略至今，在建设过程中出现了一系列的问题，如政府财政负担重、金融服务水平滞后、资

---

① 王振坡，游斌，王丽艳. 论新型城镇化进程中的金融支持与创新 [J]. 中央财经大学学报，2014，1（12）：46-53.

② 李亦楠，邱红. 完善我国城镇化建设融资模式探讨 [J]. 经济纵横，2015，357（8）：121-124.

③ 胡海峰，陈世金. 创新融资模式 化解新型城镇化融资困境 [J]. 经济学动态，2014（7）：57-69.

④ 曹凤岐. 新型城镇化与金融创新 [J]. 金融论坛，2013（7）：3-6.

⑤ 姚宜. PPP 模式应用于新型城镇化建设中的关键问题及建议 [J]. 理论探讨，2016（1）：101-104.

金管理不到位、资金来源渠道单一等。朱建华等（2010）① 认为融资渠道单一、信息不对称、金融中介机构不健全、融资风险大等原因导致金融支持农村城镇化力度不足，制约了农村城镇化进程。范立夫（2010）② 认为我国对金融支持城镇化的认识不深，供给总量低，金融支持的渠道和方法单一。吕可、赵杨（2013）③ 认为我国新型城镇化金融资源供给不足，主要表现为供给渠道缺乏丰富性，没有健全的长效机制。邱兆祥、安世友（2013）④ 研究了新型城镇化建设中金融工具的应用问题，主要表现在金融支持新型城镇化规模小，金融结构尚未与新型城镇化建设整合等。方显仓（2013）⑤ 认为我国新型城镇化发展中金融支持存在的问题主要有金融有效供给不足、金融服务需求和金融品种单一之间存在矛盾以及融资相关的政策不到位。吴超、钟辉（2013）⑥ 发现当前金融支持城镇化建设的难点在于金融业的逐利性和城镇化建设的社会性存在矛盾，城镇化建设所需资金缺口巨大，但城镇化建设中项目承载主体又难以落实。

1.2.2.6　新型城镇化金融支持路径和融资模式

关于新型城镇化中金融支持的主要路径的相关研究有：徐策（2013）⑦ 从投融资视角对新型城镇化的资金来源与缺口进行了研究。田东林（2013）⑧ 研究认为，新型城镇化的金融支持以银行为主体，在金融产品、服务、渠道与信贷投向方面可做改进。徐志峰、温剑波（2013）⑨ 也为保险产品与资金参与新型城镇化提出了建议（保险支持的研究较少）。曹凤岐（2013）⑩ 建议鼓励创新融资渠道、建立完善的财政金融支持与保障体系，充分利用政策性金融、资本市场和社会资本为新型城镇化服务。

结合相关文献，城镇化建设的融资方式主要有土地融资、银行贷款、地方

---

① 朱建华，周彦伶，刘卫柏. 欠发达地区农村城镇化建设的金融支持研究 [J]. 城市发展研究，2010，17（4）：143-145，149.

② 范立夫. 金融支持农村城镇化问题的思考 [J]. 城市发展研究，2010（7）：63-66.

③ 吕可，赵杨. 新型城镇化进程中的商业银行集团金融产品创新研究 [J]. 中南财经政法大学学报，2013（6）：69-73.

④ 邱兆祥，安世友. 新型城镇化建设中如何发挥金融工具作用问题的思考 [J]. 教学与研究，2013，47（10）：31-36.

⑤ 方显仓. 新型城镇化发展中的金融支持机制建设研究 [J]. 经济纵横，2013（12）：16-20.

⑥ 吴超，钟辉. 金融支持我国城镇化建设的重点在哪里 [J]. 财经科学，2013（2）：1-10.

⑦ 徐策. 从投融资角度看新型城镇化建设 [J]. 宏观经济管理，2013（1）：31-32.

⑧ 田东林. 围绕新型城镇化做好金融服务 [J]. 宏观经济管理，2013（10）：54-55.

⑨ 徐志峰，温剑波. 保险业参与城镇化发展的思考 [J]. 保险研究，2013（6）：68-75.

⑩ 曹凤岐. 新型城镇化与金融创新 [J]. 金融论坛，2013（7）：3-6.

债（城投债）、投融资平台和其他融资方式。针对土地财政或政府财政投入的资金来源，杨志勇（2011）[①]指出，我国自1994年以来，土地融资一直是城镇化进程中最为重要的融资形式。巴曙松（2011）[②]认为，自20世纪90年代中后期以来，"土地财政"型经济发展为主要发展模式，在城市建设中以土地转让或拍卖资金为主。何国钦、王建威（2012）[③]以"协同创新"理论为出发点，提出城镇化的融资应注意财政与金融的结合。就银行信贷而言，巴曙松等（2011）[④]认为银行贷款仍然是地方政府城镇化建设的重要资金来源之一，其中未来通过银行长期贷款的比重会下降，而长期债券、信托、股票市场等融资方式将会逐渐增加。针对城投债融资方式，郭新双（2010）[⑤]认为要解决新型城镇化发展中庞大的资金需求问题，完善基础设施资产证券化制度、发行市政债券等不失为有效的途径。巴曙松等（2011）[⑥]提出可尝试试点发行市政债券的形式为城市基础设施建设和社会公益项目建设提供资金支持。关于投融资平台融资模式研究，谷秀娟等（2013）[⑦]通过对我国地方政府融资平台建设的现状及存在的问题的研究，认为应规范地方政府举债融资机制，由传统融资向多元化融资转变等。在其他融资方式的研究中，姚宜（2016）[⑧]认为，2002年至今，新型城镇化在其建设过程中资金支持面临政府财政负担重、金融服务水平滞后、资金管理不到位、资金来源渠道单一等问题，PPP模式是新型城镇化建设的创新项目融资模式，是解决以上问题的办法之一。张记伟（2013）[⑨]认为，为新型城镇化建设提供金融支持应坚持市场导向，将资金配置到具有良好

① 杨志勇. 我国城镇化融资方式分析 [J]. 中国金融，2011 (19)：25-27.

② 巴曙松，王劲松，李琦. 从城镇化角度考察地方债务与融资模式 [J]. 中国金融，2011 (19)：20-22.

③ 王建威，何国钦. 城镇化发展与财政金融支持机制协同创新的效率分析 [J]. 上海金融，2012 (6)：94-96，118.

④ 巴曙松，王劲松，李琦. 从城镇化角度考察地方债务与融资模式 [J]. 中国金融，2011 (19)：20-22.

⑤ 郭新双. "十二五"时期金融支持我国城市化进程的路径 [J]. 中国投资，2010 (7)：32-36.

⑥ 巴曙松，王劲松，李琦. 从城镇化角度考察地方债务与融资模式 [J]. 中国金融，2011 (19)：20-22.

⑦ 谷秀娟，李文启. 城镇化背景下地方政府投融资平台建设研究 [J]. 中州学刊，2013 (10)：39-42.

⑧ 姚宜. PPP模式应用于新型城镇化建设中的关键问题及建议 [J]. 理论探讨，2016 (1)：101-104.

⑨ 张记伟. 新型城镇化进程与信托公司的金融支持 [J]. 中国证券期货，2013 (9)：282-283.

经济效益的项目。信托公司在资本性、权益性投融资以及组合投资、金融创新等方面具有独特优势，应坚持金融服务实体经济的本质要求，严格控制各类金融风险，以促进新型城镇化建设良性发展。徐奕晗、周景彤（2013）①的研究显示，金融体系由银行主导型向市场主导型转变，放宽投资准入限制，积极探索 PPP（公私合作伙伴机制）、基础设施证券化等多种融资模式是推动新型城镇化发展的金融支持的新思路。

1.2.3　对现有研究成果的评述

通过上述整理和考察发现，由于国外发达经济体城镇化进程较早，国外关于金融支持城镇化的研究更偏向理论性和基础性，当然也有一些关于新兴市场新型城镇化的研究，但相对于国内来说仍然较少。国内对于新型城镇化金融支持的现有研究较为广泛，对于各个方面问题的研究也较为广泛，但仍然在明确性和研究深度等方面存在一些不足，具体来说有以下几点：

首先，科学系统的新型城镇化评价指标体系尚未确立。一些学者虽已开始探寻新型城镇化的指标体系，但这些指标或趋于片面，或存在地方局限性，缺乏系统性、普遍性与可行性。其次，新型城镇化进程的行为主体并未明确，没有厘清市场与政府在新型城镇化的角色与定位。再次，新型城镇化中金融支持的必要性与可行性不清晰，学者们或者基于资金来源与流向视角，或者限于银行、保险等部分行业，未从金融需求与供给方面展开全面研究，没有寻找到金融对新型城镇化展开全面支持的作用机制，未能总结出完整有效的具体实施方案。最后，党的十八届三中全会赋予了新型城镇化新的内涵，虽然近年来金融支持城镇化开始受到关注，但其结论难以满足中国经济转型对金融支持的特殊要求，也难以对新型城镇化提出全面可持续的理论指导。对金融如何支持新形势下的新型城镇化，目前尚无系统且全面的理论和实证研究。综上所述，本书的论证与分析不仅具有重要的理论和学术价值，而且具有重要而深刻的现实意义和社会意义。

---

① 周景彤，徐奕晗.论金融在工业化与城镇化进程中的支持作用［J］.经济学动态，2013（5）：131-138.

1.3 研究方案

1.3.1 研究目的及内容

现阶段我国新型城镇化处于高速发展阶段，对资金的需求规模庞大，仅依赖财政支持新型城镇化为其提供资金支撑远远不足，金融资源的合理配置是新型城镇化进一步发展的重要推动力量。由此，本书以金融支持已转移或有意向转移到城镇生活的农业转移人口（农民工）的新型城镇化为研究对象，以如何通过市场机制优化金融资源配置推进新型城镇化发展为研究目的，主要在明确新型城镇化内涵的基础上，对金融支持新型城镇化的必要性、作用机制、支持路径和供求缺口等内容进行研究，具体研究内容如下：

第一，新型城镇化的内涵及特征研究。新型城镇化是我国经济体制转型背景下的一项重大社会变革，其既不同于过去十多年以土地的城镇化为主导的旧有模式，又有别于国外城市化发展的过程。新型城镇化的独特性是展开相关研究的基础。新型城镇化的核心是人的城镇化，围绕这一核心，将涉及公共资源的提供和分配、产业转型升级、城镇与产业化相互促进以及优良生态环境的建设与保护等一系列新问题。本书主要对新型城镇化的内涵与特征进行深入研究，并据此构建衡量新型城镇化的指标体系。

第二，金融支持新型城镇化的必要性研究。新型城镇化是我国经济社会发展到一定历史阶段的产物，其方法、步骤和逻辑是现有制度和产权安排在现实中演化和博弈的结果。归根结底，市场是新型城镇化的主要推动力量，而金融作为市场配置资源的核心路径与机制对新型城镇化进程具有不可或缺的作用。本书通过理论研究，构架金融支持新型城镇化路径模型并对新型城镇化金融支持路径进行检验，对新型城镇化的金融支持必要性和支持机制进行研究。

第三，新型城镇化的金融支持供求缺口研究。新型城镇化面临经济增长机制、基础设施建设融资方式、产业结构等多方面的转型，我国现有的金融供给无法完全满足新型城镇化对金融支持的需求。本书从金融的供给和需求两方面对新型城镇化进程中金融支持的缺口进行测算并提出现有的金融支持模式的结构性问题。

第四，新型城镇化金融支持的对策研究。新型城镇化的金融支持需要制度、机构和产品等多个层面的金融创新。本书通过对国外发达国家和发展中国家的典型代表的金融支持城镇化经验进行研究与借鉴，结合本书提出的金融支持新型城镇化的作用机制和支持路径，从金融规模、金融结构和金融效率三个视角提出金融支持主体、金融资金来源以及支持项目的应做到的转变和开拓非银行金融机构参与新型城镇化建设的领域，充分调动保险业、证券业和社会其他资金参与的积极性，全面挖掘金融对新型城镇化的支持能力等对策建议。

1.3.2　研究思路及框架

本书的研究思路主要遵循"理论研究—实际分析—经验借鉴—对策建议"的逻辑顺序：首先，通过文献梳理和理论研究明确新型城镇化的内涵、新型城镇化金融支持的必要性和支持路径；其次，基于理论研究所提出的新型城镇化的金融支持路径，以供求关系为视角对各路径的金融支持现状进行实际分析；再次，通过对国外城镇化发展的典型代表国家的金融支持模式和制度安排等经验进行研究，并结合其金融支持城镇化的经验对我国新型城镇化的金融支持进行经验借鉴；最后，针对目前我国新型城镇化金融支持的问题与国际经验借鉴，提出推动我国新型城镇化发展的金融支持对策与建议。

本书主要分为 11 个章节，具体研究框架安排，如图 1.1 所示。

第一部分为基础篇。本部分主要对新型城镇化和金融支持进行理论研究，明确了新型城镇化的内涵与新型城镇化金融支持的必要性与机制的理论基础，通过构建我国新型城镇化评价指标体系和新型城镇化的金融支持模型并进行路径实证检验，提出金融支持的是以"人的城镇化"为核心的新型城镇化，主要通过合理的金融资源配置和配套的制度安排对影响基础设施均等化和公共服务均等化的五个因素（基础设施建设、就业、教育、社会保障和保障性住房）的支持来实现。

第二部分为分析篇。本部分主要对新型城镇化的现状和新型城镇化金融支持的现状进行分析，结合我国新型城镇化金融支持路径，以供需关系为视角，对目前我国金融对基础设施建设、就业、教育、社会保障和保障性住房五个方面的金融支持模式和规模进行供求分析与缺口测算。

第三部分为借鉴篇。本部分主要为金融支持新型城镇化建设的国际经验借鉴，主要通过德国、日本、美国等城镇化发展较为成熟的国家的金融支持模式的经验，发现适用于我国新型城镇化金融支持经验。

第四部分为对策篇。本部分主要基于本书在上述研究中发现的我国金融支持新型城镇化的相关问题及具有借鉴意义的国际经验，对未来我国金融支持新型城镇化发展提出相关对策与建议。

1.3.3　技术路线及研究方法

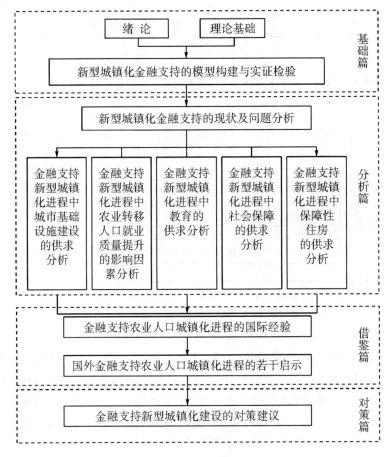

图 1.1 研究框架

1.3.3.1 技术路线

本书研究的技术路线图,如图 1.2 所示。

1.3.3.2 研究方法

本书的研究方法包括:

(1)理论分析与实证检验相结合。本书通过搜集、整理与新型城镇化金融支持相关的著作、论文、数据、文件、报告和新闻,获取相关的研究资料,对我国新型城镇化金融支持的研究现状和存在问题进行研究,分析新型城镇化的内涵和动力机制,为后续分析与研究奠定理论基础。在此基础上,本书详细梳理了金融支持与城镇化相关的理论,明晰了金融支持新型城镇化建设的必要性与作用机理。通过构建结构方程模型,我们以中国 2006—2015 年 31 个省份的相关数据为基础,实证检验金融对新型城镇化发展的支持作用和支持路径。

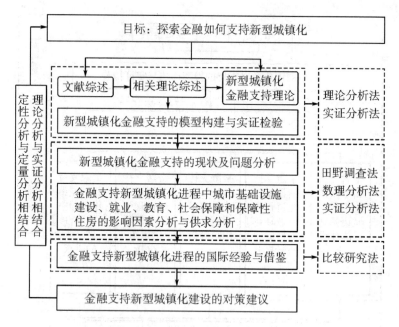

图 1.2　研究技术路线

（2）定性与定量分析相结合。定性与定量分析贯穿本书的始终，在对新型城镇化的概念、内涵的界定和金融支持新型城镇化现状与问题的分析中以定性分析为主，在构建新型城镇化质量评价指标体系及对其金融支持现状进行测算时采用定量分析。在对金融支持新型城镇化进程中基础设施建设、就业、教育、社会保障和保障性住房的投融资情况进行分析时，本书采用定性与定量研究相结合的分析方法。

（3）田野调查法。本书在分析篇的研究中，通过实地调研、座谈咨询、问卷调查等方式搜集相关数据，为本项目的分析提供翔实、充分及可靠的数据材料。课题研究期间，课题组成员曾到四川省营山县小学和成都市农民工子弟小学进行实地调研并发放问卷，收回有效问卷 400 余份。

（4）比较分析法。本书在与传统城镇化的比较分析中挖掘新型城镇化所需要的金融支持。此外，还通过对比和归纳国外城镇化的经验和教训，结合我国城镇化实际情况，找寻和优化我国金融支持新型城镇化可行性借鉴。

1.4 创新及展望

1.4.1 创新之处

1.4.1.1 本书从五个层面对新型城镇化的内涵进行了较为系统的界定

目前国内对新型城镇化的内涵的界定主要集中于强调以"人为核心"的城镇化。本书基于"新型城镇化是以人为核心的城镇化"这一观点，从五个方面对新型城镇化进行界定，认为新型城镇化主要体现为经济发展的城镇化、人口城镇化、基础设施均等化、公共服务均等化和人民生活质量城镇化。第一个层面是经济发展的城镇化。经济发展是城镇化的基础，从全球范围来看，城镇化率越高的国家，经济发展水平也越高，居民生活越富裕，因此经济发展程度与城市化率是高度相关的，经济发展程度成为衡量一个城市城镇化率的重要标准。第二个层面是人口城镇化，主要指人口的分布结构和就业问题。第三个层面是基础设施均等化，表现为居民在道路、交通等相关基础设施领域所享受的均等化水平。第四个层面是公共服务均等化，即居民在教育、养老、医疗、住宅等公共服务领域所享受的均等化水平。第五个层面是生活质量城镇化。产业和人口的聚集促进了经济发展和城市规模的扩大，从而实现了经济城镇化和人口城镇化，而通过合理的制度安排可以使转移的人口公平地享受同原居民均等的福利水平，即基础设施和公共服务均等化。同时合理的制度安排也会进一步促进产业和人口的集聚，在市场机制作用下，进而促进各要素的优化配置，最终实现居民生活质量的城镇化。

1.4.1.2 在城镇化与金融发展的相关理论基础上提出了新型城镇化金融支持的理论

目前国内对金融支持新型城镇化的理论研究主要集中于对金融发展理论和城镇化理论的研究，将该两方面理论结合对新型城镇化与金融支持两者之间的联系与内在机制的研究尚未形成确切的理论观点。本书在城镇化与金融发展相关理论的研究基础上明确两者之间的内在联系，提出新型城镇化金融支持的内在机制的理论基础。本书认为，金融支持指通过合理的金融制度设计和金融资源配置，优化金融体系并形成成熟的金融市场机制，引导社会资金进入新型城镇化进程中，为新型城镇化提供有效供给，进而促进产业和人口的聚集，并实现规模效应，从而促进各要素的优化配置，提高新型城镇化质量。如果能通过金融功能实现对资本的有效供给，满足新型城镇化建设中的资金需求，就能推动其发展，否则，如果资源配置无力，则会形成资金瓶颈制约，阻碍新型城镇化的发展。金融系统是资源配置的核心平台，它拥有很强的资本聚集能力和配置能力，可以通过储蓄，将分散的货币资本聚集起来，变为投资资金，通过储蓄和投资的相互转化，直接或者间接为城镇化建设提供金融资本，它也可通过差别化的金融政策来引导土地、劳动力等宏观要素在不同区域和产业间的调整和配置，从而促进人口在空间上的迁移和产业在空间上的集中及结构上的升级。金融体系完备化可以提高城市投资效率，规范的金融制度可以降低交易费用，提高投资的有效性。在市场主导下，通过价格优势和一定的信息渠道，金融体系可以引导资本流向投资风险小、营利性高的领域，促进资源的优化配置，推动城镇化的可持续发展。以市场为主体配置社会资源的最终对象是实体经济，因此金融支持新型城镇化的最终着力点应该强调通过优化金融支持体系以实现金融资源在实体经济的合理配置和有效利用以及配套的金融制度的设计方面。

1.4.1.3 构建新型城镇化金融支持路径模型并通过实证检验寻找金融支持具体路径

从新型城镇化金融支持的已有研究成果来看，目前国内外对于新型城镇化金融支持机制与路径的研究大部分从新型城镇化的动力机制和实现公共服务均等化的某一个方面进行研究，在研究中默认金融对新型城镇化具有支持作用，研究方法大多为定性研究，定量研究较少。本书从对新型城镇化推进具有影响作用的广义和具体影响因素两个方面构建了金融支持新型城镇化的路径模型，提出新型城镇化金融支持的广义和狭义路径，认为金融可以通过对新型城镇化发展具有推动作用的广义影响因素和狭义影响因素进行支持，从而实现新型城镇化的金融支持。金融对新型城镇化的支持作用主要体现在对经济增长方式、产业结构、产业集聚等对经济总量和质量具有影响作用的广义影响因素和基础设施、教育、社会保障、保障性住房和就业等狭义（具体）影响因素的支持，即金融支持新型城镇化的广义路径——通过对经济总量和质量新型城镇化的广义影响因素的金融支持实现和金融支持新型城镇化的狭义路径——通过对基础设施建设、教育、就业、保障性住房和社会保障的新型城镇化的具体影响因素的金融支持实现。此外，本书也利用我国 2006—2015 年大陆地区 31 个省份的数据通过结构方程模型对新型城镇化金融支持路径进行了实证检验。一方面对新型城镇化的金融支持机制与路径进行了较系统性的架构，另一方面通过模型构建与实证检验在研究方法上也具有一定创新。

1.4.1.4 从供求关系视角对金融支持新型城镇化进程中五个具体方面的缺口进行测算

目前，国内对新型城镇化的金融支持缺口测算的研究较少，少量的研究主要通过新型城镇化进程中基础设施建设中的资金缺口测算为主，主要以门槛效应与固定效应面板模型等计量方法进行实证分析。本书则以供求关系的经典经济学视角为切入点，对本书提出的新型城镇化金融支持基础设施建设、就业、教育、社会保障和保障性住房五个具体因素进行供求分析，对其金融支持的结构性问题进行分析，实现了供求关系视角下的新型城镇化金融支持缺口测算。本书的研究结果认为，就基础设施而言，仅以城镇市政基础设施为统计口径对我国新型城镇化进程中基础设施融资缺口进行静态测算就已经高达 10 万亿元，预计 2020 年城镇化率达到 60%，由此带来的投资需求预期超过 40 万亿元，以政府及其所属机构为融资主体的投资规模远远不足。就教育而言，结合随迁子女人数、生均财政内经费供给、生均非财政经费供给以及生均教育经费需求等数据，测算得出从 2015 年到 2020 年，财政教育经费有较大的缺口，由于财政经费投入增长有限，资金缺口规模会与日俱增。就就业而言，从农业转移人口职业技能培训、土地禀赋转换和吸纳其就业的中小企业来看，有吸纳农业转移人口就业能力的中小企业面临融资难问题。农业转移人口就业缺乏相关的资金支持，由于农业转移人口基数庞大，如果仅依靠增设财政专项资金解决，会明显增加政府的财政负担。加之经济下行的压力，2015 年下半年，我国的财政支出增长速度都高于收入的增长速度，资金缺口巨大；我国保障性住房在"十二五"期间资金缺口已经高达 3.36 万亿元，缺口是实际供给的 2 倍。资金缺口巨大、政府财政压力明显、融资渠道过于单一、融资效率低、融资成本高、融资主体动力不足及融资工具缺乏创新等问题突出。就社会保障而言，政府不仅有责任完善现有的社会保障制度，而且在融资方面扮演了重要角色。为保障农民工同市民平等享有社保权利，我们测算出每人每年的社会保障成本为 12 675.74 元/人/年，其中包括养老保险成本、医疗保险成本及民政部门的其他社保支出。由于我国目前社保基金增值乏力，加上不断增长的城镇化人口，政府在资金供给方面面临巨大困境。

1.4.2 研究展望

本书的研究虽已经完成，但是对我国新型城镇化金融支持的研究并不会结束。随着经济形势、人口结构等诸多宏观环境的变动，新型城镇化的金融支持现实情况也需要不断更新。由于课题的实际情况的限制，本书对新型城镇化金融支持的研究也有所聚焦与侧重，未能做到面面俱到。虽然在目前研究的问题上有一定的创新和突破，但也仍然存在一些不足，将成为课题组未来深入研究的方向。

第一，本书主要针对已转移或有意向转移到城镇的农业转移人口（农民工）的新型城镇化进行研究，对该部分人口基于城乡一体化视角下的土地资源的利用和该视角下的金融支持研究涉及较少。土地资源是人类生存的根本物质基础，在人类生产过程中，土地资源是最能表现可持续发展战略理论的一种资源。对于土地的可持续利用就是使有限的土地资源既能满足当代人需求的同时，还要能够满足未来人类的长久需求，并且从中获取最高价值的综合收益，实现与土地相关的各系统充分协调。土地集约利用是新型城镇化建设中的重要环节，在实现土地利用率最大化的基础上实现土地集约城镇化建设和城乡一体化。本书应对这一问题单独进行研究，搜集相关文献及数据，详尽地、系统地分析金融如何支持土地资源集约利用助力新型城镇化建设并实现城乡一体化。遗憾的是本书还未加入这部分内容，将作为未来的研究方向之一。

第二，中央经济工作会议把生态文明理念纳入城镇化过程，提出走"集约、智能、绿色、低碳"的新型城镇化道路。要实现可持续发展的城镇化建设，首先要走生态环境建设之路。生态环境建设不仅要重视环境与城市社会互动机制，以生态环境效益、生态资源耗损情况等环境指标建立生态文明评价体系，同时也要充分对居民素质进行培养，从其日常生活的衣食住行各个方面着手，逐步渗透，培养环保健康的生活方式。综上可见，生态文明建设也是新型城镇化建设的一个重要方面，将作为我们未来的另一个研究方向进行深入研究。

第三，在数据获取和模型构建上存在一定的不足。本书在研究金融支持新型城镇化的实证检验时，利用结构方程模型对金融支持新型城镇化模型进行了构建，并通过我国大陆地区 31 个省份 2006—2015 年的数据进行实证检验。由于本书在构建新型城镇化指标时涉及多个指标，为最大限度地保证数据的完整性和较低缺失率，时间跨度只能选取 2006—2015 年，同时对个别数据做了插值处理。由此，在其他替代指标、数据挖掘技术等方面仍存在改进之处，未来的研究将通过调查获取更为精准的数据将金融支持新型城镇化模型构建与相关研究进一步优化与深入。

2 新型城镇化金融支持的理论基础

中国社科院于 2014 年 3 月发布的《中国农业转移人口市民化进程报告》对新型城镇化过程中农民进城落户的成本进行了测算。结果显示，每年解决 2 500 万人的城镇化的人均公共成本约为 13 万元。其中，各地区不尽相同，东部最高，达到 17.6 万元，中部和西部落户成本则不到 11 万元。据此测算，每年解决 2 500 万人的城镇化，每年需要投入 6 500 亿元。如此庞大的支出，单靠政府已经不能满足需要，如何寻找其他途径的金融支持对我国新型城镇化的顺利推行意义重大。对这些问题探索的前提是我们必须了解新型城镇化金融支持的理论基础。

2.1 新型城镇化概念的界定

2.1.1 城镇化与新型城镇化概念

城镇化也称城市化，而新型城镇化是在原来提出的城镇化的基础上演变而来的。我国城镇化是在"十五"规划中首次提出的。2000 年 10 月 11 日，党的十五届五中全会通过《关于制定国民经济和社会发展第十个五年计划的建议》，官方正式提出"城镇化"一词，提出"积极稳妥地推进城镇化"。城镇化过程的直接表现是城镇人口密度增加和城镇数目增多。同时第一产业（农业）的比重下降，第二（工业）、第三产业（服务业）活动比重逐渐增加。西方形成了以集聚经济理论、分工演进理论和"推-拉"理论为基础的三种城镇化动力机制理论。李晓梅（2012）认为城镇化是农业人口向工业部门流动形成空间聚集和规模经济，并由此产生的一系列外部效应的过程。基于这些理论，我国采取以工业化为主的粗放型模式推进城镇化水平。

但传统城镇化依旧存在一些问题（如城镇化发展不均衡、城市能源匮乏等），也随着城镇化的进一步发展和经济新常态的出现而逐渐暴露出来。因此在总结原有传统城镇化发展过程中的经验和教训后，我国提出了要进行新型城镇化。和传统城镇化不同的是，新型城镇化不是片面追求城市的扩大与膨胀，而是以提高城市公共服务能力、增加城市文化内涵为中心，使农业转移人口市民化。近几年来我国政府也一直重视新型城镇化的推进，探索推进新型城镇化的道路。党的十八届三中全会提出①完善城镇化健康发展体制机制，坚持走中国特色新型城镇化道路，推进以人为核心的城镇化，推动大中小城市和小城镇协调发展。产业和城镇融合发展，促进城镇化和新农村建设协调推进。党的十九大报告提出关于新型城镇化的新要求——紧紧抓住人的城镇化这个核心和提高城镇化质量这个关键，加快农业转移人口市民化②。2013 年，国务院总理李克强到国家粮食局科学院考察时，强调指出"推进城镇化，核心是人的城镇化，关键是提高城镇化质量，目的是造福百姓和富裕农民"③。这一论述将新型城镇化的内容表达得非常清楚。

综上所述，本项目认为新型城镇化是以"人"为核心，以农业现代化和新型工业化为依托，实现人与自然、人与社会的和谐发展，进而达到经济城镇化、人口城镇化、基础设施均等化、公共服务均等化和人民生活质量城镇化，最终实现农村转移人口完全市民化的过程。

2.1.2 新型城镇化的特点

从党的十六大"走中国特色城镇化道路"的提出，到党的十八大明确"新型城镇化"发展路径，再到党的十九大对"新型城镇化"提出新要求，坚定了我国走新型城镇化道路的决心。"新型城镇化"具有以下几个方面的特征：

2.1.2.1 新型城镇化的核心或本质是农民市民化

新型城镇化是人的城镇化，强调农业转移人口市民化。它不仅仅是指农民工进入城市工作或落户于城镇，还包括农业转移人口在文化上融入城市，平等地与城市市民分享公共资源等。在城镇化高速发展的过程中也出现了不少问题和矛盾，为了解决这一系列问题以促进我国经济发展，可以从两个方面出发：一是注重城镇化质量的提高，改善环境质量，提高城镇发展的综合质量，保障

---

① 中共中央关于全面深化改革若干重大问题的决定 [EB/OL]. (2013-11-15) [2015-10-23]. http://cpc.people.com.cn/n/2013/1115/c64094-23559163.html.

② 中国共产党第十九次全国代表大会报告全文 [EB/OL]. (2017-10-24) [2017-10-27]. https://wenku.baidu.com/view/246551f948649b6648d7c1c708a1284ac950055b.html.

③ 李克强. 守住管好"天下粮仓"协调推进"新四化"建设 [N]. 人民日报, 2013-01-16 (1).

民生，扩大和增强基本公共服务；二是转变经济发展方式，从粗放式发展转向集约式发展，在制度创新和技术创新双重驱动下带动经济高质量发展。

2.1.2.2　新型城镇化是产城互动的城镇化

新型城镇化要使产业体系和城市体系协同构建，做到与开发区相结合，使开发区为城镇化提供新动力的同时缓解城镇化中出现的人口集中、资源匮乏等问题。产城融合可以构建一个软硬环境优化、功能齐全的良好生态。

2.1.2.3　新型城镇化是均衡发展的城镇化

传统城镇化的一个显著特点是地区发展不均衡，大城市过度发展，中小城市吸纳能力不足，而新型城镇化强调区域协调发展。新型城镇化以城市群为主要形态，让城市群成为经济社会发展的重要载体。在此基础上构建大中小城市和小城镇协调发展的城镇格局，打破行政区域限制，使大中小城市和小城镇分散、同步、均衡发展。

2.1.2.4　新型城镇化是可持续发展的城镇化

新型城镇化意味着构建一个生存环境质量高、生态优良的城镇，把生态文明理念和原则融入城镇化发展的全过程，以综合承载能力为支撑，四化同步发展，优化布局，提升城市的可持续发展。

2.1.3　新型城镇化与传统城镇化的区别

新型城镇化提出的背景是基于传统城镇化的推进面临障碍。它们之间的区别如表 2.1 所示。

表 2.1　新型城镇化与传统城镇化的对比

	传统城镇化	新型城镇化
目的	以城为本，注重城市空间扩张，产业非农化，土地非农化	以人为本，强调经济、文化、社会等和谐发展，以提高城镇居民生活质量、让转移人口获得相同的权利为目的
内容	重数量、重规模、重速度，土地城镇化快于人口城镇化	重质量、重结构、重效益，精明增长、智慧城市
动力	工业带动，强调中小城市、小城镇优先发展，或优先发展大城市，导致产城分离、城乡分离，重城轻乡	四化互动，大中小城市和小城镇协调发展，产城融合互动，城乡一体化，基本公共服务均等化
手段	政府主导	市场主导，政府引导
基本路径	不协调、不可持续	协调、可持续发展

（1）新型城镇化的目标是经济社会环境、文化全面转变的城乡一体的发展，这是第一个和传统城镇化的区别。传统城镇化可能强调的是经济的发展，而新型城镇化强调的是城市的发展，而新型城镇化强调的是经济、社会、环境、文化甚至政治治理，即综合的发展和转化，它的目标是城乡一体。

（2）新型城镇化的内涵和传统的城镇化也有显著的不同。虽然两者内容大致相同，但是强调的重点不一样，新型城镇化的核心是人的城镇化，强调以人为本，传统城镇化强调土地的城镇化，这是一个重大的差别。

（3）新型城镇化的动力和传统的城镇化有很大的差别。传统的城镇化强调工业化的带动，沿海地区率先发展，导致城市率先发展，内地相对滞后，农村更加落后。而新型城镇化强调四化同步发展，城镇化要靠工业化、农业现代化、信息化这三大力量和城镇化本身的相互作用共同推动城镇化向前发展。

（4）新型城镇化的手段特别强调的是市场化。传统的城镇化说到底是一个政府主导的城镇化。传统城镇化之所以带来了半城镇化，带来了土地过度城市化，带来了环境的污染等一系列问题，究其原因，主要是由政府的过度干预甚至急于求成所导致的。城镇化的推动力量由过去自上而下的自发力量，转向将市场机制的自发力量与政府规划的自觉力量有机结合起来。新型城镇化强调最大的区别就是要市场来主导，政府只起到一个引导的作用。

（5）新型城镇化基本的路径中最核心的就是可持续发展。其强调信息化技术创新作为重大的推动力，强调环境的承载力，强调社会的均衡和和谐，同时也强调了经济的转型。新型城镇化也更强调大中小城市与小城镇协调发展的必要性。

2.2 金融支持的概念与内涵

2.2.1 金融支持的概念

在金融发展条件下金融体系充分发挥金融功能的过程称为金融支持。金融支持是一种研究货币资金流通的活动，在一定金融发展条件下，主要通过金融工具和金融市场为各地区新型城镇化的发展提供多样化金融服务的各种金融活动的总和[①]。由此，本书的"金融支持"是指通过合理的金融制度设计和金融

---

① 陈文通. 对"脱实向虚"的经济学分析［J］. 中国浦东干部学院学报，2017，11（3）：39-64.

资源配置，来促进产业和人口的聚集，并实现规模效应，从而促进各要素的优化配置，提升新型城镇化质量。

2.2.2 金融支持的内涵与金融体系

就金融支持的内涵而言，金融系统是金融资源配置的核心平台，它拥有很强的资本聚集能力和配置能力，可以通过储蓄，将分散的货币资本聚集起来，变为投资资金，通过储蓄和投资的相互转化，直接或者间接为城镇化建设提供金融资本；它也可通过差别化的金融政策来引导土地、劳动力等要素在不同区域和产业间的调整和配置，从而促进人口在空间上的迁移、产业在空间上的集中及结构上的升级。金融体系完备化可以提高城市投资效率，规范的金融制度可以降低交易费用，提高投资的有效性。在市场主导下，通过价格优势和一定的信息渠道，金融体系可以引导资本流向投资风险小、营利性高的领域，促进资源的优化配置，推动城镇化的可持续发展。以市场为主体配置社会资源的最终对象是实体经济，因此金融支持新型城镇化的最终着力点应该是优化金融体系以强调金融资源在实体经济的合理配置和有效利用以及配套的金融制度的设计方面。

由金融支持内涵可见，金融支持需要一个健全完善的金融体系来发挥自身对经济社会的支持作用和对城镇化的促进作用。金融体系通常包括金融产品、融资工具、金融机构、资金供给方、融资需求方（居民、企业、政府）、金融市场、金融组织制度和监管机制等。在金融体系的这些主体中，金融机构（银行、证券公司、保险公司等）和金融市场（资本市场和货币市场）是最基本的构成要素并承担资本配置的重要职能。因为金融机构是资金供需双方的中介，通过生产金融产品，提供金融服务，使用各种金融工具以实现上述目的。金融支持的机构有三个子系统：直接融资系统（债券、公开上市、投资基金等）、间接融资系统（商业银行、政策银行、农村合作金融组织等）及信用担保体系（企业间互助担保机构、民营商业性担保机构、政策性信用担保机构等）。这三个系统相互配合、相互支持，实现风险分散和收益共享，为新型城镇化的推进提供有效的支持。金融市场是一个为资金供需双方提供交易的场所或平台。金融机构和金融市场的出现，很大程度上提高了资金的交易效率，降低了交易成本，促进了交易的完成与实现。适宜的金融监管法规和金融组织制度显得十分必要，它是金融市场（尤其是资本市场）健康运作的前提。金融体系内部各组成部分密不可分，这是保证金融体系正常和有效运作的前提。金融体系的健康程度及它所表现的功能决定了金融支持效率的高低。金融体系规模的大小、结构的合理程度影响着所提供的金融产品及服务的质量、结构、效率和规模。因此，金融对新型城镇化能产生多大的支持效应或作用也会受到影响。越成熟、发达、完善、健全的金融体系，越能促进资本的优化配置，金融支持新型城镇化的效果越好，效率越高。综上可见，金融发展规模、金融发展结构、金融发展效率决定了金融支持新型城镇化的作用和效果，这一切需要通过金融体系的金融功能得以实现。

2.3 新型城镇化发展的理论基础

2.3.1 城市发展理论

城市化的过程是人口、地域、社会关系及生活方式由农村向城市转化的过程，城市化的前提有两个：一是农业生产力的发展，二是农业剩余劳动力的转移。第一个前提是基础，只有农业生产力提高了，农业剩余劳动力的转移才成为可能。城市发展理论主要有以下几种：

2.3.1.1 聚集效应理论

聚集经济理论是指企业向某一特定地区集中而产生的利益，是城市存在和发展的重要原因和动力。集聚效应理论认为，产业、经济活动与公司在空间层面的汇集会产生积极的影响与效果，是导致城市形成、发展与壮大的基本因素与动力。该理论最早是由经济学家韦伯（A. Weber，1909）提出来的，他认为产业的空间聚集可以促进劳动力组织专业化，产业集聚可以规避中间商，节省交易成本，区位因子的合理组合会使企业节省成本，共享部分资源，从而实现成本最小化。

1890 年，经济学家马歇尔提出了外部规模经济理论，他认为在其他条件相同的情况下，行业规模较大的地区的生产比较小的地区更有效率。区域经济学家沿用马歇尔关于内部和外部经济的概念，把城市聚集经理解为外部经济充分利用。他们认为城市聚集经济分为三种类型：①企业内部规模经济；②企业外部的，产业内部的经济；③对企业和产业而言都是外部的。关于第一种类型，他们认为在一个生产函数中，如果生产要素投入的产出弹性的和大于1，则关键设备投入占产品总成本较大，平均成本曲线呈"U"形分布，当企业产量增加时，关键设备的固定成本会得到更大范围的分摊，使单位产品成本下降，则生产规模收益递增，产生规模经济效益。因此这种类型的聚集经济称为规模经济（economies of scale）。关于第二种类型，马歇尔曾在《经济学原理》

中这样论述，"当某一产业为自己选择了某一区位时，它将长期位于此地，因为从事同样行业的人民可以从相互邻近的地区得到相当大的好处"。也就是说当一个企业地处同一产业部门集中的区域，则会降低其单位成本，从而实现规模经济效益，这种状况被称为"定域化经济"（localization economies），对企业而言是外部的规模经济，对产业而言则是内部的。第三种类型被称为"城市化经济"（urbanization economies），戈尔茨坦和格伦伯格（Goldstein & Gronberg，1984）①将城市经济理解成大城市的一种特殊作用，大城市可以使公共基础设施和服务在很大范围内得到共享，从而有效降低城市内企业的成本，因此小型企业也可以有条件从事专业化生产或服务②。

米尔斯（Mills，1967）将区域经济学家的理论进行了拓展，认为聚集并不一定导致规模经济，他认为外部经济与城市规模扩张而导致的通勤成本等外部不经济密切相关，使得居民净效用与城市规模之间呈倒"U"形关系，净效用的极大值决定了最优城市规模。

经济学家巴顿（K. J. Button，1976）③认为：①企业集群会产生竞争，竞争会促进创新发展；②创新是由客户需要和解决供给问题而产生的结果，企业在地理上的集中使信息在制造商、供给者和客户之间传播更为方便；③集中而优越的通信工具使区域内企业创新成果的采纳速度得到很大提升。

由上述理论可以得出：一般情况下，当企业在地理上彼此接近时，会给企业、产业和居民带来外在的利益，产生聚集经济效益，城市正是人口和企业集中的地区，城市规模的扩大，会使企业向城市聚集，因此城市具有明显的聚集经济效益。城市的聚集经济效益在降低企业成本的同时，会促进创新。但过度的资源空间聚集会使社会福利受损，如通货膨胀、房租过高、交通拥堵、环境污染等问题，导致聚集不经济。因此城镇化的过程实际上也是经济主体通过聚集效应在空间上配置资源以增进自身福利并间接影响社会福利的过程④。因此，新型城镇化建设中城市的规模并不是越大越好，而要考虑人口规模和资源环境的承载力，否则也会导致成本上升，降低资源配置效率。

---

① GOLDSTEIN G S, GRONBERG T J. Economies of Scope and Economies of Agglomeration [J]. Journal of Urban Economics, 1984, 16 (1)：91-104.

② 林金忠. 城市聚集经济理论研究及其进展 [J]. 中国经济问题, 2005 (6)：48-54.

③ BUTTON K J. Urban economics：Theory and Policy [M]. London：Publication of Macmillan Press Limited, 1976.

④ 杨充霖. 资源空间配置与中国新型城镇化的基础理论构架 [J]. 经济学动态, 2014 (9)：98-105.

2.3.1.2　诺瑟姆曲线理论

美国城市地理学家诺瑟姆（Ray M. Northan，1979）在对英国、美国等国家工业化进程中城镇化率变动趋势分析的基础上，提出了城镇化发展的"S"曲线规律，也就是诺瑟姆曲线（见图2.1）。

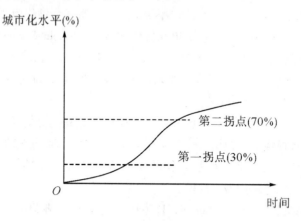

图2.1　诺瑟姆曲线

他认为城市化进程分为三个阶段，有两个拐点。第一个阶段是城镇化率在30%以下的阶段，这一阶段是城市化的初期，这一阶段的国家尚处于农业社会，城镇化发展缓慢，工业化处于初期，轻纺工业是主导产业。第二个阶段是城镇化率在30%~70%的阶段，这一阶段经济高速增长，国家进入工业社会，主导产业是钢铁、化工、机械等重工业。这一阶段城市数量增加，规模扩大，人口和产业向城市聚集，这是城市化的加速阶段，同时也出现了"城市病"，如劳动力过剩、交通拥挤、住房紧张、环境恶化等。第三个阶段是城市化率超过70%的阶段，这一阶段经济开始趋于平缓，国家进入后工业社会，这一阶段第二产业上升到40%以后缓慢下降，第三产业开始兴起，由于第二阶段"城市病"的出现，随着交通的逐渐便利和通勤范围的逐渐缩小，企业和人口考虑到自身经营和生活成本，开始往郊区迁移，出现郊区城市化现象，这一阶段城市化增长速度开始趋缓，出现"逆城市化"现象。

2.3.2　人口迁移理论

"人口迁移"指的是人口分布在空间上的流动。人口迁移是一种普遍的社会现象。关于人口迁移理论，主要有以下几种：

2.3.2.1　人口迁移的"推力-拉力"理论

"推力-拉力"理论最早可追溯到拉文斯坦（E. G. Raven Stein，1885，

1889）的"人口迁移法则"，他认为人口迁移的目的是改善经济状况。R. Herberle（1938）在发表的《乡村-城市迁移的原因》一文中提出了两个基本假设：一是假设人的行为是理性的，二是迁移者对迁出、迁入地的信息有充分的了解。从而得出人口迁移是由迁出地的推力和迁入地的拉力共同作用的结果。

美国社会学家吉佛（G. K. Zipf, 1946）将"万有引力定律"引入推拉模型，进行了量化处理，并提出"引力模型"，模型表达式为

$$M_{ij} = k \frac{P_i P_j}{d_{ij}^b}$$

其中 M_{ij} 为从 i 城市和 j 城市之间的人口迁移总量，P_i、P_j 分别为两城市之间的人口规模，d_{ij} 为两城市之间的距离，k 为常熟，b 为距离衰减系数。他认为两地间人口的迁移总量与两地人口规模的乘积呈正比，与两地间的距离呈反比。

美国人口学家罗理（I. S. Lowry）在引力模型的基础上，将失业率和制造业工资加入模型，形成新的模型，表达式为

$$M_{ij} = k \left(\frac{U_i}{U_j} \times \frac{W_j}{W_i} \times \frac{L_i L_j}{D_{ij}} \right)$$

其中 M_{ij} 表示 i 地到 j 地的迁移人口，L_i、L_j 表示 i、j 两地非农业劳动力人数，U_i、U_j 表示 i、j 两地的失业率，W_i、W_j 表示两地每小时制造业工资，D_{ij} 表示两地的空间距离。他认为人口迁移是从农业劳动力较多的地区向较少地区、从收入较低的地区向收入较高的地区流动。

Lee（1966）在《迁移理论》中对"推力-拉力"理论进行了系统性总结，他认为影响人口迁移的因素主要与迁入迁出地、各种中间障碍和个人因素有关。

2.3.2.2　新古典经济学的人口迁移理论

新古典经济学认为不同区域间劳动力供给与需求的差异，会引起劳动力在区域间的调整，从而体现人口迁移。美国经济学家西奥多·舒尔茨（Theodore William Schultz, 1960）在《人力资本投资》中提出了人力资本理论，该理论认为人力资本是促进经济增长的主要原因，迁移则是个人在人力资本上的投资。这种投资可通过提高自身经济效益而提升个人投资者的生活水平。新古典经济学将个人作为迁移的最小单位，但实际上，个人的决策与家庭关系很大，因此新家庭迁移理论认为迁移决策是由家庭成员共同决定的，迁移的原因在于最大化经济利益及最小化风险，人的迁移不仅受个人预期收入影响，还会受家庭因素的影响，而家庭因素更为关键。人力资本理论进一步延伸到"投资-利

润"理论，该理论认为人的迁移过程是一种投资或者成本，迁移后获得的好处是一种利润，迁移者在迁移前会综合考虑迁移过程中的成本和迁移后的利润，如果成本超过了利润，则会推迟迁移，否则则会选择迁移。

2.3.2.3 发展经济学的人口迁移理论

发展经济学的人口迁移理论是以刘易斯的"两部门经济发展理论"和托达的"托达罗模型"为代表的。美国著名经济学家刘易斯（W. A. Lewis，1953）提出了二元经济理论，他认为发展中国家存在两部门经济：现代工业部门和传统农业部门。农业中存在边际生产率为0的剩余劳动力，而工业的边际生产率和工资水平都高于农业部门，因此吸引农业剩余劳动力向非农化转移，使二元经济结构减弱。他认为这是发展中国家摆脱贫困的唯一途径。该理论认为城乡收入差异是劳动力从农村向城市迁移的唯一决定因素，只要城市工业部门的一般工资水平高于乡村农业部门，且工资差距达到一定比例时，农民就愿意离开土地进入城市谋求新职位。该理论的假设前提是"充分就业，且市场可以无限提供劳动力"。1972年，刘易斯又发表了《对无限劳动力的反思》论文，在该文中提出了"刘易斯拐点"，他将二元经济模式分为两个阶段，第一个阶段是劳动力无限供给的阶段，也就是上述介绍的阶段，大量的农村剩余劳动转移向城市，这也是刘易斯第一个拐点；第二个阶段是劳动力出现缺乏的阶段，因为农业生产率提高，释放农业劳动力，现代工业部门发展超过了人口增长，导致工业部门工资上升，当传统农业部门与现代工业部门的边际产品相等时，城乡一体化的劳动力市场开始形成，二元经济开始转向一元经济，此时出现了刘易斯的第二个拐点。

20世纪60年代初，经济学家Fei、John C. H. 和Ranis Gustav（1964）[①] 修正了刘易斯模型中的不足，建立了费-拉模型，该模型认为，在给定土地面积和农业技术的条件下，随着农业劳动投入的增加，农业生产的边际产出不断递减并趋于0，此时再增加任何劳动投入都不会导致农业总产出的增加，因此边际产出为0的劳动力成为"剩余劳动力"。该模型还认为，农业工资等于农业的人均产出，这是一种"不变工资制度"，即使出现多余劳动力，也应获得这一工资，在这一基础上，他们把边际生产率大于0但低于人均产出的农业劳动者称为"伪装失业者"。在这些假设基础上，该模型将农业人口转移分为三个阶段：第一个阶段是边际生产率为0的那部分劳动力先转移出来；第二个阶段

---

① FEI J C H, RANIS G. Development of the Labor Surplus Economy: Theory and Policy [J]. A Publication of the Economic Growth Center, Yale University Series, 1964.

是将边际生产率大于 0 但小于平均收入的那部分人转移出来；第三个阶段是将农业中边际生产率大于平均收入的劳动力进行转移①。

但 20 世纪中后期后，许多国家城市失业问题已经比较严重，但仍存在大量农村人口向城市进行转移的现象，刘易斯的理论无法解释。美国经济学家托达罗（M. P. Todaro，1969）对传统人口流动模型进行了修正，将就业概率引入模型，创立了"托达罗模型"，该模型认为人口的迁移过程是对城乡预期收入的差异做出的反应，只有在劳动力估计城市预期收益高于农村收入时，才会迁移，否则，劳动力将继续留在农村，城市的预期收入水平为实际收入乘以就业概率计算所得，它是决定劳动力流动的关键。

由上述的理论可以看出：城镇化进程与人口迁移密切相关，用来衡量城镇化率的一个重要指标就是城镇人口在总人口中的比重。随着农业生产效率的提高，农村剩余劳动力数量不断增加，使人地分离成为现实，为转移人口提供了"人"的基础；相较于农村，城市基础设施和公共服务的完善对农村人口形成了吸引力；人力资本的形成和农民工社会融入能力的提升为转移人口提供了经济和社会保障。这些因素促进了农村人口的转移。而外来人口为城镇的发展提供了丰富的廉价劳动力，一定程度上也促进了城镇的快速发展。因此，造成人口迁移的主要原因是城乡收入的差异，迁移的目的是提高自身及家庭收益和生活水平。而刘易斯拐点的出现与"人口红利"密切相关，第一个拐点之前是"人口红利"的存在，大量的廉价劳动力给生产提供了便宜的要素价格，促进了经济的增长，尤其适用于发展中国家；第二个拐点的出现是"人口红利"的消失，劳动力市场短缺，迫使工资上升，使得企业使用的要素成本上升，对经济产生极大的影响。因此发展经济学理论也告诉我们"人口红利"不可能长期存在，创新能力的培养是保持经济可持续发展的根本，实现产业结构升级，提高资源利用效率，提升产品技术含量和附加值才是提高核心竞争力的关键。

2.3.3　城市可持续发展理论

城市可持续发展是新的发展理论及不同学者分别从不同领域，不同角度进行了研究，但目前还没形成统一的体系。通常城市的发展会经历启动期、发展期、成熟期和衰退期这四个阶段，每一阶段都会存在制约城市可持续发展的一

---

① 国务院发展研究中心农村经济研究部. 从城乡二元到城乡一体：我国城乡二元体制的突出矛盾与未来走向 [M]. 北京：中国发展出版社，2014：71-72.

些因素。国内外专家学者分别从不同角度对城镇化可持续发展理论进行了研究。早期的研究中，Haughton G（1994）[①] 从环境角度、Qnishi T（1994）[②] 从资源角度、Nijkan P（1995）[③] 从经济角度分别对城市可持续发展进行了深入研究，认为城市可持续发展必须满足这些方面的原则。R. Camagni（1998）[④] 对城市可持续发展进行了较为完整的定义，认为城市可持续发展是对构成城市的一些要素（如经济、社会、环境等）进行协同整合和和谐发展的过程。Josza 和 Brown（2005）[⑤] 认为可持续发展从长期来说应涉及环境、社会制度、经济、人民福利及生活质量，短期主要是与人口数量有关。2010 年，澳大利亚的格里菲斯大学开始寻找并衡量社会、经济和技术在环境方面造成的压力。N. Munier（2011）[⑥] 采用了 R. Camagni 的定义，并从多角度提出了可持续发展的目标，建立了一系列衡量城市可持续发展的指标。我国学者也进行了相关研究，蒋达强等（2001）从生态角度提出了城市可持续发展的新观念：一要适度消耗，二要崇尚绿色观念，三要关注循环，对资源及成品要反复使用或循环再生[⑦]。牛文元（2012）认为可持续发展理论的核心主要有两个：一是人与自然关系的和谐与协同进化，也就是说要找出人与自然和谐发展及其关系的合理性，将人的发展与资源消耗、环境退化、生态威迫联系起来；二是通过法律约束、文化引导等实现人与人之间关系的协调。因此他认为可持续发展从根本上体现了人与自然和人与人之间关系的总协调[⑧]。此后众多学者立足于人与自然的角度，开始从"低碳"角度研究人口、经济、城市、社会、环境等的和谐与可持续发展。

---

① HAUGHTON G, HUNTER C. Sustainable Cities [J]. Economic Geography, 1994, 41 (4): 167-180.

② ONISHI T. A Capacity Approach for Sustainable Urban Development: An Empirical Study [J]. Regional Studies, 1994, 28 (1): 39-51.

③ NIJKAN P, VLEUGEL J. In Search of Sustainable Transport Systems [J]. Serie Research Memoranda, 1995.

④ CAMAGNI R. Sustainable Urban Development: Definition and Reasons for A Research Programme [J]. International Journal of Environment and Pollution, 1998, 10 (1): 6-27.

⑤ JOSZA A, BROWN D. Neighborhood Sustainability Indicators Report on a Best Practice Workshop-Report, School of Urban Planning [R]. Montreal: McGill University and the Urban Ecology Center/SodemC, 2005.

⑥ MUNIER N. Methodology to Select A Set of Urban Sustainability Indicators to Measure the State of the City, and Performance Assessment [J]. Ecological Indicators, 2011, 11 (5): 1020-1026.

⑦ 蒋达强，苏敬，李琳莎. 城市可持续发展的新思维 [J]. 上海交通大学学报（哲学社会科学版），2001, 9 (3): 84-88.

⑧ 牛文元. 中国可持续发展的理论与实践 [J]. 中国科学院院刊，2012, 27 (3): 280-290.

由此可见，城市可持续发展是一个多学科、多领域的交叉，它不仅要求人与自然和谐发展，也要求人与人之间关系的协调。对于新型城镇化建设而言，既要考虑到土地、资源等的承载能力，也要考虑环境的因素，要实现集约、低碳的发展模式，要求城镇化发展既要实现人与自然的和谐发展，也要考虑城市承载力和人口因素，实现人口、经济、社会、城市发展与环境的可持续发展。

2.4 金融发展的理论基础

"金融"是货币流通和信用活动的总称，这一经济范畴是在银行业发展过程中货币和信用互相融合之后形成的。随着经济货币化和信用化程度的日益提高，金融起着越来越重要的作用。金融发展理论是研究金融发展与经济增长之间内在关系的理论。该理论始于 20 世纪 60 年代末，代表人物为 L. Goldsmith、R. McKinnon 和 E. Shaw，他们先后发表了相关成果，标志着金融发展理论的诞生。传统经济发展理论偏重于资本、劳动力、土地、技术和资源等因素对经济的影响，而忽略了金融因素，金融发展理论弥补了这一缺陷。金融发展理论目前已形成了许多理论。

2.4.1 金融规模理论

20 世纪 50 年代中后期以后，众多经济学家开始从理论和实证方面对金融发展与经济增长的关系进行研究，取得了一系列成果。Goldsmith（1969）也得出金融规模与经济增长存在正相关关系的结论，但他认为这种因果关系的方向很难确定。Bernanke 等（1996）认为金融发展会通过"金融加速器"效应放大冲击，加剧经济的波动[①]。Acemoglu 等（1997）[②] 认为金融发展会促进经济的稳定增长。Allen 和 Gale（1999）认为在跨期风险分担方面金融中介更有效，而在跨部门风险分担方面金融市场更有优势，因此金融中介与市场各有自身的优劣。Caballero 等（2000）[③] 认为金融促进经济增长的效应主要是通过金

---

① BEMANKE B, GERTLER M, GILCHRIST S. The Financial Accelerator and the Flight to Quality [J]. The Review of Economics and Statistics, 1996, 78 (1): 1-15.

② ACEMOGLU D, ZILIBOTTI F. Was Prometheus Unbound by Chance? Risk, Diversification, and Growth [J]. Journal of Political Economy, 1997, 105 (4): 709-751.

③ CABALLERO R J, KRISHNAMURTHY A. International and Domestic Collateral Constraints in A Model of Emerging Market Crises [J]. Journal of Monetary Economics, 2001, 48 (3): 513-548.

融发展减少信贷市场摩擦，从而减弱"金融加速器"以抑制经济波动来实现的。Kunieda 等（2011）[①] 认为金融发展处于初期时，不会造成经济波动，而随着信贷市场的逐渐完善，一定程度上会造成经济的波动，而随着金融业的逐渐成熟，造成的波动会逐渐减弱并消失。

国内也有学者得出相似的结论。林毅夫、姜烨（2006）认为如果金融结构与经济结构相匹配，将有利于经济增长，否则会对经济增长起阻碍作用[②]。王勋、方晋、赵珍（2011）利用面板数据，分析了 1999—2008 年金融规模对各省经济增长的作用，认为目前金融规模的扩张不利于经济增长，而改善金融结构，降低银行集中度，提高中小金融机构的比重，会增加银行业内部的竞争，从而促进经济增长[③]。陈乐一等（2016）认为我国金融结构的变动对经济波动具有平抑效应，且这种效应具有一定的滞后性[④]。但邵传林、王莹莹（2013）却认为金融市场化对经济波动具有显著的非线性平抑效应，金融市场化的推进会先抑制经济波动，当越过门槛值时会加剧地方经济波动[⑤]。

2.4.2 金融结构理论

金融结构理论的创始人是美籍经济学家 Goldsmith，他在 1969 出版的《金融结构与金融发展》一书中将金融现象归纳为金融工具、金融机构和金融结构，并且指出金融结构不但是一国现存金融工具和金融机构之和，还是金融发展的本质。他提出了衡量金融结构的存量和流量指标，如金融相关比率（Financial Interrelations Ratio，FIR）、金融中介比较和变异系数等，FIR 由金融工具的市场总值与经济活动总量的比值计算所得，目前已成为衡量一国金融发展程度的最重要指标。同时，Goldsmith 利用世界上 35 个国家的数据进行了分

---

① KUNIEDA T, SHIBATA A. Endogenous Growth and Fluctuations in An Overlapping Generations Economy with Credit Market Imperfections [J]. Asia-Pacific Journal of Accounting & Economics, 2011, 18 (3): 333-357.

② 林毅夫，姜烨. 经济结构、银行业结构与经济发展：基于分省面板数据的实证分析 [J]. 金融研究，2006 (1): 7-22.

③ 王勋，方晋，赵珍. 中国金融规模、金融结构与经济增长：基于省区面板数据的实证研究 [J]. 技术经济与管理研究，2011 (9): 59-64.

④ 陈乐一，李良，杨云. 金融结构变动对经济波动的影响研究：基于中国省际面板数据的实证分析 [J]. 经济经纬，2016, 33 (1): 126-131.

⑤ 邵传林，王莹莹. 金融市场化对地区经济波动的非线性平抑效应研究：来自省级层面的经验证据 [J]. 经济科学，2013, 35 (5): 32-46.

析，揭示了金融深化的内部规律，认为金融结构的变化具有规律性①。金融结构越发达，由金融机构和金融工具提供的选择机会就会越多，增强了从事金融活动的主体的活动欲望，经济便会增长。

融资结构目前划分为两类：一类是以银行为主导的间接融资，另一类是以市场为主导的直接融资。有些学者认为上述两种融资体系与经济增长呈正相关（King & Levine，1993）②，Levine（2000）选用世界银行的数据库，对金融结构与经济增长进行了实证，发现金融发展与经济增长在95%的置信区间内显著，且无论是银行还是资本市场，都与该国的经济增长存在着正相关关系③。而有些学者则认为以银行导向的融资结构不能促进转型国家经济的增长（Berglof & Bolton，2002）④。而大多数学者的观点认为，以金融中介为主导的间接融资结构有利于金融不发达国家的经济增长，而在发达国家中，金融中介的增长与经济的增长呈负相关。因此，在金融发展初期，金融交易的信息不对称和企业道德风险最为严重，这一阶段最优的金融结构是以银行为主导的结构，而随着经济和科技的发展，信息生产成本的逐渐降低，资本市场上价格信息会使微观主体更好地进行决策，因此最优的金融制度应以资本市场为主（Boot & Thakor，1997）⑤。陈国进、林辉（2002）认为无论采用哪种金融结构，对经济增长贡献大小的关键都取决于该国的制度环境，在农业和传统工业为主要产业的阶段，以银行为主导的金融结构是最优的结构，而随着经济金融的发展和各种制度的完善，企业道德风险得到缓解，资本市场对经济增长的贡献越来越重要，可以通过有效的制度安排使金融结构从银行主导型向市场主导性转型，否则会导致银行人员过度臃肿并缺乏效率⑥。

2.4.3　金融效率理论

效率起源于西方古典经济学，意大利经济学家帕累托提出了帕累托效率理

① MASAKICH I, GOLDSMITH R W. Financial Structure and Development [J]. Economic Review, 1970, 39 (5)：193-194.

② KING R G, LEVINE R. Finance, Entrepreneurship and Growth [J]. Journal of Monetary Economics, 1993, 32 (3)：513-542.

③ LEVINE R. Bank-based or Market-based Financial System：Which is Better? [J]. Journal of Financial Intermediation, 2002, 11 (4)：398-428.

④ BERGLOF E, BOLTON P. The Great Divide and Beyond：Financial Architecture in Transition [J]. Journal of Economic Perspectives, 2002, 16 (1)：77-100.

⑤ BOOT A W A, THAKOR A V. Financial System Architecture [J]. The Review of Financial Studies, 1997, 10 (3)：693-733.

⑥ 陈国进，林辉. 金融制度结构与经济增长 [J]. 南开经济研究, 2002 (3)：17-21.

论，对效率的研究产生了很大的影响，随后效率理论不断完善，目前经济学理论上的效率指的是资源配置的最优化。根据阿罗-德布鲁的经济范式，一个完全竞争的市场体系可以通过市场实现金融交易来保证资本的最优配置。20 世纪 70 年代以后，出现了博弈论和信息经济学，相关的学者一致认为信息不对称会导致逆向选择和道德风险，会严重制约资本市场的资金配置效率，市场化的资金价格（即利率）不能有效调节资金供需，从而导致信贷配给。金融效率的提出是以金融资源理论为前提的，而在金融可持续发展理论里就揭示出了金融资源的属性，如以白钦先（2001）为代表的金融可持续发展理论将金融资源作为一种特殊的资源，该理论认为金融是资源配置的对象同时也是配置其他资源的手段和途径。因此，金融可持续发展理论将金融效率定义为："金融资源在经济系统与金融系统及金融系统的内部子系统之间配置的协调度。"[①]在金融资源观的前提下，不同学者提出了不同的金融效率观，其中影响比较大的是王振山（2000）提出的，他认为金融效率就是"以最可能低的成本（机会成本和交易成本），将有限的金融资源（货币和货币资本）进行最优配置以实现其最有效利用"。他还提出了金融效率的帕累托最优衡量标准，即在金融交易中，不存在一种交易，在不降低他人效用的同时而使得其他人交易的效用提高，这种状态就是金融市场的帕累托最优状态，即金融效率[②]。

20 世纪 90 年代，部分学者将制度纳入金融效率的影响因素中，Laporta 等（1996）认为一个国家立法、司法的水平及效率是影响金融效率的最主要因素[③]。Dimirguc-kunt 和 Levine（2000）认为法律制度对一个国家金融制度在经济增长贡献方面起着重要作用[④]。

由上述理论可以看出：①金融效率指的是金融资源配置达到帕累托最优，这也是本书中采用的定义。②信息和企业行为对我国的金融结构的形成和金融效率的提高起了决定性的作用。信息不对称和企业签约后的道德风险，导致了我国间接金融结构的形成，以银行为主导的间接金融结构在信息获取和处理以及事后的资金监管方面较市场更有优势。而随着经济的发展，信息获取和处理的成本在逐渐降低，各种制度的完善也为对企业事后的监管创造了条件，价格信号起的作用

---

① 白钦先. 金融可持续发展导论 [M]. 北京：中国金融出版社，2001.

② 王振山. 金融效率论：金融资源优化配置的理论与实践 [M]. 北京：经济管理出版社，2000.

③ PORTA R L, LOPEZ-DE-SILANES F, SHLEIFER A, et al. Law and Finance [J]. Harvard Institute of Economic Research Working Papers, 1996, 106 (6): 26-68.

④ DEMIRGUCKUNT A, LEVINE R. Bank Based and Market Based Financial Systems: Cross Country Comparisons [J]. World Bank Policy Research Working Paper, 1999, 2143 (1): 1-41.

越来越大，因此，金融结构开始由间接结构向市场主导的金融结构转型，金融效率得到很大提高。③制度因素成为促进金融结构调整的关键。这种理论在我国影响是深远的，而且跟我国的实际情况完全相符，目前我国也正处于由银行主导型的金融结构向市场主导性的多元化金融结构转型时期，金融制度、立法、司法的不断改革和完善至关重要。由此可见如果想使金融资源得到最优配置，必须对现有金融制度进行改革，以适应经济发展和企业的需要。

2.5　新型城镇化金融支持作用机理的理论分析

如图 2.2 所示，把新型城镇化拆分来看，"新型"主要强调与过去粗放型的重数量、重规模、重速度的城镇化发展模式不同，新型更加强调城镇化建设中多种要素的优化配置和协调发展问题，这种要素不仅指人力要素，还包括自然资源和金融资源等。通过多要素的优化配置提高城镇居民的生活质量。"城镇"的形成过程本质上是人口和经济活动在空间上从农村向城市的转移和聚集过程，这种转移表现为产业和人口的聚集形成的圈层，这种圈层在行政区域上可以称为"省"或"市"等，在经济区域上可以称为"城市群""经济带"等。产业和人口的集聚导致了产业的发展壮大和城镇数量的增加以及规模的扩大，促进了产业城镇化和人口城镇化的形成。产业和人口的聚集过程会带动物流、信息流、资金流、能源流等多种要素的高速流动，产生规模经济效应，而且在聚集过程中，各种思想和文化的交流，会促进创新的发展，并降低交易成本。"化"即规范化、合理化，指的是通过合理的制度安排，能够使产业和人口的聚集形成常态化，并使各要素能够配置到效率更高、更合理的领域。同时通过对相关制度改革（如户籍制度以及与户籍制度对应的各项福利政策），使转移和聚集的新人口能够与原有居民在基础设施和公共服务等领域享受均等的权利，整体上提高全体居民的生活质量。

新型城镇化的核心是人的城镇化，围绕这一核心，如何从"以人为本"的角度考虑，使庞大的农村劳动力向城市转移中的各种需求得到满足，让转移人口与城市居民在社会保障和公共服务领域享有相同的权利，从而使农民工实现真正的市民化，是我国在推进新型城镇化发展中的关键，也是对新型城镇化质量进行衡量的标准。因此，本书认为，新型城镇化区别于传统城镇化的关键点突出体现在以下五个层面：第一个层面是经济发展的城镇化，经济发展是城镇化的基础，从全球范围来看，城镇化率越高的国家，经济发展水平也越高，

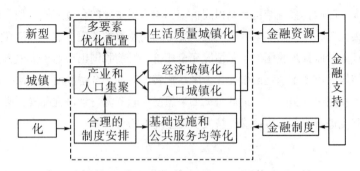

图 2.2　新型城镇化与金融支持的关系

居民生活越富裕，因此城市化率与经济发展程度是高度相关的，经济发展程度成为衡量一个城市城市化率的重要标准；第二个层面是人口的城镇化，主要指人口的分布结构和就业问题；第三个层面是基础设施的均等化，表现为居民在道路、交通等相关基础设施领域所享受的均等化水平；第四个层面是公共服务均等化，即居民在教育、养老、医疗、住宅等公共服务领域所享受的均等化水平；第五个层面是生活质量的城镇化。产业和人口的聚集促进了经济发展和城市规模的扩大，从而实现了经济城镇化和人口城镇化，而通过合理的制度安排可以使转移的人口能够公平地享受同原居民均等的福利水平，即基础设施和公共服务均等化，同时合理的制度安排也会进一步促进产业和人口的集聚，在市场机制作用下，进而促进各要素的优化配置，最终实现居民生活质量的城镇化。

新型城镇化的"金融支持"主要指从金融规模、金融结构、金融效率三个视角，通过优化金融体系，进行合理的金融制度设计和金融资源配置，促进各要素的优化配置，提高新型城镇化质量。

就金融规模视角而言，在新型城镇化进程中，金融规模的扩张与新型城镇化具有正相关关系。金融规模，即金融发展规模，它受到政治、经济、社会等多方面的影响。金融规模与经济增长存在正相关关系，新型城镇化的程度是经济发展程度的重要衡量和经济发展质量的重要体现，因此金融发展规模的扩大对新型城镇化有积极的支持作用。在新型城镇化的推进过程中，金融发展规模的扩大有利于信贷市场的扩大与完善，使各方主体能够充分利用各类金融资源，金融资源在实体经济中的规模扩张的同时，也是在实现新型城镇化进程中金融资源与其他要素资源配置的过程。

从金融结构视角来看，金融结构可以理解为金融总体内的各组成要素间的相互关系、相对规模、相互搭配的状态和结果。在金融结构合理的情况下，金融活动的各部门主体相互融合、互为支撑，可以提高金融运作的效率并降低交易成本，可分散风险，减少信息不对称所造成的摩擦，有助于实现风险共担和利益共享。合理的金融结构通过有效的制度安排使金融市场充满活力，通过市场的手段优化各类资源的配置。金融结构越发达，从事金融活动的主体活动欲望越强烈，可以推动经济的增长，支持新型城镇化的发展和推进。

基于金融效率视角，金融资源作为一种特殊的资源，它既是资源配置的对象，又是配置其他资源的手段和途径。金融效率体现为金融资源在各个系统内部配置的协调程度。提高金融效率，就是利用最小的成本对有限的金融资源进行配置，实现金融资源配置帕累托最优。基于我国现阶段金融结构由银行主导型向市场主导型的转变，现有金融制度的改革和完善势在必行，不仅可以适应当前经济发展和企业成长的需求，也为新型城镇化的顺利推进提供更有效的支持。

综上所述，新型城镇化的"金融支持"主要指通过优化金融体系、进行合理的金融制度设计和金融资源配置，来促进产业和人口的聚集，并实现规模效应，从而促进各要素的优化配置，提高新型城镇化质量。金融系统是金融资源配置的核心平台，它拥有很强的资本聚集能力和配置能力，可以通过储蓄，将分散的货币资本聚集起来，变为投资资金，通过储蓄和投资的相互转化，直接或者间接地为城镇化建设提供金融资本，它也可通过差别化的金融政策来引导土地、劳动力等要素在不同区域和产业间的调整和配置，从而促进人口在空间上的迁移、产业在空间上的集中及结构上的升级。金融体系完备化可以提高城市投资效率，规范的金融制度可以降低交易费用，提高投资的有效性。在市场主导作用下，通过价格优势和一定的信息渠道，金融体系可以引导资本流向投资风险小、营利性高的领域，促进资源的优化配置，推动城镇化的可持续发展。新型城镇化是社会各要素资源配置的过程，以市场为主体配置社会资源的最终对象是实体经济，因此新型城镇化金融支持作用的最终着力点则是强调金融资源在实体经济中的合理配置和有效利用以及配套的金融制度的设计方面，来优化金融体系在市场的主导下为新型城镇化建设提供有效的资金供给。

3 新型城镇化金融支持的模型构建与实证检验

3.1 金融支持新型城镇化的路径设计

新型城镇化与传统城镇化最大的区别在于不再简单地以城市人口比例的增加来作为衡量其发展程度的唯一指标，新型城镇化是"人"的城镇化。从宏观来看，城镇化以农村劳动力转移为基础，新型城镇化所要求的人口聚集、生活方式改变、生活质量提高，与经济总量和经济质量紧密相关，良好的经济基础为农业转移人口提供城镇居住的就业机会与经济基础。由此可见，扩大经济总量，提高经济发展水平，推动经济增长方式的转变和产业结构升级，是推动农村劳动力因产业集聚而加速城镇化的重要影响因素。从微观来看，"人"的城镇化最终要体现在基本公共服务的均等化和城乡基础设施一体化。相对于农村，城镇基础设施和公共服务只有优于农村，而且能够被转移人口享受得到，才能对农村人口才会形成吸引，促使农村人口不断向城镇转移，实现人口城镇化。而基础社会和公共服务的建设和完善，在一定程度上也会促进城镇经济的发展，通常来说，一个地区提供的基础设施和公共服务水平越高，经济越发达，也就越能促进经济城镇化。由于我国提供的教育、医疗、社会保障等公共服务一般是以户籍为依据的，而长期以来我国户籍人口城镇化率远低于常住人口城镇化率，这一差距的背后是大量"钟摆式"流动的农民工，这些人口虽然一定时期内居住在城市，但在公共服务领域并未享受到与市民同等的权利，使得常住人口城镇化率不能真正体现城镇化发展水平。2015 年全国两会政府工作报告明确提出用改革的办法解决城镇化难点问题，有序推进基础设施和基本公共服务同城化的方针，《国家新型城镇化规划（2014—2020 年）》也指出，城镇化健康有序发展，常住人口城镇化率达到 60% 左右，稳步推进义务教育、就业服务、基本养老、基本医疗卫生、保障性住房等城镇基本公共服务覆盖全部常住人口，阻碍城镇化健康发展的体制机制障碍基本消除。因此基础设施和公共服务均等化是农民工市民化的核心，也是提高新型城镇化质量、推动新型城镇化进程的重要影响因素。

综上所述，本书基于影响新型城镇化的广义因素和具体因素两个方面构建了金融支持新型城镇化的路径（见图3.1）：

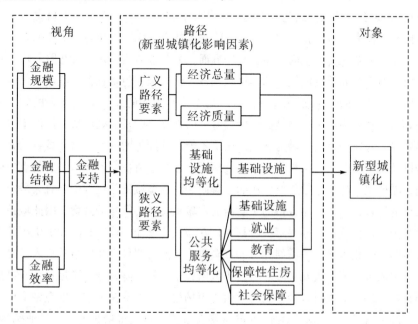

图3.1 金融支持新型城镇化的路径

第一，金融支持广义路径。农业转移人口向城镇转移是新型城镇化的前提条件，该群体的转移主要受到"推力"和"拉力"的共同作用。伴随着经济增长方式的转变，技术带动了劳动生产率的提高，造就了大量农村剩余劳动力，对其产生了"推力"。与此同时，随着产业结构的调整，大量的非农产业与现代服务业对劳动力产生了巨大的需求，城市为农村剩余劳动力提供了就业岗位和较农村高水平的收入与生活条件、教育、医疗等具有"拉力"的吸引因素。受到"推力-拉力"的共同作用，农村剩余劳动力大量转移，既为新型城镇化带来资本、人口、信息等资源集聚，又促进了生产要素流动，加速了产业集聚与人口集群的形成与发展，为以现代服务业快速发展的产业结构优化提供强大的助力，进一步对农村劳动力形成更大的需求，从而加速了新型城镇化进程。由此可见，扩大经济总量和提高经济质量是影响新型城镇化的重要宏观因素。从宏观来看，金融对新型城镇化的支持主要以市场为主体配置金融资源支持实体经济发展，促进产业与人口聚集，促进各要素优化配置，推动新型城镇化进程并提高其质量。

第二，金融支持狭义路径。一方面，基础设施均等化。基础设施涉及水、电、气、网、交通等，基础设施建设可以促进人口的流动，并最大限度地发挥集聚效应。根据新型城镇化发展规划，到 2020 年，我国基础设施的投资需求总量为 40 多万亿元，这些方面的建设需要大量的资金，而这些项目也普遍存在投资规模大、时间长、收益低、风险高等特点，除了以政府为主体的资金支持以外，需要大量的金融支持。另一方面，公共服务均等化。公共服务均等化是新型城镇化和传统城镇化的关键区别点。公共服务包括教育、就业、保障性住房、社会保障（养老、医疗）等。基本公共服务的差异是城乡居民的主要差异，虽然同为居民，但是由于所处城乡的差异，以及虽处城镇，但由于户籍的差异，农村居民同户籍为城镇的居民不能享受同等的待遇，这是城乡二元结构以及城市内部二元结构形成的主要原因，也是造成社会不和谐发展的重要原因，同样也是新型城镇化要解决的关键问题。新型城镇化过程中随着大量农村人口的转移，大量进城人口的子女需要在城镇接受均等化的教育，因此城镇教育必须增加投资；同样要解决转移人口在城镇的就业、住宅和医疗卫生等社会保障的均等化水平，也需要大量的资金投入。而这些仅靠政府财政投入已经满足不了需求，而且近几年政府财政收入增长率开始下降，远远满足不了新型城镇化建设所需的大量资金，因此应引入市场化的资金支持方式，即金融支持。

综上可见，新型城镇化的推进需要大量资金对经济增长方式、产业结构、产业集聚等可以提升经济质量与经济总量的宏观影响因素和基础设施、教育、社会保障、保障性住房和就业等微观因素的支持，资金支持来源主要包括财政支持和金融支持两个层面。本书从金融支持的金融规模、金融结构和金融创新三个视角，构建了金融支持新型城镇化的两个基本路径（见图 3.1）：第一，金融支持新型城镇化的广义路径，通过对经济发展水平、经济增长方式转型、产业结构升级等新型城镇化的广义影响因素的金融支持实现；第二，金融支持新型城镇化的狭义路径，通过对基础设施建设、教育、就业、保障性住房和社会保障的新型城镇化的具体影响因素的金融支持实现。

3.2 金融支持新型城镇化路径模型构建

3.2.1 理论模型构建

本部分意图通过构建金融支持新型城镇化路径模型（见图3.2）以及实证检验，探索金融对新型城镇化的必要性和有效路径。基于上述对金融支持新型城镇化路径的分析，本书基于结构方程模型提出金融对新型城镇化的支持作用主要通过金融支持新型城镇化的广义路径与狭义路径，即对新型城镇化的广义影响因素和具体影响因素进行金融支持。具体理论模型假设如下：

（1）金融对新型城镇化的支持作用通过对新型城镇化具有影响的广义因素进行支持来实现，其中广义影响因素涉及经济发展水平、经济增长方式转型、产业结构升级、产业集聚等方面。

（2）金融对新型城镇化的支持作用通过对新型城镇化具有影响的狭义（具体）因素进行支持来实现，其中具体影响因素主要涉及基础设施建设、教育、就业、保障性住房和社会保障。

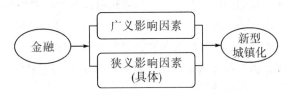

图3.2 新型城镇化金融支持路径理论模型

3.2.2 金融支持新型城镇化的路径结构方程模型构建

结构方程模型（SEM模型）是融合了因子分析和线性回归分析的多变量统计方法，是当代社会科学领域研究普遍应用的重要方法。该模型是基于变量间协方差矩阵分析变量间关系的统计模型，对不可直接观测的变量、抽象概念进行测定和分析。结构方程模型中，潜变量的概念、选择及变量间关系是以理论推导为基础，观测变量与潜变量的关系也是事先提出的假设性概念，通过实际搜集的数据分析与假设模型之间的差异性进行比对，判断研究中的假设模型是否恰当，是验证性因素分析。一般地，结构方程模型中有结构模型与测量模型两个基本模型。其中，结构模型主要对预设的潜变量间理论关系进行判定，反映潜在变量间的因果关系，测量模型则是反映观测变量与潜变量之间的关系。

结构方程的一般形式如下：

$$\eta = B\eta + \Gamma\zeta + \gamma \tag{1}$$

$$Xm = A_X\zeta + \delta \tag{2}$$

$$Yn = A_Y\eta + \varepsilon \tag{3}$$

其中，方程（1）为结构模型，表示作为果的内因潜在变量与作为因的外因潜在变量间的关系，η 表示内因潜在变量（内生变量），ζ 表示外因潜在变量（外生变量），γ 为结构模型中的干扰因素或残差值；方程（2）和（3）是测量模型，表示潜在变量与观测变量之间的关系。X 和 Y 分别是 ζ 和 η 的观测变量，m 和 n 为 ζ 和 η 的观测变量的数量，A_X 与 A_Y 分别是表示 X 与 ζ，Y 与 η 之间的关系的因子载荷矩阵。

本书通过理论推导提出金融通过支持对新型城镇化具有影响作用的广义和具体因素来实现对新型城镇化的推动作用，即金融支持新型城镇化的广义路径和狭义路径。该理论模型中，新型城镇化、广义影响因素、狭义影响因素和金融支持四个变量均为抽象概念，各变量间的关系和影响路径即为金融支持新型城镇化的路径。由此，本书为验证理论模型中金融对新型城镇化的重要性以及金融支持新型城镇化的路径，基于新型城镇化以人为核心的内涵，并通过引入财政与金融对新型城镇化的支持作用进行比较分析，分别选取代表金融支持、财政支持和推动新型城镇化的广义和狭义影响因素的指标，利用结构方程模型来实证检验我国金融对新型城镇化的推动作用和具体支持路径，寻找我国金融支持新型城镇化的适用性路径。

3.2.3 金融支持新型城镇化的路径模型变量与指标选择

根据本书提出的理论模型假设，我们在金融支持新型城镇化路径结构方程模型构建时主要选择 5 个潜变量（结构变量），包括新型城镇化（NU）、广义影响因素（MA）、狭义影响因素（MI）、金融支持（FS）和财政支持（GS）。这五个潜变量均为抽象概念，属于综合性指标。因此本书在构建观测变量指标时遵循指标选取的综合性、全面性和重要性原则，根据数据可获性尽可能多选择指标来发掘新型城镇化的金融支持重要性与其支持路径。据此，本书的城镇化指标以人口城镇化、经济城镇化与城乡一体化为视角，选择了城镇常住人口城镇化率、恩格尔系数和城乡收入比 3 个指标；从广义视角来看新型城镇化影响因素，城镇化是农村劳动力转移的结果，产业结构升级和经济增长方式转型是引致农村劳动力转移的根本性因素，城镇化与经济发展高度相关，由此从经

济发展水平、经济增长方式与产业结构选择 4 个新型城镇化广义影响要素代表
指标；基于新型城镇化"以人为本"的含义，从实现基础设施均等化和公共
服务均等化为出发点，构建教育、就业、基础设施、保障性住房和社会保障新
型城镇化狭义影响因素指标；新型城镇化的财政支持以支持总规模与人均支持
力度为出发点，金融支持则从金融规模、金融结构与金融效率三个视角，结合
数据的可获性选择如下指标。具体潜变量、观测变量及其对应关系详见
表 3.1。

表 3.1　金融支持新型城镇化路径结构方程模型中潜在变量与观测变量对应表

潜变量	变量	观测变量	观测变量符号
新型城镇化 （NU）	η	城镇化率	NU1
		恩格尔系数	NU2
		城乡收入比	NU3
广义影响因素 （MA）	ζ_1	人均地区生产总值	MA1
		高新技术产业增加值占工业增加值比重	MA2
		三次产业就业比	MA3
		知识密集型服务业占 GDP 比重	MA4
狭义影响因素 （MI）	ζ_2	城镇集体单位平均货币工资	MI1
		城镇房地产开发固定资产投资	MI2
		年末参加基本养老保险人数	MI3
		普通高等学校在校学生数	MI4
		人均公园绿地面积	MI5
		人均城市道路面积	MI6
财政支持 （GS）	ζ_3	人均地方财政收入	GS1
		地方财政一般预算支出	GS2
金融支持 （FS）	ζ_4	商业银行贷款余额	FS1
		年末金融机构存款余额	FS2
		保险深度	FS3

3.2.4　金融支持新型城镇化的路径结构方程模型潜变量关系预期假设

本书采用结构方程模型构建金融支持新型城镇化路径模型，探索金融支持

（FS）、财政支持（GS）、狭义影响因素（MI）、广义影响因素（MA）、新型城镇化（NU）之间的关系，提出如下的预期模型，见图3.3。

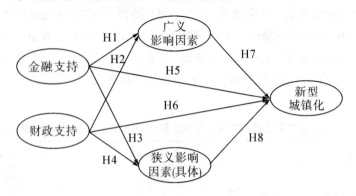

图3.3 结构方程模型潜变量预期假设关系图

如图3.3所示，根据金融支持新型城镇化路径理论模型，我们提出结构方程模型各潜变量间预期假设：①金融支持（FS）、财政支持（GS）、狭义影响因素（MI）和广义影响因素（MA）对新型城镇化（NU）产生直接预测影响；②金融支持（FS）和财政支持（GS）对新型城镇化（NU）通过狭义影响因素（MI）和广义影响因素（MA）中介对新型城镇化（NU）产生间接影响；③金融支持（FS）和财政支持（GS）对狭义影响因素（MI）和广义影响因素（MA）产生直接预测影响；④金融支持（FS）和财政支持（GS）两者具有相互影响效应。

各潜变量间具体研究预期假设，见表3.2。

表3.2 潜变量关系预期假设表

序号	预期假设
H1	金融支持对广义影响因素有正向影响
H2	财政支持对广义影响因素有负向影响
H3	金融支持对狭义影响因素有正向影响
H4	财政支持对狭义影响因素有负向影响
H5	金融支持对新型城镇化有正向影响
H6	财政支持对新型城镇化有负向影响
H7	广义影响因素对新型城镇化有正向影响
H8	狭义影响因素对新型城镇化有负向影响

3.3　金融支持新型城镇化路径模型的实证检验

综合考虑数据可得性，本书选取 2006—2015 年中国大陆地区 31 个省份的数据对结构方程模型参数进行显著性检验，数据主要来源于《中国区域经济统计年鉴》和《中国城市统计年鉴》，利用 SPSS 软件对缺失值进行数据处理和标准化处理并完成信度检验。信度检验结果显示，该模型 Cronbach's Alpha 为 0.902，说明此数据的信度较好，数据组群之间具有很高的内在一致性。通过使用 AMOS7.0 求解模型的拟合指数、路径系数和 t 检验值，观测变量的完全标准化负荷在 0.7 以上，具有较高的负荷且均达到了显著程度，各项拟合指数符合模型标准（见表 3.3），该模型整体拟合程度较好，接受该金融支持新型城镇化路径结构方程模型，结构路径关系见图 3.4。

表 3.3　结构方程模型的拟合情况指数

	模型	参考值	判断
$x2/df$（卡方自由度比值）	4.376	该值小于 1.00，表示模型过度适配；该值介于 1~5 表示模型适配良好，且假设与样本数据契合度可以接受。该值大于 5 表示模型适配度不佳。	合格
GFI 值	0.616	大于 0.60 以上	合格
PGFI 值	0.543	大于 0.50 以上	合格

结构方程模型通过路径系数（载荷系数）来体现潜变量之间（潜变量与可测变量之间以及可测变量之间）的结构关系（见图 3.4）。参数所联结的变量关系有直接关系（direction relationship）与非直接关系（non-direction relationship）两种类型。直接关系表示参数带有方向性，变量之间具有假设性的线性因果或预测关系，在路径图中以单向箭头来表示。非直接关系则表示参数不带有特定方向，即变量之间虽然具有关系，但影响方向无法辨认，以带双箭头的线段或曲线表示[①]。

根据本模型研究假设及检验结果，该模型中 5 个潜变量（金融支持、财政支持、广义影响因素、狭义影响因素、新型城镇化）具有直接或间接的依存

---

① 王涵，邓玲. 人力资本积累对我国新型城镇化发展的影响分析：基于结构方程模型和 214 个城市的实证研究［J］. 四川大学学报（哲学社会科学版），2017（1）：127-133.

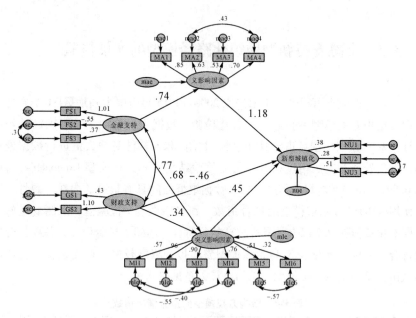

图 3.4　金融支持新型城镇化的路径结构方程模型路径关系图

关系，具体影响效果及假设检验结果，见表3.4。

表 3.4　潜变量路径分析效应及假设检验结果

			Estimate	S. E.	C. R.	P	检验结果
广义影响因素	<---	金融支持	0.582	0.038	15.455	***	金融支持对广义影响因素具有正向效应
狭义影响因素	<---	金融支持	0.366	0.037	9.818	***	金融支持对狭义影响因素具有正向效应
狭义影响因素	<---	财政支持	0.169	0.027	6.131	***	财政支持对狭义影响因素具有正向效应
新型城镇化	<---	广义影响因素	0.562	0.085	6.621	***	广义影响因素对新型城镇化具有正向效应
新型城镇化	<---	狭义影响因素	0.312	0.134	2.328	0.02	狭义影响因素对新型城镇化具有正向效应
新型城镇化	<---	财政支持	−0.158	0.048	−3.301	***	财政支持对新型城镇化具有负向效应

注：***，**，*分别表示在1%，5%，10%的显著性水平下显著。

3.4 金融支持新型城镇化路径结构方程模型结果分析

在结构方程模型中，各个潜变量之间存在直接效应、间接效应以及总效应。总效应一般是指原因变量到结果变量总的影响，即直接效应与间接效应之和[1]。基于以上原则，我们对金融支持新型城镇化模型（图3.4）中各个潜变量直接效应和间接效应进行分析，各个潜变量间的直接效应、间接效应和总效应具体情况，见表3.5。

表3.5　金融支持新型城镇化的路径结构方程模型潜变量关系及效应分布表

		狭义影响因素	广义影响因素	新型城镇化
金融支持	直接效应	0.738	0.681	—
	间接效应	—	—	0.872
	总效应	0.738	0.681	0.872
财政支持	直接效应	—	0.343	−0.460
	间接效应			0.234
	总效应			−0.226
广义影响因素	直接效应			1.181
	间接效应			
	总效应			1.181
狭义影响因素	直接效应			0.446
	间接效应			
	总效应			0.446

我们结合金融支持新型城镇化路径关系模型（图3.4）和表3.5，对金融支持新型城镇化的路径模型进行结果分析如下：

第一，就新型城镇化推进路径而言，广义影响因素对新型城镇化存在1.181的正向直接效应，狭义影响因素对新型城镇化具有0.446的正向直接效应。可见，新型城镇化对广义影响因素（经济总量与经济质量 MA1－MA4）和

---

① 通常的原则是：如果直接效应大于间接效应，表示中介变量不发挥作用，可忽略此中介变量；如果直接效应小于间接效应，表示中介变量具有影响力，要重视此中介变量。

狭义影响因素（基础设施 MI5-MI6、就业 MI1、社会保障 MI3、教育 MI4 和保障性住房 MI2）存在依赖，两者的高质量发展均对新型城镇化具有推动作用。从新型城镇化发展的具体实现路径来看，一方面，在新型城镇化广义影响因素中，以技术创新为引导的经济增长方式转型、产业结构升级和整体经济发展水平均占有 70% 以上的比重，均属于重点影响因素；另一方面，在新型城镇化狭义（具体）影响因素中，目前城镇住房、社会保障和教育对新型城镇化影响程度较大，均在 70% 以上，就业和基础设施虽在影响系数上次之，但是均达到近 60%，说明两者对新型城镇化的发展同样具有不可忽视的推动作用。

第二，就新型城镇化的金融支持而言，金融支持对新型城镇化具有间接效应，可通过对广义影响因素和狭义（具体）影响因素的支持而实现其 0.872 的正向总效应。这说明当其他条件不变时，金融支持潜变量每提升 1 个单位，新型城镇化潜变量总共将提升 0.872 个单位。此外，金融支持的具体路径中，我国目前商业银行贷款对新型城镇化支持作用最高，金融机构存款余额与新型城镇化呈负相关关系，因此大规模的资金注入实体经济对新型城镇化具有显著的推动作用。此外，我国目前以保险为代表的金融支持结构与创新对新型城镇化也存在影响，但是其程度较低。

第三，就新型城镇化的财政支持而言，财政支持对狭义（具体）因素存在 0.343 的直接效应，但是对新型城镇化却存在负向 0.226 的总效应。究其原因，我国财政收入主要依托于土地，土地财政虽然对工业、服务业等第二、第三产业和城市基础设施建设具有正面作用，但是城市人口增速却与之不匹配。另外，土地利用的逐利性和城镇化的社会属性之间的矛盾，造成了土地利用效率低和方式粗放，"以人为本"的城镇化无法跟上土地城镇化的速度，土地资源提前透支并低效使用不利于城市的可持续发展，同时也不利于推进新型城镇化的发展。

总而言之，在新型城镇化的推进过程中，金融支持相较于财政支持具有稍显著的推动作用，金融支持可通过对广义影响因素（产业结构升级、产业集聚、经济增长方式转型等）和狭义影响因素（基础设施、就业、社会保障、教育和保障性住房）来实现，主要需通过对实体经济发展的支持和基础设施、教育、就业、社会保障和保障性住房等利于基础设施均等化和公共服务均等化的五个具体因素支持来实现，金融支持方式需从目前我国金融支持存在支持结构单一、规模不够和创新不足问题入手，构建多元新型城镇化的金融支持体系，扩大支持资金规模，优化金融支持结构与工具。

第二部分 分析篇

4 新型城镇化金融支持的现状及问题分析

党的十八届三中全会确立了新型城镇化建设作为国家的发展战略。基于第三章对新型城镇化金融支持路径模型的构建和实证检验，我们提出金融支持主要从金融规模、金融结构和金融效率三个视角展开，通过对新型城镇化发展的广义影响因素和狭义影响因素的支持得以实现。基于此，本章通过探讨我国新型城镇化的现状及存在的问题，构建新型城镇化的测度指标体系并采用因子分析法测算我国新型城镇化发展的质量，并进一步采用面板数据固定效应模型，选择从金融规模、金融结构、金融效率三个视角，对我国现阶段金融对新型城镇化支持的效率及其支持作用进行分析。

4.1 新型城镇化的现状及问题

4.1.1 新型城镇化的基本现状及成就

随着我国工业化进程的加快，1978—2017 年，我国城镇化经历了一个起点低、速度快的发展过程，从 1978 年的 17.92%上升到 2017 年的 58.52%，城镇化率得到了稳步快速的提升。图 4.1 详细展示了我国城镇化率及其增长率的变动情况，左纵轴表示城镇化率，右纵轴表示城镇化率的增长率。

由图 4.1 还可以看出，城镇化率长期来看呈平稳上升的状态，而城镇化率的增长率稍有波动，但除了 2008 年因特殊情况为负值以外，其余年份均为正值。由数据计算可得，我国的城镇化率 1995 年之前平均每年增加 0.654 个百分点，1995 年之后平均每年增加 1.34%。

我国城镇化进程高歌猛进，城市吸收了大量的农业转移人口，各级规模的城市和建制镇数量大幅增加（如表 4.1 所示），截至 2016 年年底，已有 20 883个建制镇。

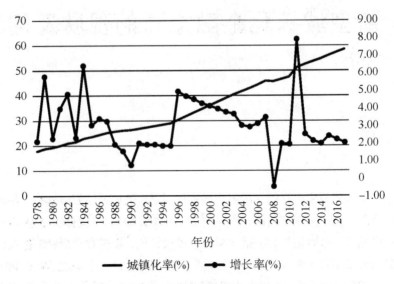

图4.1　1978—2017 年我国城镇化率变化情况

表4.1　中国城市和建制镇数量

	1978 年	2016 年
城市数量/个	193	661
建制镇数量/个	2 173	20 883

数据来源：《国家新型城镇化规划（2014—2020 年）》和《中国统计年鉴 2017》。

与城镇化的推进一致，经济社会发展水平取得了很大的进步，生产要素配置效率大幅提升，国民生活水平也不断提高，城镇化进程取得了一些成就，具体体现在以下几个方面：

4.1.1.1　城镇人口迅速增加，城市化率大幅提高

1978—2017 年，我国城镇常住人口由原来的 17 245 万人增加到 81 347 万人，这个增幅是非常巨大的，已经远远超过了世界上大部分国家的人口总量。截至 2017 年年底，城镇化率也提高到 58.52%，已经达到世界平均水平。2000 年以后城市数量基本稳定，但转移人口数量较多，人口密度在逐渐增加，从 2000 年的 442 人/平方千米增加到 2013 年的 2 362 人/平方千米，年均增长速度为 362 人/平方千米。在这之后，城市人口密度也暂时逐渐趋于稳定，2016 年的城市人口密度为 2 408 人/平方千米。

虽然我国常住人口城镇化率已经达到世界平均水平，但截至 2016 年年底，我国户籍人口城镇化率仍只有 41.2% 左右，与常住人口城镇化率之间存在着

16.15% 的巨大差异。并且，这一比率也远低于发展中国家 60% 的城镇化率的平均水平，更不用说发达国家 80% 的水平了。因此，我国的城镇化进程还有很长的路要走。

城镇化率高的地区主要集中在经济发达的地方。城镇化率较高的省份多为东部沿海省份，尤其是长江三角洲、珠江三角洲、环渤海一带。中部较发达省份（如湖北、黑龙江等）城镇化率也较高，高于全国平均水平。西部省份城镇化率相对较低，仅重庆超过全国平均水平①。虽然我国各地域之间的城镇化率仍存在较大差异，但总的来说我国的城镇化水平已经得到了大幅提升，这会让农业转移人口在城市里通过工作获得更高的收入，城镇也能提供给他们更好的公共服务，使农民的生活水平得到极大的提高。同时，城市人口的增加，也会给城市的发展带来更多的机会，农业转移人口的增加带来基础设施和公共服务的进一步升级。

4.1.1.2　城镇体系不断完善，城市群不断出现

城镇集聚的情况随着市场经济制度的建立和发展而愈发明显。在我国，也形成了以一个或几个中心城市为核心，周围其他城镇共同发展，最后成为规模化城市群的模式。其中较为突出的有京津冀地区、长三角、珠三角地区等，这些地区相对来说较早形成了城市群，虽然在我国幅员辽阔的土地上占地面积不大，但却吸引了较多人才留驻，更重要的是还引进了诸多外资，为我国的经济发展做出了巨大贡献。以这些发达的城市群再来带动我国其他部分的城乡发展，充分发挥了先进城市群的引领作用和辐射作用。我国中部地区和西部地区也紧跟东部发达地区的发展步伐，在内地人口密集的成渝地区、关中地区、中原地区、长株潭、北部湾等地，城镇群也在发育和壮大。

4.1.1.3　城镇基础设施迅速发展完善

改革开放以来，我国城镇基础设施的发展尤为迅速，人民的生活居住条件也得到了大幅提升，整个城镇的现代化程度也随之提高。具体如表 4.2 所示。截至 2016 年年底，我国城市用水和燃气普及率分别达到了 98.4% 和 95.8%，生活污水和垃圾处理能力也得到很大提高，道路和公共交通等市政建设水平也在逐年提升。这些基础设施建设，带动了人口就业，也吸引了大量转移人口，使得城市功能明显增强。

---

① 曹文莉，张小林，潘义勇，等.发达地区人口、土地与经济城镇化协调发展度研究 [J]. 中国人口·资源与环境，2012，22（2）：141-146.

表 4.2　2000—2016 年我国基础设施情况

年度	城市用水普及率/%	城市燃气普及率/%	人均公园绿地面积/平方米	城市每万人拥有公共交通车辆数/标台	城市污水处理率/%	城市生活垃圾处理率/%	建制镇绿化覆盖率/%	城市人均拥有道路面积/平方米
2000	63.9	45.4	3.7	5.3	34.3	—	—	6.1
2001	72.3	60.42	4.6	6.1	36.43	—	—	7
2002	77.9	67.2	5.4	6.73	40	—	—	7.9
2003	86.2	76.74	6.5	7.7	42.4	—	—	9.34
2004	88.9	81.53	7.4	8.41	45.7	—	—	10.34
2005	91.1	82.1	7.9	8.62	52	—	—	10.92
2006	86.7	79.11	8.3	9.1	55.89	72.45	14.3	11.04
2007	93.83	87.4	9	10.23	62.9	80.92	13.7	11.43
2008	94.73	89.6	9.71	11.13	70.2	86.75	14	12.21
2009	96.12	91.41	10.7	11.12	75.3	89.03	14.1	12.8
2010	96.7	92	11.2	11.12	82.31	90.72	14.9	13.2
2011	97	92.4	11.8	11.8	83.63	91.89	15	13.8
2012	97.2	93.2	12.3	12.1	87.3	—	—	14.4
2013	97.56	94.25	12.635 7	12.777	—	—	15.42	14.87
2014	97.6	94.6	13.1	13	—	—	15.9	15.3
2015	98.1	95.3	13.3	13.3	—	—	16.63	15.6
2016	98.4	95.8	13.7	13.8	—	—	16.85	15.8

数据来源：中华人民共和国统计年鉴（"-"代表数据缺失）。

4.1.1.4　城乡体制改革取得了一定成效

城乡二元结构一直是阻碍我国新型城镇化进程的重要因素，也是我们急需改进的问题。要解决这个问题需要一系列的改革措施，以共同促进城乡二元结构的消除。近年来，我国在城乡问题的各个方面都采取了改革措施，并取得了一定的效果，如户籍制度、农业转移人口的就业问题、社保问题、城乡土地政策等。如今，农民工的各项权益已经逐步得到了一定保护。

4.1.2　我国城镇化发展中存在的主要问题

我国城镇化在取得一系列成就的情况下，也存在一系列问题。

4.1.2.1　城镇化发展质量不够高

虽然我国的城镇化发展速度很快，但这个速度从一定意义上来说只是个"名义速度"，截至 2017 年年底，我国的常住人口城镇化率已经增长到

58.52%，但按照政府提供的教育、医疗、社会保障等公共服务水平来评价，中国的城镇化率大概只有41%，因此当前现有的城镇化中，有相当多一部分城镇化率是属于伪城镇化，城镇化率存在虚高。从2000年第五次全国人口普查开始，在城镇居住超过6个月的外来人口也被统计为城镇人口，而这部分人主要就是由农业转移人口构成的。虽然现在的户籍制度等已经经过一些改革，但是并不是所有地区的农业转移人口都能享受到和当地市民同样的待遇，如医疗保障、子女受教育等。因此，这部分人并不能真正算作当地市民，根据这样的统计口径得到的城镇化率不够精确，质量也不够高。

4.1.2.2　城镇化滞后于工业化和经济发展水平

我国城镇化虽然发展较快，但发展水平与工业化水平和经济发展水平相比依然很落后。具体来说表现为两个方面：第一，从人均GDP的角度来看，世界上大多数国家的人均GDP与我国的相同时，其城镇化率比我们更高。从世界经验来看，美国在1976年人均GDP就达到了8 611.4美元，而美国当时的城镇化率已经接近74%。对于中国来说，2017年人均GDP已达到8 836美元，而城镇化率为58.52%，按照户籍计算的城镇化率则更低，只有42.35%。相比美国人均GDP超过8 000美元的时候的城镇化率，我国的城镇化情况明显远远不够好。从这个角度来说，我国的城镇化是滞后于经济发展的。第二，按照霍利斯·钱纳里的理论，一国的工业化率达到30%时，城镇化率可以达到40%左右；工业化率达到40%时，城镇化率一般在75%以上。如表4.3所示：2000年我国的工业化率为40.15%，城镇化率仅为36.22%，2016年工业化率为33.34%，但城镇化率也才达到57.35%，同等工业化水平下，我国的城镇化率比世界平均水平低20%左右。

表4.3　2000—2016年我国工业化率和城镇化率情况

年份	GDP/ 亿元	工业增加值/ 亿元	工业化率/ %	城镇化率/ %
2000	100 280.1	40 259.7	40.15	36.22
2001	110 863.1	43 855.6	39.56	37.66
2002	121 717.4	47 776.3	39.25	39.09
2003	137 422	55 363.8	40.29	40.53
2004	161 840.2	65 776.8	40.64	41.76
2005	187 318.9	77 960.5	41.62	42.99
2006	219 438.5	92 238.4	42.03	44.34

表4.3(续)

年份	GDP/亿元	工业增加值/亿元	工业化率/%	城镇化率/%
2007	270 232.3	111 693.9	41.33	45.89
2008	319 515.5	131 727.6	41.23	45.68
2009	349 081.4	138 095.5	39.56	46.59
2010	413 030.3	165 126.4	39.98	47.5
2011	489 300.6	195 142.8	39.88	51.27
2012	540 367.4	208 905.6	38.66	52.57
2013	595 244.4	222 337.6	37.35	53.7
2014	643 974	233 856.4	36.31	54.77
2015	689 052.1	236 506.3	34.32	56.1
2016	743 585.5	247 877.7	33.34	57.35

数据来源：由国家统计局数据整理得到。

工业化率由 GDP 和工业增加值计算得出，工业增加值除以对应年份的 GDP 即该国工业化率，图 4.2 展示了 2000—2016 年我国工业化率和城镇化率的变化情况。

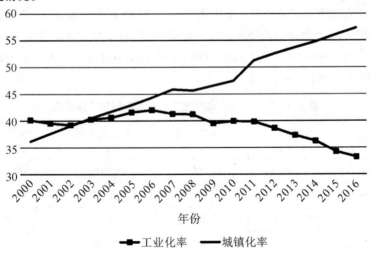

图 4.2　2000—2016 年我国工业化率和城镇化率变化情况

4.1.2.3　土地城镇化快于人口城镇化

新型城镇化之所以新，就新在注重人的城镇化。在以往的城镇化发展进程中，很多地方政府都只注重城镇区域面积的扩大，以行政的方式进行土地城镇化，认为城市扩建就是城镇化的重点。然而随着不断的实践以及试错，我们得知人的城镇化其实才是新型城镇化的核心所在。然而土地城镇化率已经远远超前于人口城镇化了，所以现在在新型城镇化也就是要解决这个问题。2000—2014年，我国城市建成区面积年均增长率比城镇人口的年均增长率高出2.5%，意味着几乎每年的土地城镇化都是快于人口城镇化的，土地城镇化的年均增长速度大约是人口城镇化速度的1.7倍。另一个突出表现是城市基础设施建设过度依赖于"土地财政"，地方政府正是凭借着土地出让及土地抵押所得以及各类与房产行业相关的税收，来维持城市的快速扩建。目前设立融资平台以土地为抵押进行融资已经成为各地政府的普遍做法。

4.1.2.4 人为圈地造城、有城无业现象严重

为了促进城镇化的发展，一些地方没有将产业和城市功能很好地结合起来。其结果，造成一些城市出现"鬼城""睡城""空城"等现象。根据西南财经大学中国家庭金融调查与研究中心2014年的调研，我国城市住房空置率为22.4%①。这不仅造成资源的严重浪费，也使得投资效率很低，积累了大量的金融风险。

4.1.2.5 城市发展不均衡、大城市病日益严重

在高速的城镇化进程中，我国已经涌现出一批超级城市和特大城市，导致出现人口过度膨胀、资源粗放开发、交通拥堵、空气污染、用水紧缺等问题，如果不加以适当的控制引导，"大城市病"可能会愈演愈烈。同时，在乡村地区，空心村现象比较普遍，村民建房引导控制不足，中心村难以形成，缺乏合理的村落体系。且青壮年个体（不以家庭为单位）的过度流失，导致农村空巢老人、留守儿童的情况突出。根据第六次人口普查的数据，我国农村留守儿童数量已超过6 102.55万人，占农村儿童的37.7%，占全国儿童的21.88%②。因此，城镇化的健康发展，需要在空间上对城市和乡村发展加以严格的引导，避免城乡空间扩展的混乱局面。

4.1.2.6 制度保障不完善

由于各项相关制度都不尽完善，农业转移人口的权益依然没有得到很好的保障，特别是以下两个方面：第一，户籍制度的改革虽已在进行中，但仍有很

---

① 西南财经大学中国家庭金融调查与研究中心. 城镇家庭住房空置率及住房市场发展趋势（2014）［R］. 成都：西南财经大学，2014.

② 全国妇联课题组. 全国农村留守儿童、城乡流动儿童状况研究报告［R/OL］.（2013-05-18）［2016-03-26］. http://news.china.com.cn/txt/2013-05/18/content_28862083.htm.

多地区的农民在进入城市之后很难获得城市户籍，随之而来的问题就是就业难，子女的教育也无法得到有效保障，甚至连住房、医疗等问题都无法得到解决。第二，社会保障制度方面也存在城乡差异。这一点主要表现在城市与乡村的社保体系本就不同，其养老保险制度也不互通，有的农民转移到城市之后不能正常享受市民的社保及医保待遇，农民工工伤保险和医疗保险纳入保障范围的工作也才刚刚起步。农业转移人口的各项相关制度、政策都还有待完善。

4.2 我国新型城镇化主要推进方式

传统城镇化主要是靠粗放型工业化发展来推动的，但是新型城镇化强调以人为核心，注重城市质量，在创新驱动下进行可持续发展；从空间上看，就是要产业体系和城市体系协同构建，形成以城市群为主要形态的大中小城市和小城镇分散、同步、均衡发展的区域经济一体化格局。在推进新型城镇化的过程中，随着交通运输网络的完善，创新等生产要素可以打破行政区域限制，在各个区域内自由流动，推动技术创新和制度创新，让技术创新和制度创新成为经济增长和产业发展的新动力。

城市群表现为在某地域范围，以一个或一个以上的特大城市为核心，同时附带至少三个大城市为构成单元，由发达的交通通信网络基础设施所衔接贯穿的城市群体。它是城市成熟发展阶段的最高空间组织形式，具有高度一体化、经济联系紧密、空间组织紧凑的特点。按照《国家新型城镇化规划（2014—2020年）》① 的要求，我国的新型城镇化建设需要在《全国主体功能区规划》确定的地区，按照统筹规划、合理布局、分工协作、以大带小的原则，发展集聚效率高、辐射作用大、城镇体系优、功能互补强的城市群，使之成为支撑全国经济增长、促进区域协调发展、参与国际竞争合作的重要平台。构建以陆桥通道、沿长江通道为两条横轴，以沿海、京哈京广、包昆通道为三条纵轴，以轴线上城市群和节点城市为依托、其他城镇化地区为重要组成部分，大中小城市和小城镇协调发展的"两横三纵"城镇化战略格局。

我国新型城镇化的主要推进方式可以分为东、中、西部三种。东部地区的经济发展、城市建设水平都优于中西部地区。因此，东部地区主要采取城市集

---

① 中共中央国务院. 国家新型城镇化规划（2014—2020年）［R/OL］.（2014-03-16）［2015-08-13］. http://www.gov.cn/gongbao/content/2014/content_2644805.htm.

群方式推进新型城镇化，在保持特大城市优势的情况下，逐步引导特大城市的资源向周边和其他城镇外溢。中部地区与东部地区联系紧密，能较快承接东部地区延伸面向内陆的产业和服务链，并在此基础上完善城市群建设。而西部地区除了承接东部地区的产业转移外，具有特色资源的小城镇较多，可主要依托中心城市带动，培育文化旅游、资源加工等专业特色镇。

"十三五"规划对城市群建设做了进一步细化，提出在"十三五"期间建设19个城市群①，如：建设京津冀、长三角、珠三角世界级城市群，山东半岛、海峡西岸城市群等。下文将以长江经济带中的三个主要支撑城市群为例来分析三种依托城市群发展的新型城镇化推进方式。

4.2.1 东部方式：优化提升城市群

在东部地区按经济活力、创新能力、开放程度和吸纳外来人口这四个指标来排名，最靠前的是京津冀、长江三角洲和珠江三角洲城市群。其城镇化的目标是建成具有影响力的世界级城市群，但是目前却存在着生态环境压力加大、资源供不应求以及市场竞争加剧等问题。因此需要在制度创新、技术创新、产业升级、可持续发展等方面继续壮大制造业、战略性新兴产业和现代服务业，推进海洋经济发展，形成竞争优势，提升国际竞争力，充分发挥在推动全国经济发展方面的作用。与此同时，也需要增强中小城市的人口吸纳能力，引导大城市的产业和人口资源向周边地区外溢，带动周边城镇基础设施和信息网络建设，深化城市间分工协作和功能互补，加快区域协调发展。

东部地区要建成以城际铁路、高速公路为主体的快速客运和大能力货运网络，提升城市群综合交通运输一体化水平。长江三角洲城市群的内部都市圈主次明确，各子都市圈之间存在较大差别，城市群内部都市圈存在明显的主副结构，即以上海都市圈为主，以南京都市圈和杭州都市经济圈为辅，以合肥都市圈为延伸的"一主两辅一延伸"的内部结构，城市群内部协调分工体系相对完整②。产业布局相对成熟，制造业规模庞大、服务业发展迅猛，已经进入后工业化时代。但随着长江三角洲城市群城镇化率的不断提升，其土地成本和用工成本必然将继续提高，而现有产业利润率偏低，难以承受高成本，必须加快推进产业转型，重点发展高附加值产业，提升产业盈利能力。与此同时，鼓励

① 丁蕾蕾. 十三五中国要建19个城市群：长三角领衔，江淮城市群落选 [EB/OL]. (2016-03-07) [2016-04-16]. https://www.thepaper.cn/newsDetail_forward_1440236.

② 谈佳洁，刘士林. 长江经济带三大城市群经济产业比较研究 [J]. 山东大学学报（哲学社会科学版），2018（1）：138-146.

嘉兴承接上海、杭州产业转移，打通沪杭经济横轴，构建以上海为中心，杭州为副中心，覆盖上海、杭州、苏州、无锡、宁波、南通、绍兴、金华、湖州、嘉兴、舟山 11 市的经济横轴，打造吴越区域经济横轴。加强南京、合肥协调力度，打造以南京为中心、合肥为副中心，覆盖南京、合肥、镇江、扬州、泰州、盐城、常州、滁州、马鞍山、芜湖、铜陵、池州、安庆、六安、淮南、蚌埠 16 市的苏皖产业带。

4.2.2 中部方式：城市链条

官方数据显示，2005 年中部地区人口占全国的 28.1%，地区生产总值为 3.34 万亿元，只占全国的 18.8%。为了改善"中部塌陷"的问题，2006 年国务院出台了《关于促进中部地区崛起的若干意见》。目前，从数据来看，中部地区在总量增数上正在或已经走出塌陷，但在人均生产总值、人均财政支出、城乡居民收入等方面，跟全国平均值以及东部地区相比还有差距。长期以来，中部各地发展方向不一，相互合作松散，中部各省更多选择将本地发展与国家战略对接挂钩，如安徽主要考虑融入长三角发展，山西则考虑融入京津冀发展等。

事实上，中部地区城镇体系比较健全，城镇经济比较发达。中部地区可以承接东部中心城市参与全球产业分工时延伸面向腹地的产业和服务链。中原、长江中游、哈长等城市群通过加大对内对外开放力度、有序承接国际及沿海地区产业转移可以成为推动国土空间均衡开发、引领区域经济发展的重要增长极。东部地区的劳动密集产业可以逐步向中部转移，中部可以依托东部溢出的人口和就近的人口产生的人口集聚效应，发展特色产业，加快新型工业化发展，提升要素集聚、高端服务能力。

长江中游城市群作为国家发布的第一个跨行政区域的城市群，其承担着带领中部崛起的重任。长江中游城市群面积约 31.7 万平方千米，承启东西、连接南北。长江中游城市群制造业基础扎实，整体仍处于工业化发展中期阶段，以工业化快速发展为主。三大核心城市群均处于工业化发展中期阶段。但长江中游城市群呈"尖塔"型城镇体系，缺乏超大城市，特大城市引领带动作用不突出，高等级城市数量少，中等规模城镇（人口 20 万~50 万）数量多。

在未来的发展规划中，中部地区应通过交通网络建设，转变长中城市群板块结构松散的劣势为三圈分工协作优势，因地制宜对接"一带一路"：武汉城市圈向西北对接"丝绸之路经济带"，向东对接"海上丝绸之路"；环长株潭城市群通过岳阳向东、通过衡阳向南分别对接"一路"；环鄱阳湖城市圈通过九江向东、通过抚州向东南分别对接"一路"。重点建设武（汉）-长（沙）、武（汉）-南（昌）主轴线和长（沙）-南（昌）次轴线，建成全国重要的综合交通枢纽。在产业方面则加强区域产业协同发展，培育运输装备集群、电子信息集群、综合物流集群三大产业集群和食品、化工、烟草、重型机械、电气设备制造五小产业集群，着重打造低成本管理能力、产业集成创新能力、高端制造专业化能力，建成世界级智能制造中心。

4.2.3 西部方式：中心城市带动

西部地区城镇化进展程度大幅落后于全国平均水平，与我国东部、中部地区相比，差距较大。相关数据显示，目前东部地区以常住人口计算的城镇化率达到62.2%，而西部地区仅为44.8%。由于西部地区存在城市规模小、数量少、集中度低、距离经济中心较远等问题，其空间交易成本高，规模经济效益较低的问题日渐突出，城镇化进程较慢。从空间布局看，城市空间结构断层、分布不均匀、等级序列缺失的现象较为明显，各不同水平的城市在一定程度上均呈现分散化、各自为政的发展态势，未能形成有效协同联动，城镇化聚集效应与辐射效应都较难释放。

成渝城市群是我国西部地区城镇化水平较高的区域，其在经济总量、密度、综合竞争能力等方面仅次于我国长三角、珠三角、京津冀这些传统的三大城市群。区域内产业体系发展较好、门类齐全，装备制造、电子信息、饮料食品、清洁能源等均为该区域重点产业，在全国范围内具有比较优势，是西部地区商贸、物流、金融中心，具备未来引领西部大开发整个城镇化过程的强大优势。《国家新型城镇化规划（2014—2020年）》提到西部地区要按照严控数量、改善质量、节省土地、体现特色的要求，促进小城镇发展与疏解大城市中心城区功能相结合、与特色产业发展相结合、与服务"三农"相结合①。目前成渝城市群产业布局集中于一点，制约了城市群规模和质量的提升。加快发展重庆、成都两大中心城市，推进两大城市群联动发展，构建以重庆、成都为中心，资阳、遂宁、内江、自贡等城市为支点，雅安、乐山、宜宾、泸州、绵羊、南充、广安等城市为补充的成渝横轴。此外，为了改变成渝市群中由于地理交通等因素导致的自我发展状态，加快特色小镇建设势在必行。两大中心城市附近具备一定实力的重要城镇，要立足自身区位优势，通过加强与中心城

---

① 孙阳. 发改委：推动小城镇发展与疏解大城市功能相结合［EB/OL］.（2016-02-25）［2016-06-18］. http：//finance. people. com. cn/n1/2016/0225/c1004-28150171. html.

市发展的统筹规划，完善功能配套服务，全力打造卫星城，以减轻中心城市日渐增加的压力，治疗"城市病"；而具有独一无二禀赋的小城镇，则要从实际出发，因地制宜，通过政府合理规划引导、企业市场运作的方式，一步步培育成为休闲旅游、民俗文化、商贸物流、信息产业、智能制造、科技教育、资源加工、交通枢纽等功能优势明显、专业发展突出的特色小镇。

特色小镇作为中心城市的补充，其对提升区域经济发展具有至关重要的作用。近年来国内的研究学者对我国特色小镇发展的路径、意义等进行了许多研究。周晓虹（2017）指出，特色小镇不仅是优化生产力布局、注重内涵的发展模式，也是有效破解供给不足、推动产业转型和升级的经济模式，更是一种多元参与、体制开放、协同共享的社区或社会治理模式[①]。曾江（2016）认为，特色小镇是一种新的城镇发展模式，推动新型城镇化建设和城乡一体化发展具有重要意义[②]。盛世豪（2016）研究发现，特色小镇发展是以创新为核心的"产业生态位"的建设。特色小镇建设是推动供给侧结构性改革的重要手段。这对于促进区域竞争力和可持续发展有重要意义[③]。它不同于其他发展模式的最突出特点在于特色小镇注重文化的创新和重塑。刘国斌（2017）认为发展新型城镇化不仅需要注重大中小城市和农村的发展，更要充分发挥县城和城镇的"亚核心"效应[④]。

党的十八大提出要坚持"四化"齐头并进协同发展，而新型城镇化就是其中载体之一，对于促进中国特色社会主义现代化建设尤为关键。特色小镇实质上可看作对新型城镇化建设内容的细化和补充，有别于以往的大中小城市与农村建设，《国家发展改革委关于实施2018年推进新型城镇化建设重点任务的通知》也将特色小镇的行政级别明确为原则上的建制镇。此外，还要求特色小镇以文化意蕴、旅游休闲、社区功能及一定意义的特色产业作为鲜明支撑，并具有一定的人口规模和经济规模。概括地看，特色小镇的含义可以归纳为以某一特色产业为依托，具有一定的产业基础和清晰的产业定位，通过政府、企业等多方参与规划建设，使其具备独特的文化内涵、宜居宜游的舒适环境、完善的基础设施以及灵活的体制机制的一种新的区域发展模式。

在国家政策的引导下，各省市纷纷出台了一系列促进特色小镇发展的政

① 周晓虹. 产业转型与文化再造：特色小镇的创建路径 [J]. 南京社会科学, 2017 (4)：12-19.
② 曾江, 慈锋. 新型城镇化背景下特色小镇建设 [J]. 宏观经济管理, 2016 (12)：51-56.
③ 盛世豪, 张伟明. 特色小镇：一种产业空间组织形式 [J]. 浙江社会科学, 2016 (3)：36-38.
④ 刘国斌, 杨富田. 新型城镇化背景下县城的"亚核心"作用机理研究 [J]. 当代经济研究, 2017 (3)：90-96.

策，也形成了一些具有代表性和示范意义的小镇（见表4.4），为我国的特色小镇建设积累了宝贵经验。

表 4.4　2013 年以来各省市特色小镇发展政策与代表性建设成果

部分省市特色小镇建设相关政策与建设成果			
省（市）	时间	政策	建设成果
浙江省	2015.4	浙江省人民政府关于加快特色小镇规划建设的指导意见	玉皇山基金小镇、龙泉青瓷小镇、萧山空港小镇
北京市	2016.7	北京市"十三五"时期城乡一体化发展规划	房山基金小镇
上海市	2016.6	关于金山区加快特色小镇规划建设的实施意见	吕巷水果小镇、金山麻竹小镇
广东省	2016.5	关于加快特色小镇规划建设的实施意见	太和电商小镇、东莞石龙小镇
河南省	2015.8	河南省重点镇建设示范工程实施方案	文港笔都工贸小镇、信阳家居小镇
江苏省	2017.2	省政府关于培育创建江苏特色小镇的指导意见	沙集电商小镇
山东省	2016.9	山东省创建特色小镇实施方案	东阿阿胶小镇
陕西省	2016	关于进一步推进全省重点示范镇文化旅游名镇（街区）建设的通知	蓝田汤峪小镇
福建省	2016.6	福建省人民政府关于开展特色小镇规划建设的指导意见	集美汽车小镇
四川省	2013	"百镇建设行动"	郫都区德源镇、三道堰镇、洛带古镇
甘肃省	2016.12	关于推进特色小镇建设的指导意见	千年敦煌月牙小镇、陇南橄榄小镇
江西省	2016.12	江西省特色小值建设工作方案	瓷荣小镇
湖北省	2017.1	关于加快特色小（城）镇规划建设的指导意见	景绿网红小镇
海南省	2017.6	海南省特色产业小镇建设三年行动计划	大路农耕文明小镇
重庆市	2017.5	重庆市人民政府办公厅关于推进特色小（城）镇环境综合整治的实施意见	安居古城

部分省市特色小镇建设相关政策与建设成果			
省（市）	时间	政策	建设成果
云南省	2017.4	云南省人民政府关于加快特色小镇发展的意见	丽江玫瑰小镇
贵州省	2013	贵州省关于加快100个示范小城镇改革发展的十条意见	旧州美食小镇

但我国特色小镇的建设正处于探索时期，仍存在一些明显的问题。

（1）特色小镇发展的"马太效应"明显。

"马太效应"广泛存在于社会心理学、教育、金融以及科学领域，它描述了一种强者更强、弱者更弱、好的更好、坏的更坏、多的更多、少的更少的效应，在社会经济中的体现即为"两极分化"。而"马太效应"同样存在于特色小镇建设中。由于区位条件、资源优劣的不同，我国东西部地区的特色小镇发展差异较大，在建制镇数目、经济发展程度以及人口规模等方面尤为明显。此外，由于国家层面与特色小镇相关的政策引发的导向效应，许多企业经由资本经营纷纷参与到国内优质资源禀赋区域的特色小镇建设之中，造成大量投资都集中在基础设施完善、发展环境较好的东部地区，西部地区特色小镇的资金投入则相当匮乏，甚至有些没有资金愿意进入①。

（2）特色小镇融资渠道不完善，后续动力不足。

保障特色小镇建设稳定持续健康发展的关键之一是投入充足的资金，而当地政府有限的财政力量与国家层面的经济支持难以做到这一点。当前我国特色小镇的培育模式主要有以下三种：①凸显企业的主体地位，政府仅发挥辅助引导和服务保障的作用。政府编制评估特色小镇的详细控制性规划与发展纲要，待明确其定位、保障其基础设施水平、顺畅其审批过程之后，再采用引进民营企业的办法最终实现其建设。②政企合作建设。政府主要在特色小镇的发展定位上做工作，然后与企业一道助力小镇产业腾飞发展。③以政府为主体，开发特色小镇，由市场的真实需要与实际定位来决定招商引资的方向，组建国有资本公司，促进特色小镇的发展。但特色小镇建设回报时间长、收益率低，增加了社会资本进入的难度。

---

① 刘国斌，高英杰，王福林，等.中国特色小镇发展现状及未来发展路径研究［J］.哈尔滨商业大学学报（社会科学版），2017（6）：98-107.

（3）部分特色小镇建设流于形式。

随着国家相关政策的不断颁布，特色小镇发展的脚步不断加快，但部分地区的政府由于陷入了政绩目标导向之中，易使特色小镇的发展变味，出现所谓的"形象工程"。其具体表现为：第一，盲目跟风。不根据自身产业基础和自然资源禀赋特征胡乱申请名额，只为搭一个政策的"顺风车"，有粗放的规划而无具体的实施设想，导致在建设中缺乏灵魂，后续发展动力不足，经济效益较低。第二，任务工程。为了追求特色小镇相关建设任务，用行政手段干涉建设。导致特色小镇的建设发展与实际情况脱节，名不符实。第三，行政干预不当。政府过多干预特色小镇的规划建设，违背了市场经济规律，使特色小镇促进经济发展、补充新型城镇化的作用难以发挥。

4.3 我国新型城镇化发展的质量测算及评价

新型城镇化注重的是人的城镇化，人们可以均等地享受基本公共服务，我国在提供社会保障、教育、医疗等公共服务时是以户籍为依据的，以户籍人口计算的城镇率远低于以常住人口计算的城镇率。这一差距的背后是大量"钟摆式"流动的农民工，由于农民工没有获得城镇户籍，因此并不能享受与市民同样的基本公共服务，常住人口城镇化率不能真正体现我国的城镇化水平。2015年全国两会政府工作报告明确了有序推进基础设施和基本公共服务同城化的方针，以解决城镇化过程中的难点问题。因此，我们在衡量新型城镇化的发展质量时应考虑基础设施和公共服务是否均等化。

4.3.1 新型城镇化质量评价的方法选择

城镇化的发展对生态环境、社会和文化产生了重要影响（McDonald et al，2011），[①] 城镇发展层次的不同会通过各种途径影响社会的发展和人的生活质量（Deguen & Zmirou-Navier，2010）[②]。城镇化质量的测评涉及土地空间、产业政策、工业经济、社会和文化重建、生态是否可持续发展五个方面（De

---

① MCDONALD R I, GREEN P, BALK D, et al. Urban Growth, Climate Change, and Freshwater Availability [J]. Proceedings of the National Academy of Sciences, 2011, 108 (15): 6312-6317.

② DEGUEN S, ZMIROU-NAVIER D. Social Inequalities Resulting from Health Risks Related to Ambient Air Quality—A European Review [J]. European Journal of Public Health, 2010, 20 (1): 27-35.

Zhou. et al, 2015)①。近年来，国际上学者们从经济发展（Chen, M., et al, 2014)②、人口城镇化（Chen, F., 2010)③、土地价值及利用（Cho, S. H., et al, 2008④；Didit Okta Pribadi, Stephan Pauleit, 2015)⑤、生态环境（Fu, B., et al, 2007⑥；Alemulali, U., 2013⑦）等角度对城镇化质量进行了评价。我国城镇化起步较晚，发展质量不高，滞后于经济发展水平和工业化进程，区域差异明显，呈现"东部>中部>西部"的阶梯分布。目前城镇化研究主要采用以下几种方法：熵值法、主成分和聚类分析、综合指数法、专家赋值法、BP神经网络等。

我国新型城镇化强调的"以人为本"，就是要求城镇化发展要与经济发展、人口发展和社会发展相适应，与生态环境相协调，这就要求城镇常住人口要与城镇户籍人口在基础设施和公共服务领域享有相同的权利。目前学者们已经从不同角度建立了量化新型城镇化质量的指标，但是这些指标没有很好地体现"以人为本"的思想，并且指标不具有较强的可操作性。使用主成分分析法进行实证的相关研究较少，因此本书通过主成分分析法，构建我国新型城镇化的质量评价体系。

4.3.2 新型城镇化指标体系构建

我国目前的新型城镇化不同于过去十多年以划地模式为主导粗放型发展的旧模式，又与国外城市化发展进程不同。新型城镇化的核心是人的城镇化，讲求以人为本，满足农民工进城务工的实际需求，使农民工真正成为市民，享受

① ZHOU D, XU J, WANG L, et al. Assessing Urbanization Quality Using Structure and Function Analyses: A Case Study of the Urban Agglomeration around Hangzhou Bay (UAHB), China [J]. Habitat International, 2015 (49): 165-176.

② CHEN M, HUANG Y, TANG Z, et al. The Provincial Pattern of the Relationship between Urbanization and Economic Development in China [J]. Journal of Geographical Sciences, 2014, 24 (1): 33-45.

③ CHEN F, ZHANG H, WU Q, et al. A study on Coordinate Development between Population Urbanization and Land Urbanization in China [J]. Human Geography, 2010, 115 (5): 53-58.

④ CHO S H, POUDYAL N, LAMBERT D M. Estimating Spatially Varying Effects of Urban Growth Boundaries on Land Development and Land Value [J]. Land Use Policy, 2008, 25 (3): 320-329.

⑤ PRIBADI D O, PAULEIT S. The Dynamics of Peri-urban Agriculture during Rapid Urbanization of Jabodetabek Metropolitan Area [J]. Land Use Policy, 2015, 48 (11): 13-24.

⑥ FU B, ZHUANG X, JIANG G, et al. Environmental Problems and Challenges in China [J]. Environmental Science and Technology, 2007, 41 (22): 7597-7602.

⑦ AL-MULALI U, FEREIDOUNI H G, LEE J Y M, et al. Exploring the Relationship between Urbanization, Energy Consumption, and CO2 Emission in MENA Countries [J]. Renewable and Sustainable Energy Reviews, 2013 (23): 107-112.

与市民同等的公共服务和社会保障，这是衡量我国新型城镇化质量高低的重要标准。本书认为，新型城镇化应体现为五个层面：第一个层面是经济发展的城镇化。第二个层面是人口的城镇化，关注就业问题以及人口分布结构是否合理。非农业人口比重能够充分体现人口的空间分布结构，而年末登记失业率和第二、第三产业从业人员比重能较好地体现人口的就业规模和就业结构。第三个层面是基础设施均等化。一个城市的基础设施不仅表现在道路、交通等硬件基础设施上，更应该体现在居民日常生活的便利程度上。城市人均拥有道路面积、城市每万人拥有公共交通车辆数、生活污水排放量和城市生活垃圾清运量能较好地反映一个城市的基础设施的运营能力。第四个层面是公共服务均等化。城镇职工基本养老、医疗年末参保人数和每万人拥有医生数能较好地体现居民在养老、医疗等领域享有的服务水平，普通高等学校生均财政预算内教育经费支出的多少可以体现居民享有的教育资源水平的高低，城镇人均住宅面积体现了居民在生活领域享有的均等化程度。第五个层面是生活质量水平。城市用水和燃气普及率能反映城市居民在生活设施领域享有的水平，而城镇居民家庭平均每百户家用电脑拥有量则可以反映家庭在互联网等信息领域享有的水平，而二氧化硫排放量则可以体现一个城市的生活环境的好坏，反映居民在生活环境健康领域所享有的健康水平。本书参考前人研究成果并结合各地区出台的一些指标，根据可操作性原则，建立了新型城镇化质量评价体系。具体指标如表4.5所示。

表4.5 新型城镇化指标体系

经济城镇化水平	人均地区生产总值（X_1）
	城镇居民平均每人全年可支配收入（X_2）
	城镇居民人均消费性支出（X_3）
	第三产业占地区生产总值比重（X_4）
人口城镇化水平	非农业人口比重（X_5）
	年末城镇登记失业率（X_6）
	第二、第三产业从业人数比重（X_7）

表4.5(续)

基础设施均等化水平	城市人均拥有道路面积（X_8）
	城市每万人拥有公共交通车辆数（X_9）
	生活污水排放量（X_{10}）
	人均公园绿地面积（X_{11}）
	城市生活垃圾清运量（X_{12}）
公共服务均等化水平	城镇职工基本养老保险参保人数（X_{13}）
	城镇职工基本医疗保险年末参保居民人数（X_{14}）
	每万人拥有医生数（X_{15}）
	普通高等学校生均财政预算内教育经费支出（X_{16}）
	城镇人均住宅建筑面积（X_{17}）
生活质量城镇化水平	城市用水普及率（X_{18}）
	城镇居民家庭平均每百户家用电脑拥有量（X_{19}）
	二氧化硫排放量（X_{20}）
	城市燃气普及率（X_{21}）

4.3.3 新型城镇化发展质量实证分析

4.3.3.1 数据来源及采用方法

本书研究对象是我国31个省份，根据上文构建的指标体系，收集了31个省（自治区、直辖市）从2000年到2014年共15年的相关数据。数据从《中国统计年鉴》及各省（区、市）统计年鉴收集得到：其中每万人拥有医生数，2000—2008年的数据来自《新中国60年统计资料汇编》，2009—2014年的数据来自《中国卫生统计年鉴》；普通高等学校生均财政预算内教育经费支出从《中国第三产业统计年鉴》得出；城镇人均住宅建筑面积相关数据从《中国城乡建设统计年鉴》和《中国区域统计年鉴》得出。还有些数据来源于中经网、各地区统计公报或者政府工作报告，另外一些数据比如每万人拥有医生数等通过简单计算得到。缺失数据采用5年移动平均所得。

本书使用因子分析法，利用SPSS18软件，进行降维处理，从上文构建的21个指标里提取主要指标，这几个指标是相互独立的，并能够尽可能多地反映这21个指标所包含的信息，以主要成分对应的特征值来确定贡献率，计算各主成分得分，进而计算出我国31个省份城镇化质量的综合得分。正向指标

表明该指标与城镇化质量呈正相关，负向指标则负相关。为了消除数据差异性，我们对数据进行了无量纲化处理，处理公式分别为

当指标与新型城镇化质量呈正向关时 $\dfrac{X_{it} - \min X_t}{\max X_t - \min X_t}$，

当指标与新型城镇化质量呈负向关时 $\dfrac{\max X_t - X_{it}}{\max X_t - \min X_t}$

其中，X_{it} 为第 i 行第 t 列数据，$\min X_t$ 为第 t 列数据的最小值，$\max X_t$ 为第 t 列数据的最大值。

4.3.3.2　主成分的提取

根据检验的结果，KMO 值是 0.855，大于 0.5，Bartlett 球形检验的卡方分布值大约为 11 655.368 228，sig 值是 0.000，拒绝原假设，说明变量之间有很强的相关性，适合做因子分析。

表 4.6　解释的总方差

成分	特征值	贡献率/%	累计贡献率/%
1	8.859	42.185	42.185
2	3.383	16.108	58.294
3	2.111	10.054	68.348
4	1.29	6.143	74.491
5	0.93	4.428	78.919
6	0.86	4.093	83.012
7	0.664	3.163	86.175
8	0.559	2.662	88.837
9	0.472	2.248	91.085
10	0.386	1.837	92.922
11	0.305	1.45	94.372
12	0.292	1.388	95.761
13	0.238	1.135	96.896
14	0.209	0.994	97.889
15	0.129	0.612	98.502
16	0.103	0.493	98.994

表4.6(续)

成分	特征值	贡献率/%	累计贡献率/%
17	0.094	0.446	99.441
18	0.057	0.272	99.713
19	0.029	0.14	99.853
20	0.022	0.105	99.957
21	0.009	0.043	100

由表4.6可得，前7个主成分的特征值都大于1，之后的主成分的特征值越来越小。前7个主成分已经达到86.175%的累计贡献率，表明前7个主成分已反映了原始21个指标86.175%的数据信息量，很好地拟合了原始变量。因此，本书选择提取这7个主成分，分别记为F_1、F_2、F_3、F_4、F_5、F_6、F_7，来代替原来的21个指标，它们的贡献率分别为42.185%，16.108%，10.054%，6.143%，4.428%，4.093%，3.163%，表明它们分别解释了原始变量42.185%，16.108%，10.054%，6.143%，4.428%，4.093%，3.163%的信息。

表4.7 各主成分载荷矩阵

指标	F_1	F_2	F_3	F_4	F_5	F_6	F_7
X_2	0.926	0.084	−0.183	0.108	−0.192	−0.111	−0.062
X_3	0.926	0.091	−0.155	0.09	−0.219	−0.088	−0.056
X_1	0.917	0.201	−0.024	−0.069	−0.132	−0.061	−0.120
X_{19}	0.910	−0.003	−0.184	0.026	−0.213	−0.150	0.008
X_7	0.762	0.214	0.300	−0.236	−0.015	−0.080	0.113
X_{14}	0.750	−0.482	0.142	0.129	−0.062	0.122	0.070
X_{11}	0.737	−0.140	−0.354	−0.040	0.283	0.000	−0.223
X_{13}	0.708	−0.551	0.368	0.079	−0.012	0.140	0.059
X_{10}	0.625	−0.593	0.347	0.194	−0.001	0.106	0.148
X_{16}	0.609	0.571	0.096	0.277	−0.071	0.183	−0.100
X_{15}	0.585	0.511	0.277	−0.302	0.160	−0.130	−0.199

表4.7(续)

指标	F_1	F_2	F_3	F_4	F_5	F_6	F_7
X_{21}	0.585	-0.146	-0.474	-0.301	-0.215	-0.113	0.075
X_5	0.577	0.253	0.373	-0.556	0.045	0.052	-0.145
X_{18}	0.569	0.068	-0.246	-0.328	0.342	-0.101	0.530
X_{20}	-0.011	0.713	-0.152	0.146	-0.136	0.205	0.242
X_4	0.310	0.639	0.333	0.386	-0.098	0.006	-0.013
X_9	0.508	0.513	-0.115	0.087	0.172	0.461	0.216
X_{12}	0.515	-0.560	0.566	0.013	0.022	0.112	0.039
X_{17}	0.480	-0.323	-0.524	0.304	-0.059	-0.171	0.056
X_8	0.436	-0.248	-0.497	-0.002	0.343	0.447	-0.287
X_6	0.380	0.194	0.166	0.450	0.569	-0.435	-0.012

由表4.7可以看出，主成分F_1在X_2、X_3、X_1、X_{19}指标上的载荷都在0.9以上，表明F_1能充分反映X_2、X_3、X_1、X_{19}代表的生活质量城镇化水平。主成分F_2在X_{20}、X_4指标上载荷较大，说明第二主成分能充分反映X_{20}和X_4所代表的经济城镇化水平。主成分F_3在X_{12}、X_{17}指标上载荷的绝对值较大，能比较充分反映公共服务均等化水平。主成分F_4在X_5指标上载荷比较大，说明F_4能充分反映X_5代表的人口城镇化水平。主成分F_5在X_6上的载荷较大，说明F_5能较充分地反映X_6代表的人口城镇化水平。主成分F_6在X_9、X_8、X_6指标上载荷的绝对值较大，则F_6能较为充分的反映X_9、X_8和X_6所代表的人口城镇化水平。主成分F_7在X_{18}上的载荷较大，则F_7能较充分地反映X_{18}代表的生活质量城镇化水平。

4.3.3.3 计算各主成分得分及综合得分

由表4.7中各成分的载荷向量除以表4.6中的前7个主成分特征值的算数平方根得出各指标的相关系数，然后由各指标标准化后的数据计算7个主成分的得分，计算公式如下：

$$SF_j = \sum_{i=1}^{21} \partial_{ij} \cdot X_i$$

其中，SF_j为7个主成分中第j个主成分的得分，∂_{ij}为主成分和各指标的相关系数，X_i为指标标准化后的数值，其中$j = 1, 2, \cdots, 7$。由主成分的载荷矩阵，得出 7 个主成分的得分矩阵，进而求出我国新型城镇化发展质量的综合得分，计算公式为：

$$Y_i = \sum_{m=1}^{7} a_m \cdot SF_{im}$$

其中，Y_i 为第 i 个省（区、市）的综合得分，a_m 为第 m 个主成分贡献率，SF_{im} 为第 i 个省（区、市）第 m 个主成分得分。由我们提取的主成分的特征值计算出的主成分得分，得出我国各省新型城镇化的综合得分公式为：

$$Y_i = 0.490SF_{i1} + 0.187SF_{i2} + 0.117SF_{i3} + 0.071SF_{i4} + 0.051SF_{i5}$$
$$+ 0.048SF_{i6} + 0.037SF_{i7}$$

其中 Y_i 为第 i 个省（区、市）综合得分，SF_{ij} 为第 i 个省（自治区、直辖市）第 j 个主成分得分，$i = 1, 2, \cdots, 31$。将各主成分值带入上述公式，得出各地市综合得分，具体如表 4.8 所示。

4.3.4 我国新型城镇化发展质量的整体评价

由表 4.8 可知，从增量来看，2000 年以来，我国城镇化质量在逐年提高，从增速来看，北京最快，广西最慢。从存量来看，这十几年以来，北京、广东、上海和天津的城镇化质量整体上一直处于我国的高位水平。北京、上海和天津的城镇化质量一直大于 0，表明这些地区城镇化质量同一年份都高于我国的平均水平。云南、西藏和贵州城镇化质量最低，而且贵州的城镇化质量长期在我国平均水平之下。总体来看，东部地区城镇化质量较高，西部地区较低。根据表 4.8 中 2014 年我国各个省份的城镇化质量得分，我们将 31 个省份按城镇化发展水平分为四类。

（1）第一类（城镇化发展质量最高的地区）：北京、广东、上海。

2014 年这三个地区的城镇化质量都大于 4，且从 2000 年以来这三个地区也一直是我国新型城镇化发展质量排名靠前的地区。北京的城镇化质量一直远远高于广东和上海。2010 年以前，上海的城镇化质量高于广东，之后，广东超过了上海。北京和上海的经济城镇化和人口城镇化质量较高，突出表现在 2014 年北京城镇居民平均每人全年可支配收入、第三产业占地区生产总值比重、城市用水普及率成为我国最高的地区，人均地区生产总值、第二和第三产业从业人数比重、非农业人口比重、每万人有医生数、城市燃气普及率一直位于我国的高位水平。但北京的基础设施均等化水平较低，突出表现在城市人均拥有道路面积、城市每万人拥有公共交通车辆数、城镇职工养老、医疗年末参保人数都位于我国低位水平。广东的基础设施运用能力较强，突出表现在对污

表 4.8 2000—2014 年我国 31 个省（区、市）新型城镇化质量得分

省份	2000年	2001年	2002年	2003年	2004年	2005年	2006年	2007年	2008年	2009年	2010年	2011年	2012年	2013年
北京	2.256	2.762	2.598	3.028	3.054	2.864	3.336	3.599	3.978	4.423	4.243	5.083	5.652	6.156
广东	-0.006	0.186	0.115	0.472	0.844	1.097	0.996	1.579	2.182	2.646	2.779	3.754	4.287	4.583
上海	1.409	1.636	1.134	1.268	1.665	1.644	1.813	2.091	2.374	2.787	2.800	3.371	3.756	3.868
江苏	-0.647	-0.868	-0.879	-0.614	-0.325	0.099	0.486	0.972	1.399	1.670	2.025	2.608	3.070	3.407
浙江	-0.574	-0.410	-0.533	-0.117	0.078	0.303	0.203	0.913	1.292	1.736	1.997	2.501	2.901	3.322
天津	0.317	0.373	0.136	0.252	0.526	0.587	0.804	0.966	1.149	1.541	1.808	2.163	2.461	2.778
山东	-1.037	-1.285	-1.280	-1.037	-0.701	-0.833	-0.098	0.260	0.614	0.883	1.229	1.582	1.971	2.549
辽宁	-0.511	-0.787	-1.138	-0.885	-0.639	-0.541	-0.222	0.153	0.536	0.754	0.961	1.203	1.511	1.706
福建	-0.855	-1.144	-1.258	-0.899	-0.552	-0.385	-0.403	-0.176	0.209	0.586	0.717	1.121	1.436	1.683
重庆	-1.539	-1.907	-2.094	-1.856	-1.651	-1.277	-0.966	-0.940	-0.651	-0.366	-0.233	0.280	0.870	1.280
湖北	-0.839	-1.206	-1.404	-1.153	-0.917	-0.839	-0.397	-0.091	0.081	0.307	0.282	0.640	0.961	1.240
内蒙古	-1.358	-1.316	-1.555	-1.646	-1.425	-1.306	-1.159	-0.869	-0.546	-0.253	-0.055	0.370	0.709	1.083
四川	-1.642	-2.056	-2.325	-1.412	-1.313	-1.229	-1.253	-0.858	-0.607	-0.176	0.024	0.463	0.817	1.154
宁夏	-1.550	-1.636	-1.876	-1.741	-1.680	-1.626	-0.986	-0.640	-0.414	0.033	0.346	0.499	0.734	1.139
海南	-1.093	-0.844	-1.280	-1.501	-1.212	-1.123	-1.055	-0.893	-0.699	-0.394	0.005	0.694	0.857	1.107
陕西	-1.273	-1.516	-1.448	-1.395	-1.409	-1.384	-1.012	-0.704	-0.389	0.012	0.091	0.540	0.743	0.950

表4.8（续）

省份	2000年	2001年	2002年	2003年	2004年	2005年	2006年	2007年	2008年	2009年	2010年	2011年	2012年	2013年
新疆	-0.913	-0.718	-0.935	-0.930	-0.802	-0.734	-0.643	-0.311	-0.325	-0.136	0.063	0.404	0.617	0.878
吉林	-1.140	-1.041	-1.228	-1.181	-0.988	-0.882	-0.673	-0.348	-0.112	0.109	0.385	0.592	0.861	1.071
黑龙江	-1.091	-1.190	-1.280	-1.046	-0.978	-0.970	-0.722	-0.489	-0.270	0.096	0.238	0.523	0.769	0.964
湖南	-1.342	-1.226	-1.623	-1.452	-1.224	-1.062	-0.946	-0.648	-0.350	-0.113	0.005	0.238	0.484	0.736
河北	-1.401	-1.246	-1.504	-1.363	-1.260	-1.162	-0.847	-0.628	-0.361	-0.080	0.176	0.441	0.695	0.841
安徽	-1.622	-1.646	-1.931	-1.654	-1.391	-1.336	-1.143	-0.842	-0.577	-0.428	-0.195	0.135	0.400	0.634
河南	-1.589	-1.740	-1.818	-1.462	-1.441	-1.322	-1.189	-0.972	-0.791	-0.515	-0.278	0.064	0.376	0.559
青海	-0.988	-1.045	-1.213	-1.229	-1.067	-0.957	-0.646	-0.403	-0.362	-0.212	-0.135	-0.008	0.351	0.446
山西	-1.109	-1.270	-1.474	-1.380	-1.260	-1.093	-1.024	-0.803	-0.506	-0.373	-0.161	0.085	0.403	0.621
江西	-1.569	-1.568	-1.620	-1.479	-1.383	-1.236	-1.142	-0.775	-0.504	-0.354	-0.201	0.222	0.467	0.577
甘肃	-1.617	-1.709	-1.936	-1.547	-1.416	-1.361	-1.521	-1.284	-0.894	-0.785	-0.797	-0.506	-0.147	0.290
广西	-1.243	-1.470	-2.006	-2.042	-1.818	-1.689	-1.501	-1.061	-0.885	-0.552	-0.567	-0.159	0.065	0.351
云南	-1.492	-1.441	-1.837	-1.834	-1.809	-1.618	-1.670	-1.255	-0.998	-0.841	-0.678	-0.387	-0.164	0.178
西藏	-0.672	-1.149	-0.896	-0.259	-0.382	-0.562	-0.708	-0.290	-0.388	-0.207	0.082	-0.148	-0.192	0.023
贵州	-1.723	-2.503	-2.412	-2.267	-2.065	-1.667	-1.770	-1.393	-1.080	-0.988	-0.946	-0.807	-0.666	-0.309

水和垃圾的处理能力是我国最强的地区，城镇职工养老和医疗年末参保人数也是我国最多的地区。城市用水和燃气普及率也处于我国高位水平。但城市每万人拥有公共交通车辆数、人均拥有道路面积、城镇居民人均消费性支出处于我国的低位水平。

（2）第二类（城镇化质量发展较高的省份）：江苏、浙江、天津、山东、辽宁。

2014年这5个地区的城镇化质量位于2~4，城镇化质量发展较好。江苏的人口城镇化和生活质量城镇化质量较高，非农业人口比重、第二和第三产业从业人员比重、城市人均拥有道路面积、人均公共绿地面积都处于我国中高水平，城市用水、燃气普及率位于我国的高位水平，在经济城镇化水平中人均地区生产总值也位于我国中高水平。但是相比较而言，第三产业占地区生产总值比重、城市每万人拥有公共交通车辆数较低。浙江的第二和第三产业从业人员比重、城镇居民平均每人全年可支配收入、城市用水和燃气普及率都处于我国的高位水平，但相对来说，生活污水的处理能力较弱，人均消费支出、非农业人口比重较低。2014年，天津的人均地区生产总值是我国最高的地区，第二和第三产业从业人员比重、城市用水、燃气普及率也位于高位水平，但生活污水和垃圾的清运能力较弱，城镇职工基本养老、医疗参保人数占比较低。山东的人均绿地面积、城市用水、燃气普及率位于我国的高位水平，人口城镇化整体上处于中高水平，但相对来说经济城镇化水平不高。辽宁的人口城镇化水平位于中等偏上水平，但相对来说经济城镇化和基础设施均等化水平不高。

（3）第三类（城镇化质量发展较低的地区）：福建、重庆、湖北、内蒙古、四川、宁夏、海南、陕西、新疆、吉林、黑龙江、湖南、河北。

这些地区的城镇化质量位于1~2，城镇化发展水平较低。在这些地区中，除了内蒙古和福建的人均地区生产总值以及城镇居民平均每人全年可支配收入在全国位于中等偏上的水平，经济城镇化的其他指标都很低。这些省份的人口城镇化水平中等。海南、吉林、湖北、重庆、陕西、新疆、内蒙古的非农业人口比重处于我国中等偏上水平，年末城镇登记失业率也低于全国平均水平。黑龙江的非农业人口比重处于中高水平。但这些地区的基础设施和公共服务均等化水平较低。相对来说，2014年，内蒙古的人均公共绿地面积是我国最高的地区，重庆、宁夏也属中高水平，河北、福建、海南、吉林、湖北、黑龙江、四川、陕西、新疆处于中等偏上水平，同时河北、海南、宁夏、内蒙古的城市人均拥有道路面积也位于我国中等偏上水平。在公共服务均等化领域，除了吉林、湖北、黑龙江、四川、新疆、内蒙古的每万人有医生数位于我国中等偏上水平，其他指标都在我国平均水平以下。在生活质量城镇化方面，城市用水普及率和燃气普及率已超过80%，海南、福建、宁夏的二氧化硫排放量在我国属于低水平，表明这三个地区空气质量很好。除河北和内蒙古外，其他地区的排放量也位于中等偏低或中等水平。

（4）第四类（城镇化质量发展最低的地区）：安徽、河南、青海、山西、江西、甘肃、广西、云南、西藏、贵州。

这10个地区的城镇化质量最低，其中6个省份位于西部地区。其中贵州的城镇化质量一直是负数，说明一直在全国平均水平之下。整体上看，贵州和西藏地区的经济城镇化水平较低。在人口城镇化水平中，年末登记失业率位于中等偏下水平，山西、安徽、河南、江西、青海除了部分年份第二和第三产业从业人数比重略高之外，其他各项指标都位于低位。在基础设施均等化方面，安徽的城市人均拥有道路面积略高于我国平均水平，青海的城市每万人拥有公共交通车辆数稍稍超过全国平均水平，山西、安徽、江西、云南、青海、广西部分年份的人均公共绿地面积略高于我国平均水平，其他各项指标都处于低位水平。在公共服务均等化领域，大部分地区的每万人有医生数、城镇人均住宅面积处于中等或者中等偏下的水平，城镇职工基本养老、医疗年末参保人数、普通高等学校生均财政预算内教育经费支出都是我国最低水平。在生活质量城镇化水平方面这些地区的空气质量整体很好，西藏的二氧化硫排放量长期以来是我国最低的，江西、云南、甘肃、广西的二氧化硫排放量也处于我国中低水平，其他地区排放量处于中等偏高水平。大部分地区的城市用水和燃气普及率已超过70%。但相对来说信息化水平较低，除了广西之外，这些地区的城镇居民家庭平均每百户家用电脑拥有量位于我国低位或者中等偏低水平。

4.4 金融支持新型城镇化的协调发展问题

党的十八届三中全会确立了新型城镇化建设作为国家的发展战略，目前我国城镇化建设已经进入关键期，金融成为推动其发展的重要因素。城镇化建设需要大量资金，根据《国家新型城镇化规划（2014—2020年）》，到2020年我国要大约转移1亿人口到城镇落户。据统计，一个农民工从农村转移到城镇需要15万元左右成本。根据国务院发展研究中心金融研究所陈道富、朱鸿鸣的测算，2013—2020年我国新型城镇化建设静态资金需求达到20.43万亿元、动态资金需求达到23.97万亿元，但是静态资金供给能力为15.52万亿元、动态资金供给能力为 5.07 万亿元，由此静态融资缺口达 4.91 万亿元，动态融资缺口高达 11.11 万亿元。但目前我国的投融资主要渠道有预算内财政、预算外土地出让金和银行贷款等。随着我国经济进入"次高速增长"的换挡期，预算内财政收入会加速回落。靠政府获得的土地出让金来解决城镇化资金需求问题也随着土地的严格管制、土地储备成本上升以及房地产的调控和整个行业的持续回落难以持续。利率市场化的推进使银行的利润不断压缩，不良贷款率上升，不良贷款拨备覆盖率也大幅度降低，银行风险进一步加大，因此单纯依靠银行贷款获得资金的这种主渠道也会逐渐减弱。因此要积极探索新的融资渠道，加大金融体系的改革创新，这有利于我国新型城镇化持续健康发展。

在关于国内外金融发展与城镇化关系的研究方面，国外由于城镇化建设较早，相关的研究也早，研究领域主要集中在金融支持基础设施、房地产行业、环境健康和土地利用以及金融创新等方面。国内相对来说，相关研究的起步较晚。伍艳（2005）[①] 认为在我国城镇化进程中，导致我国城镇化率滞后于工业化率的主要原因是我国长期存在金融抑制现象。杨慧、倪鹏飞（2015）[②] 从协调发展的视角，采用协调评价模型对我国金融支持新型城镇化进行了定量分析，得出两者协调发展状况正在好转，但仍存在金融支持规模不足、结构不合理、效率不高等问题。熊湘辉、徐璋勇（2015）[③] 从人口城镇化、产业城镇化和空间城镇化三个维度选取了 7 个指标，构建新型城镇化的综合指标，采用空间计量模型，对金融支持新型城镇化进行了实证分析，得出金融支持是影响新型城镇化的重要因素，城镇化水平整体提高的同时区域差距加大。

综上所述，国内外学者普遍认为金融发展与经济增长有关系，虽然没有达成共识。部分学者采用综合指标，利用不同方法对我国金融发展与新型城镇化关系进行分析，但大多是基于全国或者某个省份的研究，采用省级面板分析的较少，而且我国东、中、西和东北地区经济发展呈梯度分布，新型城镇化质量也各不相同，金融发展也不均衡，因此得出的结论未必适应所有地区。杨慧、倪鹏飞（2015）虽然也采用省级面板数据，从不同维度构建了城镇化质量指标体系，采用协调度模型实证了我国新型城镇化与金融发展的协调程度，但在计算城镇化综合得分和金融支持综合得分时采用了赋值法确定各指标的权重，

---

① 伍艳. 中国城镇化进程中的金融抑制问题研究 [J]. 理论与改革, 2005（2）: 100-103.

② 杨慧, 倪鹏飞. 金融支持新型城镇化研究: 基于协调发展的视角 [J]. 山西财经大学学报, 2015, 37（1）: 1-12.

③ 熊湘辉, 徐璋勇. 中国新型城镇化进程中的金融支持影响研究 [J]. 数量经济技术经济研究, 2015（6）: 73-89.

而且各指标的权重设置相同，因此带有一定的主观性。而我国城镇化的推进模式与西方国家存在差异，金融制度和发展程度也有中国自己的特色。因此，应正确判断我国各省份的城镇化质量水平。

4.4.1 面板模型方法选择的依据

由于我国证券市场发展时间较短，且各个省份股票发行时间各不相同，为了避免数据时间跨度较短给实证结果造成偏差，本书选择 Panel Data 模型，模型如下：

$$UQ_{it} = \alpha_{it} + \beta_{1it}FS_{it} + \beta_{1it}FIR_{it} + \beta_{3it}IE_{it} + \beta_{4it}PFDV_{it} + \beta_{5it}IIR_{it} + \beta_{6it}STPG_{it} + \mu_{it}$$

$i = 1, 2, 3\cdots31; t = 2000, 2001\cdots2014$

公式中，UQ_{it} 表示第 t 年第 i 个省份的新型城镇化质量，α_{it} 代表个体特质，反映被遗漏的体现个体差异的因素影响，可通过前一期减去这一期消除掉；μ_{it} 为随机扰动项。

常用的面板模型包括变系数模型、变截距模型和混合估计模型。它们的不同之处在系数、截距以及随机误差的假设不同。因此，根据截面向量 α 和系数向量 β 中各分量的不同限制要求，在对模型进行估计前，首先要检验样本数据适合哪种模型，经常用的检验方法是 F 统计量检验，该检验的原假设与备择假设分别为：

变截距模型 H_1：$\beta_1 = \beta_2 = \cdots = \beta_N$

即模型中不同截距个体的回归系数相同，但截距不同。

混合估计模型 H_2：$\alpha_1 = \alpha_2 = \cdots = \alpha_N$；$\beta_1 = \beta_2 = \cdots = \beta_N$

即不同个体的截距和回归系数均相同。

进行检验假设一般用 F 统计量。

F 统计量的定义为：

$$F_1 = \frac{(S_2 - S_1)/[(N-1)k]}{S_1/[NT - N(k+1)]} \sim F[(N-1)k, N(T-k-1)]$$

$$F_2 = \frac{(S_3 - S_1)/[(N-1)(k+1)]}{S_1/[NT - N(k+1)]} \sim F[(N-1)(k+1), N(T-k-1)]$$

其中 S_1、S_2、S_3 分别为变系数模型、变截距模型、混合估计模型的回归残差平方和，N 为截面数，T 为样本时间跨度，k 为解释变量个数。如果计算出来的 F 统计量的值与给定的置信区间对应的临界值相比不拒绝假设 H_2，则模型适合混合估计模型，检验结束；如果拒绝 H_2，则检验 H_1，如果接受 H_1，则为变截距模型；如果拒绝 H_1，则选择变系数模型。

4.4.2　金融发展指标的构建及数据来源

通常衡量金融规模的指标有两类，一类是用金融资产占 GDP 的比重来衡量，相对于单纯的银行存款，此指标更能代表我国金融整体规模；另一类衡量金融资产的指标为金融从业人员占比，该指标主要是从人力资本在金融部门与其他部门之间的配置状况来衡量，该指标既能反映金融规模，又能衡量金融发展成本①，因此，相对于第一类指标，该指标用来衡量我国金融规模更为有效，本书也采用此指标来衡量我国金融规模，简记为 FS。

Raymond W. Goldsmith（1969）认为金融相关比率（financial interrelations ratio，FIR）是衡量金融发展程度的一个重要指标，用某一时点金融资产总额占 GDP 比重来衡量。20 世纪 90 年代以前，金融行业主要以银行为主，因此学者们经常用银行存贷款余额来代表金融资产总额，但随着我国股票市场的逐渐完善，这一指标范围被拓宽，Kunt 和 Levine（1999）② 加入了证券市场因素，他们认为一国的金融结构是由银行部门与证券市场相比较来决定的。随着保险市场的逐渐完善，应将保险行业考虑在内，而由于我国债券市场规模较小，因此可以忽略，本书以金融机构储蓄存款余额作为金融机构资产，保险机构保费收入作为保险行业资产，股票成交额代表证券市场资产，将这三部分之和除以 GDP，得出我国金融发展的一种衡量指标，简记为 FIR。保费收入是保险市场发挥分散风险和经济补偿功能的基本载体，也是衡量保险市场规模的最佳指标，在保险市场中占主导地位的是人身险保费收入，因此人身险保费收入占保费总收入的比值可以用来衡量我国保险市场的结构，简记为 IE。

金融效率越高说明金融资源配置越合理、有效，更充分地体现了金融功能。金融效率不仅包括金融机构的经营效率，还包括金融市场的运作效率，我国的金融行业由银行、证券、保险、信托和租赁等行业构成，而由于信托和租赁行业涉及金额较少，且数据统计不全，本书采用银行、证券、保险行业数据来衡量我国金融运行效率。金融行业从业人员人均金融业增加值在一定程度上反映了我国金融机构人员的工作效率和金融机构的运营效率，简记为 PFDV；由于我国债券市场发展还不完善，企业债发行量很低，股票成交额成为反映证

---

① 沈军，白钦先. 中国金融体系效率与金融规模 [J]. 数量经济技术经济研究，2013（8）：35-50.

② DEMIRGUCKUNT A，LEVINE R. Bank Based and Market Based Financial Systems：Cross Country Comparisons [J]. World Bank Policy Research Working Paper，1999，2143（1）：1-41.

券市场规模大小的最佳指标，因此股票成交额在 GDP 中所占的比重一定程度上反映了我国整个证券市场的运营效率，简记为 STPG。保险赔款给付支出反映了保险市场的经济补偿额度的大小，占保费总收入中的比重反映了我国保险市场运营效率的高低，简记为 IIR。

4.4.3 实证检验

本书的金融相关数据来源于中经网、中国人民银行、中国金融年鉴、各省金融运行报告和各省统计公报，部分数据经计算所得，某些缺失数据使用 5 年移动平均法得到。面板数据的处理采用 Eviews8.0 软件。

4.4.3.1 面板数据的单位根检验

本书采用 LLC、IPS、ADF-fisher 和 PP-fisher 方法，检验面板数据是否平稳，以免造成伪回归，检验结果如表 4.9 所示。

表 4.9　面板数据的单位根检验

变量	LLC	IPS	ADF-fisher	PP-Fisher	是否存在单位根
UQ	15.239 2 (1.000 0)	17.397 1 (1.000 0)	1.036 54 (1.000 0)	0.460 73 (1.000 0)	是
ΔUQ	−12.246 6 (0.000 0)	−7.877 75 (0.000 0)	172.619 (0.000 0)	236.194 (0.000 0)	否
FS	−2.677 48 (0.003 7)	0.807 49 (0.790 3)	64.230 4 (0.398 3)	60.689 2 (0.523 3)	是
ΔFS	−21.798 6 (0.000 0)	−17.010 9 (0.000 0)	337.255 (0.000 0)	471.431 (0.000 0)	否
FIR	−3.551 87 (0.000 2)	−2.985 97 (0.001 4)	91.245 9 (0.009 2)	90.816 0 (0.010 0)	否
ΔFIR	−21.261 3 (0.000 0)	−18.600 1 (0.000 0)	364.244 (0.000 0)	377.517 (0.000 0)	否
IE	−2.352 32 (0.009 3)	−2.398 15 (0.008 2)	92.754 8 (0.006 9)	92.927 2 (0.006 7)	否
ΔIE	−12.267 9 (0.000 0)	−9.481 35 (0.000 0)	196.802 (0.000 0)	221.022 (0.000 0)	否
PFDV	16.670 9 (1.000 0)	16.816 1 (1.000 0)	38.901 7 (0.990 5)	35.762 2 (0.997 0)	是
ΔPFDV	−3.484 62 (0.000 2)	−2.166 24 (0.015 1)	124.381 (0.000 0)	181.039 (0.000 0)	否

表4.9(续)

变量	LLC	IPS	ADF-fisher	PP-Fisher	是否存在单位根
IIR	−1.815 89 (0.034 7)	−3.440 14 (0.000 3)	99.223 8 (0.001 9)	69.803 2 (0.231 9)	是
ΔIIR	−14.823 7 (0.000 0)	−12.537 0 (0.000 0)	252.640 (0.000 0)	265.181 (0.000 0)	否
STPG	−3.539 88 (0.000 2)	−3.061 35 (0.001 1)	88.397 1 (0.015 5)	86.873 1 (0.020 3)	否
ΔSTPG	−20.536 5 (0.000 0)	−17.931 2 (0.000 0)	353.353 (0.000 0)	363.536 (0.000 0)	否

注：Δ 表示一阶差分，括号内数据是伴随概率。

表4.9 的检验结果显示变量都是存在单位根的，但变量的一阶差分都是平稳的，各检验值的相伴概率都小于 0.05，说明在 5% 的显著水平下可以拒绝原假设，说明变量均为一阶单整序列。

4.4.3.2 面板数据的协整检验

为了考查变量间是否存在长期均衡关系，本书采用了面板数据常采用的两种方法，即 Pedroni 和 Kao 检验方法，对面板数据进行了协整关系检验。检验结果如表4.10 所示。

表4.10 面板数据的协整关系检验

检验类型	各指标	Statistic 数值	P 值
Pedronic 检验	Panel v-Statistic	−2.970 123	0.998 5
	Panel rho-statistic	5.718 994	1.000 0
	Panel PP-Statistic	−4.901 740	0.000 0
	Panel ADF-Statistic	−4.063 738	0.000 0
	Group rho-statistic	7.422 484	1.000 0
	Group PP-Statistic	−13.471 89	0.000 0
	Group ADF-Statistic	−2.744 381	0.003 0
Kao 检验	ADF	−1.866 011	0.031 0

从检验结果可以看出，在 5% 的显著性水平下，Panel ADF 和 Kao ADF 拒绝不存在协整关系的原假设，表明各变量间存在长期的协整关系，可进行回归分析。

4.4.3.3 面板模型的估计

不同模型的回归结果见表4.11。

表 4.11 不同模型的回归结果

变量名称	固定效应模型估计	随机效应模型估计
C	−1. 268 895	−1. 475 795
FS	225. 873 7	228. 154 4
FIR	0. 107 207	0. 053 925
IE	−1. 934 230	−1. 433 511
PFDV	0. 944 271	0. 998 154
IIR	2. 134 677	1. 776 597
STPG	−0. 046 325	−0. 017 307
R−squared	0. 798 966	0. 567 138
Adjusted R−squared	0. 782 057	0. 561 467
F−statistic	47. 249 87	100. 012 3
Prob.	0. 000 0	0. 000 0

如何检验模型中个体影响与解释变量之间的相关性，Hausman 提出了一种检验方法。该方法的原假设是：随机效应模型中个体影响与解释变量不相关，通过构造 W 统计量来进行检验，形式如下：$W = [b - \hat{\beta}]'var[b - \hat{\beta}]^{-1}[b - \hat{\beta}]$，其中 b 为固定效应模型中回归系数的估计值，$\hat{\beta}$ 为随机效应模型中回归系数的估计值，Hausman 证明在原假设下，统计量 W 服从自由度为 k 的 χ^2 分布，其中 k 为解释变量个数[①]。

如表 4.11 所示，根据 Hansman 检验结果，固定效应模型都优于随机效应模型，因此，我国新型城镇化金融支持模型采用固定效应模型。

4.4.4 金融支持新型城镇化的结果分析

从表 4.12 可得，全国和不同地区的绝大部分系数在 1% 的显著性水平下通过检验，说明我国金融规模、结构、效率与新型城镇化质量存在长期均衡关系；而且我们选取的这些指标对我国新型城镇化质量的影响都是显著的，全国

---

① HAUSMAN J A, TAYLOR W E. Panel Data and Unobservable Individual Effects [J]. Econometrica, 1981, 49 (6): 1377–1398.

及各地区的拟合优度较好，表明所选变量能很好地拟合我们所估计的模型。不同的地区系数不同，说明金融规模、金融结构、金融效率对不同区域新型城镇化质量有不同的影响。

表 4.12 不同模型的回归结果

变量名称	全国 系数	东部地区 系数	中部地区 系数	西部地区 系数	东北地区 系数
C	-1. 268 895 ***	-0. 519 432 *	-2. 045 837 ***	-3. 319 595 ***	-0. 359 645
FS	225. 873 7 ***	140. 619 9 ***	99. 643 69 ***	542. 922 1 ***	87. 826 18
FIR	0. 107 207 *	-0. 138 954 **	-0. 823 501 ***	-0. 795 278 ***	-0. 023 281
IE	-1. 934 230 ***	1. 542 519 ***	0. 764 943	-0. 874 339 **	-1. 215 238 **
PFDV	0. 944 271 ***	0. 413 210 ***	2. 431 149 ***	1. 835 802 ***	2. 508 519 ***
IIR	2. 134 677 ***	-2. 695 976 ***	1. 902 385 ***	1. 366 562 **	0. 392 965
STPG	-0. 046 325	0. 083 621	0. 839 082 ***	0. 806 066 ***	-0. 115 009
R-squared	0. 798 966	0. 806 231	0. 959 299	0. 876 506	0. 988 048
Adjusted R-squared	0. 782 057	0. 776 189	0. 947 502	0. 863 547	0. 978 087
F-statistic	47. 249 87	26. 837 04	81. 314 58	67. 635 44	99. 198 13
Prob.	0. 000 0	0. 000 0	0. 000 0	0. 000 0	0. 000 0

注：***，**，*分别表示在1%，5%，10%的显著性水平下显著。

从全国范围来看，从模型估计结果可以看到，金融规模、金融相关比率、金融行业从业人员人均金融业增加值和保险费款给付支出率总体上呈显著比较明显的正相关，金融规模影响最为显著，其次是保险市场，金融机构人员效率对新型城镇化的弹性系数也达到了 0.944 271。相对来说，保险市场运行效率虽然在提高，但结构不太合理，大部分省份人身保险比例过高，其他险种数额较低，与新型城镇化质量呈负相关关系。而由于我国金融股票市场运行效率较低，对新型城镇化质量的提高效应并不明显，这是因为我国股票市场发展时间较短，功能并没有得到很好发挥，整个市场运行效率较低，对经济的拉动作用并不明显。

从我国东部地区来看，金融规模、人身保险收入占比及人均金融业增加值与新型城镇化质量呈正相关关系，尤其是金融规模影响更为明显。这是由于我国东部地区经济发展快，资金的投资回报率高，金融机构规模随之扩大，储蓄能力较强，金融机构运行效率也高，带动了经济的快速发展，同时也吸引了大量人口，经济城镇化和人口城镇化得以快速发展。但东部地区金融相关比率和保险赔款给付支出/保费总收入与新型城镇化质量呈负相关关系。东部地区金融相关比率失衡，有些地区较高，有些地区则较低。北京、上海、广东的金融相关比率较高，意味着这些地区的金融化程度较高，而天津、福建的金融化程度较低。而且大多省份在 2008 年、2009 年和 2010 年金融相关比率达到最高，之后开始下降。这些因素导致了相关指标出现负相关。同样，通过股票市场筹资拉动经济增长在东部地区产生的效应并不显著。

从我国中西部地区来看，金融规模对拉动新型城镇化的作用都很明显，尤其是西部地区，这表明我国西部地区拉动经济增长主要还是依靠金融机构；金融机构从业人员每提高 1 个百分点，新型城镇化质量提升 542.922 1 个百分点；其次是金融机构人员的效率，金融机构人均金融业增加值每提高 1 个百分点，促进中部地区新型城镇化质量提升 2.431 149 个百分点，促进西部地区提升 1.835 802 个百分点；保险的深度对新型城镇化产生的拉动作用在中部地区要大于西部地区，且效果较为明显；中西部地区股票市场对新型城镇化的拉动作用大于东部地区。这也说明中西部地区开始逐渐重视股票市场融资这种直接融资渠道，且这种渠道在新型城镇化中的作用越来越大。但我国金融结构对新型城镇化质量的提高具有平抑效应，且这种效应要大于东部地区，也从侧面反映了我国中西部地区金融结构不合理现象严重，过度依赖银行等金融机构间接融资，直接融资所占比例较低。

从东北地区来看，人均金融业增加值对新型城镇化质量的拉动效果很明显，在其他条件不变的情况下，人均金融业增加值每提高 1 个百分点，新型城镇化质量提高 2.508 519 个百分点。但人身险保费收入/保费总收入对新型城镇化质量提高具有平抑效应。其他指标对新型城镇化质量的影响并不十分显著。这主要是由于东北地区金融业发展水平在规模方面、结构和创新程度方面都相对落后，企业获得资金主要还是以银行贷款为主，股票、债券、保险市场发展缓慢。

5 金融支持新型城镇化进程中城市基础设施建设的供求分析

新型城镇化的核心是"人"的城镇化，基础设施均等化是实现新型城镇化的重点之一，提高和完善城市基础设施建设是新型城镇化建设的重要保障。本章主要以供求关系为视角，对我国目前金融支持城市基础设施建设的现状及问题进行了分析并测算了我国新型城镇化进程中城市基础设施建设金融支持缺口。

5.1 城市基础设施范畴及经济学属性

5.1.1 城市基础设施概念

基础设施作为保证国家或地区社会经济活动正常进行的公共服务系统，它是为社会生产和居民生活提供公共服务的物质工程设施，也是社会得以生存发展的一般物质条件。《1994 年世界发展报告》对基础设施的内涵进行了界定，定义其为"永久性的工程构筑、设备、设施以及他们所提供的服务"，认为使用者和非使用者存在经济溢出性，也在一定程度上存在规模经济。其中，城市基础设施是指为城市生产和居民生活提供公共服务的工程设施。城市基础设施是一个系统工程，它主要包括六大系统，即能源供应系统、供水排水系统、交通运输系统、邮电通信系统、环保环卫系统、防卫防灾安全系统。

据 1985 年 7 月召开的"城市基础设施学术讨论会"，城市基础设施被定义为"既为城市物质生产、社会发展，又为城市人民生活提供一般条件的基础性公共设施，是城市生存和发展的基础"①。它是整个国民经济基础设施在城市地域的集结和延伸，其服务对象是城市的生产和生活，是支持城市物质生产过程的基础部门。可见，城市基础设施既是实现新型城镇化的前提条件，也是其评价标准之一。

5.1.2 城市基础设施的经济学属性

一般地，城市基础设施具有多种特殊属性，总是以特定的方式直接或间接地参与城市生产过程。本节仅从经济角度分析城市基础设施的经济性质。

第一，自然垄断性。庞大固定成本与较小边际成本并存是自然垄断性的特征，城市基础设施的六大系统均具有自然垄断性。以道路、通信等为例，初期建设投入和部门运营的固定成本巨大，后期新增用户的边际成本很小或者为零。

第二，地方公共物品性。基础设施所提供的公共服务是社会生产经营活动的基础和承载体，具有承载性和先行性。加之，基础设施产品和服务的生产成本不会随着物品消费的增加而增加，边际成本为零。同时，当某个人使用基础设施提供的服务时，不能阻止其他人使用。可见，基础设施具有非竞争性和排他性，具有公共物品的性质。加之，城市基础设施是具有地域性的，在一定的地域限制下，在一定的区域范围内具有消费的非竞争性和排他性，具有地方公共物品性。以城市道路为例，其消费者以本市居民为主，具有地域性公共物品性质。

第三，成本积聚性。城市基础设施建设初期，资金投入庞大。后期管理成本在利益外溢的情况下，除去部分回收期较长的收益外，较大的一部分项目成本与初期投入均呈现积聚沉淀的特点，从而导致其回报低甚至无内部收益。在基础设施中，公益性基础设施成本积聚性尤为高，民间资本鲜有参与纯公益性基础设施领域。

第四，收益长期性。收益长期性对民间资本相当具有吸引力。虽然经营性基础设施项目的初始成本庞大，但是其运营和管理成本呈边际递减，具有一定垄断性，加之有很长的收益期，可以形成长期稳定的现金流。

---

① 李雅维. 基于融资方式的城市基础设施项目分类研究 [D/OL]. 西安：西安科技大学，2009 [2015-09-18]. http：//kns. cnki. net/KCMS/detail/detail. aspx？dbcode＝CMFD&dbname＝CMFD2010&filename＝2009262875. nh&v＝MTYyODlEaDFUM3FUcldNMUZyQ1VSN3FmWXVkc0Z5amhWTHJOVjEyN0Y3RytlTm5McXBFYYlBJUjhlWDFMdXhZUzc＝.

5.1.3 城市基础设施分类

城市基础设施的分类，根据提供服务范围的大小分也可为广义和狭义城市基础设施。狭义的城市基础设施是指向城市提供能源、给排水、交通运输、邮政通信、环境保护、城市防灾等服务的设施和产业部门，也称为"经济性基础设施"；广义的城市基础设施除上述内容之外，还包括文化教育、科学卫生部门[①]。

从城市基础设施项目功能的角度来看，城市基础设施一般包括能源系统、供水与排水系统、城市交通系统、城市通信系统、城市环境系统和城市防灾系统。以上六个系统既相对独立，又互相密切联系，通过各系统协调运作，从而实现城市生产与生活的正常运转。

从基础设施项目市场化程度的角度，城市基础设施可以划分为以下三种类型：

（1）完全市场化类型。完全市场化类型属于经营性基础设施，具有市场竞争能力，对市场调节敏感，可以达到社会平均利润。以液化石油气为例，伴随着市场的逐步开放，依照市场经济规律，在政府统一管理和调控下，此类行业可以按照"投资—经营—回收"的循环模式进行良性资金循环，在获得投资收益的同时推动城市基础设施建设的健康发展。

（2）半市场化、半政府类型。该类型的基础设施主要涉及基础性行业，具有一定的垄断性，如公共交通、供热、自来水等大部分基础设施，是社会综合服务体系的主体。一般地，此类基础设施项目投资规模巨大、回收期长、效益较低。

（3）完全政府类型。此类别一般均指纯公益性设施，无法带来资金流入，没有直接经济效益，由政府或者政府委托有关部门或单位负责其初期建设、中期运营和后期管理，如城市园林、绿化、消防等。

从城市基础设施建设资金来源的角度来看，城市基础设施建设的资金渠道有：第一，税收收入支持的公共财政支出渠道。此类基础设施产品基本无内部收益。第二，以财政支出为主，复合市场行为为辅的资金支持渠道。此类基础设施具有部分内部收益和显著的外部收益，属于公益性的准公共物品范畴。第

---

① 张庆光. 城市基础设施投融资方式研究［D/OL］. 大连：东北财经大学，2002［2015-12-11］. http：//kns. cnki. net/KCMS/detail/detail. aspx？ dbcode = CMFD&dbname = CMFD9904&filename = 2003073917. nh&v = MTEzNzdXTTFGckNVUjdxZll1ZHNGeXZuVXJyTlYxMjdIYk8vSGRqTnFFKRWJQSVI4ZVgxTHV4WVM3RGgxVDNxVHI = .

三，以市场融资和经营为主，适当财政补贴为辅的资金支持渠道。此类基础设施属于既有内部收益也有外部收益的准公益性质城市基础设施，在具有社会效益的同时，又可实现经济效益，带来经营现金流。

综合上述的分类方式可知，对城市基础设施的分类与其是否能够进入市场进行买卖的潜力与可能性密不可分，即基础设施的可经营性。如果某类基础设施具有通过市场机制由私人部分提供的可能，那么该基础设施便具有了可经营性。由此可见，经营性高的基础设施可以由私人部门经营，其运营和融资方式以市场为主；相反，经营性低的城市基础设施则主要由政府部门来经营和进行资金支持。综上可知，城市基础设施项目的融资方式与其可经营性有关，不同经营性的城市基础设施其资金支持方式也会不同。

5.2 我国城市基础设施金融支持现状及问题

总体而言，我国城镇化基础设施融资模式主要以城镇土地出让和国家金融支持为主，这种模式难以支撑新型城镇化可持续发展的需求。融资主体仍然以地方政府为主，基础设施经营性项目"门槛"并未降低，民间资本在经营性融资市场的生存仍面临困境，社会资本和自筹资金支持占比比较低，金融支持结构多元化亟待完善。

5.2.1 我国城市基础设施融资的发展历程

我国城市基础设施融资的发展历程分为以下三个阶段：

第一阶段（1953 年到 1981 年）。本阶段主要以政府投资为主导，政府预算内发挥基础设施的规模效益，投资主体和资金来源相对单一。

第二阶段（1982 年到 20 世纪 90 年代中期）。本阶段随着我国市场经济体制改革的不断深入，投融资体制也发生了一系列变化。首先，政府直接投资转为间接投资，由国有银行代理执行"拨改贷"政策，资金占比 80% 以上。其次，逐步确定企业的市场投资主体地位并吸引外资、发行债券等融资方式逐渐成为基础设施筹集资金的渠道，逐渐丰富资金来源渠道。

第三阶段（20 世纪 90 年代中期至今）。本阶段主要遵循"投资主体自主决策，银行独立审贷，政府宏观调控"两大原则。一方面，根据项目类型确定资金支持方式，公益性项目由政府投资建设，基础性项目由政府为主，市场资金为辅，竞争性项目由市场主体进行投资建设，主要以市场方式进行资金支持；另一方面，以项目资本金制度替代"拨改贷"，促进了我国基础设施投融资体系多元化，提高了基础设施建设投资效率①。

5.2.2 我国金融支持城镇基础设施现状及主要问题

在金融支持城镇化体系的基础设施建设中，地方财政资金占比逐年下降，借贷资金呈上升趋势，国家预算外资金地位越来越重要，市场融资逐渐成大趋势和资金支持的重点。中国城镇化基础设施建设资金收入分配主要分为中央和地方政府财政收入、非财政性资源（主要包括使用者支付费用）、借贷资金（国内和国外资金流入）、自筹基金②。如图5.1所示，我国城市基础设施建设资金收入分配的情况可见各类金融资金投入基础设施建设所占比例，其中包括财政投入、市场融资及其他来源。我国财政投入呈波动下降趋势，但2002—2007年，财政投入有小幅度上升，但投入比例不超过50%。2006—2014年城市维护建设资金收入分配（图5.2）可见，财政投入中，以市财政资金与其他财政资金为主，并呈现上升趋势。如图5.3所示，2009—2014年，财政投入基本保持平稳，占总资金投入的20%~35%；市场融资呈上升趋势，并在21世纪初超过财政投入，成为我国城镇化基础设施资金的主要来源，在2009年后，一直保持在50%以上，大部分资金支持源于市场融资。

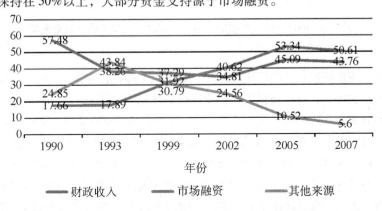

图5.1　1990—2007年我国城市基础设施建设资金收入分配

数据来源：2000—2008年中国城市建设统计年鉴。

---

① 赵剑锋. 新型城镇化导向下的基础设施融资模式变革探讨 [J]. 商业研究，2014，56（7）：66-72.

② JERRY Z，CHENXING C. Funding China's Urban Infrastructure：Revenue Structure and Financing [J]. Public Finance and Management，2011，11（3）：284-305.

图 5.2　2007—2014 年我国城市基础设施建设资金收入分配

数据来源：EPS 数据库。

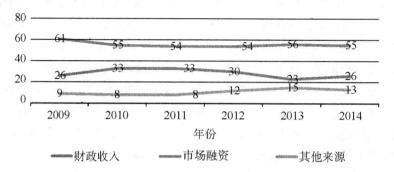

图 5.3　2009—2014 年我国城市公用设施建设固定投资资金来源

数据来源：万得资讯。

我国新型城镇化基础设施建设资金支持主要源于市场融资，其中市场融资主要包括国内贷款（市政债券、商业银行贷款）、其他债券、自筹基金、国外资本和股票等方式。由图 5.3 可见，以上几种市场融资方式中，国内贷款比重逐年上升。其中，在 2005 年占城镇化基础设施建设各类金融资产融资的比重最大，超过 60%，之后在 2009—2014 年，一直保持在 50% 上下；自筹资金在1990—2005 年比重逐年下降，对基础设施的贡献越来越小，2009—2015 年逐渐回升，占总金融资产比重的一半；外国资本与发行股票融资相对国内贷款、自筹基金占比较低（见图 5.4），2000—2005 年各年均小于金融资产融资总体的 5%。

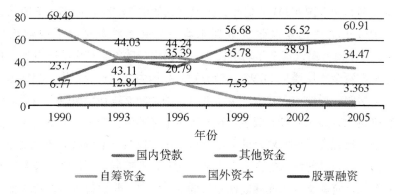

图 5.4　1990—2005 年各类金融资产占市场融资比例

数据来源：2000—2008 年中国城市建设统计年鉴。

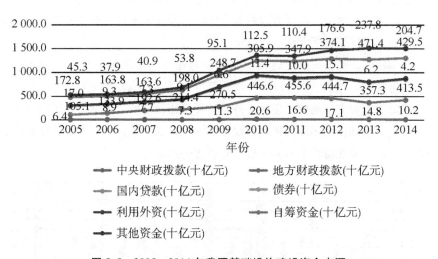

图 5.5　2005—2014 年我国基础设施建设资金来源

数据来源：EPS 数据库。

根据《中国城乡建设统计年鉴 2014》和万得数据库数据资源①，2014 年当年（不计上年资金结余）全国城市市政设施融资总额为 16 054 亿元，资金主要来源为地方政府财政、银行贷款及自筹资金，这三方面资金来源占城镇化融资总额的 92.5%②。其中，地方财政拨款 4 135.2 亿元，占融资总额的 26%，同比增加 16%；国内贷款 4 383.1 亿元，占融资总额的 27%，同比增加 4%；

---

①　住房和城乡建设部. 2014 年城乡建设统计公报［R/OL］. (2015-07-03)［2016-04-19］. http：//www. mohurd. gov. cn/wjfb/201507/t20150703_ 222769. html.

②　数据来源于 Winds 数据库.

自筹资金和其他来源 6 341.4 亿元，占融资总额的 39.5%。如图 5.5 所示，从 2004—2014 年城镇化建设融资数据来看，城镇化融资总额年均增长率为 24.5%，其中地方财政资金年均增长 34%，国内贷款资金年均增长 20%，自筹及其他来源资金年均增长 24.9%。地方财政和国内贷款资金年增长幅度远高于自筹资金增幅，说明地方政府"实际负担"的金融支持新型城镇化融资渠道中作用越来越大，而民间自筹资金占比呈逐步下降趋势。加之，考虑到国内贷款主要由地方投融资平台所取得的金融支持，地方投融资平台以土地为支撑，依照相应的标准以划转注入的方式将土地、国有资产控股、国债收入等类型的资产来获取银行贷款支持，或通过证券市场发行股票、建设债券和投资基金等有价证券借道资本市场，开展融资租赁、项目融资、信托私募等方式融资，其实质的投融资主体还是地方政府（见图 5.6）。随着地方政府负债规模逐渐扩大，债务风险也随之增大，以地方政府为主体的融资方式不具有可持续性，基础设施建设资金支持结构多元化亟待解决。

综上所述，新型城镇化进程中基础设施建设资金来源虽然以市场融资为主，但是其结构仍然以平台融资和商业贷款为主，以地方政府为主体的土地融资方式处于绝对支配地位，金融支持基础设施建设结构较为单一，风险逐步暴露并扩大，基础设施建设市场化建设仍需深入，以市场为主的多渠道融资机制尚未完善，金融支持体系多元化建设有待进一步完善。

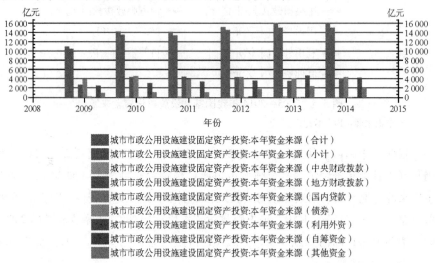

图 5.6 2008—2014 年城市市政公共设施建设固定资产投资资金来源

数据来源：万得资讯。

5.2.3　新型城镇化进程中我国城市基础设施建设融资模式评析

5.2.3.1　传统融资方式

我国新型城镇化进程中基础设施传统融资方式主要分为以下四种：

（1）政府财政支持。

长期以来，财政支持是基础设施建设中的重要资金来源，主要投资于非经营项目，在弥补民间资本不足的同时，发挥政府在社会公共利益实现过程中的重要作用。但是，相对于庞大的基础设施建设资金需求，有限的政府财力存在很大的局限性。

（2）政策性银行支持。

政策性融资是以政府信用为担保，政策性银行对基础设施项目提供的金融支持，以国家开发银行政策性银行支持为主。国家开发银行主要以国民经济发展的战略目标和发展方向为准则，以国家信用为基础，遵守金融规则，利用各种金融工具，通过征发市场债务来筹集和引导境内外资金为国家基础设施和高新技术产业等重点建设项目提供金融支持。截至 2007 年年底，国家开发银行的信贷业务贷款余额为 22 616.8 亿元人民币，其中，对基础设施、基础产业和支柱产业领域贷款余额 22 301.6 亿元人民币，占全部贷款余额的 98.61%[①]。虽然政策性金融支持的融资成本低且风险小，但其适用面窄，也有一定的规模限制。

（3）商业银行贷款支持。

商业银行贷款具有资金量充足、使用灵活和对信用良好、稳定现金流项目更有偏好的特点，但是由于基础设施贷款期限长、回收慢和利润低等，不符合商业银行注重流动性的利润最大化经营理念。加之，如果对基础设施建设大量放贷，银行的短期负债与长期银行资产就会存在期限不匹配，那么商业银行对基础设施项目提供长期贷款的意愿就较小。

（4）产业投资基金支持。

我国产业投资基金依据 2005 年颁布的《产业投资基金试点管理办法》，主要通过向多数投资者发行基金份额设立基金公司，由基金公司自任基金管理人或另行委托基金管理人管理基金资产，委托基金托管人托管基金资产，从事

---

① 崔国清. 中国城市基础设施建设融资模式研究［D/OL］. 天津：天津财经大学，2009［2016-03-25］. http://kns.cnki.net/KCMS/detail/detail.aspx? dbcode = CDFD&dbname = CDFD0911&filename = 2009114320. nh&v = MzIwNDM3RjdLNUd0OTE9yNUViUElSOGVYMUx1eFlTN0RoMVQzcVRyV00xRnJJDVVI3cWZZZdWRzRkNuZ1ZielBWMTI = .

创业投资、企业重组投资和基础设施投资等实业投资。其实质是形成对未上市企业进行股权投资和提供经营管理服务的利益共享、风险共担的集合投资制度。产业投资基金包括创业投资基金、企业重组投资基金和基础设施投资基金三种，价值产业投资基金具有规模大、投资周期长和只与项目盈利相关并没有硬性的利息负担的融资成本较低的特点，成为基础设施建设中重要的金融支持方式。

（5）通过资本市场获取金融支持。

随着基础设施市场化融资的发展，通过资本市场的直接融资将成为非纯公益性基础设施项目重要的筹集渠道，融资工具具有多样性，如发行债券、上市融资、资产证券化、信托和融资租赁等。企业债券是资本市场融资的工具之一，是企业依照法定程序公开发行并约定在一定期限内还本付息的有价证券。通过权益型融资工具在股票市场融资也是市场融资的方式之一，权益型融资工具成为基础设施市场化改革深化和技术更新背景下的大势所趋的潜在市场融资工具。

大量城市基础设施建设的投融资平台成立并依靠政府信用，发行企业债券融资。这已成为一种重要的债权型融资方式。目前，地方政府融资平台融资多以国有土地使用权作为担保，以土地融资为主，利用资本市场进行直接融资获取资金。但是，土地融资具有不可持续性，随着土地收益下降，地方融资平台还款压力激增。加之，地方融资平台的资金主要投放于纯公益项目、半公益项目和非公益项目，目前大部分融资平台贷款是投向了公益项目和半公益项目，融资平台的收入不稳定，盈利能力弱，财务状况堪忧，借新还旧和债务逾期情况严重，债务违约风险加大。在利用投融资平台融资对基础设施建设进行金融支持的同时，对其风险的防控是不可忽视的重点。

5.2.3.2 项目融资方式

一般地，具有稳定现金流的大型基础设施项目常采用项目融资的方式，即以某种特定项目的预期收益或者权益及资产作为抵押来获取一种无追索权或有限追索权的融资模式，适用于准公共物品，以机场、铁路等为代表性。项目融资模式主要为了引导民间资本参与城市基础设施建设，并派生出 BOT、TOT、PPP 等新型项目融资模式，实现民间资本弥补财政资金不足的新模式。由于项目融资方式可以弥补财政预算不足、减轻财政负担和有效分散投资风险，加之在提高资金使用效率的同时提高项目运作效率，这种模式在 20 世纪 90 年代被广泛运用，发展中国家发展尤为迅速。其具体主要的项目融资模式，有以下三种：

（1）BOT 融资模式。

BOT 是政府与项目公司签订特许权协议，协议中对特许期进行约定，由项目公司负责筹集资金和建设基础设施项目，在特许期间项目公司拥有该项目，负责运营和维护设施，并通过提供产品或收取服务费用回收投资、偿还债务并获取合理利润。到期后，项目无偿移交给政府部门，见图 5.7。该种模式包括典型的 BOT 模式（建设—经营—转让），也包括 BOOT（建设—拥有—经营—转让）和 BOO（建设—拥有—经营）模式。

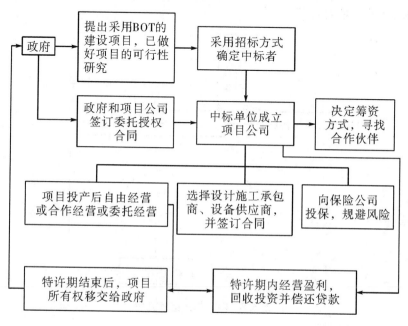

图 5.7　基础设施项目 BOT 运营流程

（2）TOT 融资模式。

TOT 模式是指政府部门将已经建设完毕的基础设施项目的一定期限内的所有权和经营权有偿转让给投资人，由其负责经营管理。在期限内，投资人可以通过经营设施收回全部投资并获得合理的回报，期满后再交回给政府部门，是BOT 的新发展。该模式不仅可以盘活基础设施存量项目，也可以为政府建设新项目提供资金支持。1993 年辽宁沈海电厂将一部分股权转让给香港汇胜集团是我国第一个 TOT 代表案例。

（3）PPP 融资模式。

政府部门的社会经济目标是通过投资实现社会经济效益最大化，私营部门的投资目标是寻找具有稳定收益可偿还贷款并获取收益的项目。PPP 模式因其

"公私合作"的特点，可以通过政府的扶持直接提高项目收益，有效地将二者目标进行结合。PPP模式是通过政府与民营企业签订合作协议，授权民营企业替政府建设、运营和管理基础设施项目，通过一定的双方合作机制与政府部门共担项目风险和共享收益，具体运营流程如图5.8所示。这种模式不仅有效地利用了民间资本，也引进了私营企业的优势技术，在改革了管理模式的同时，也转移了一部分项目风险。北京地铁四号线建设项目是我国PPP模式的成功案例，该项目不仅成功引导社会资本进入基础设施建设领域，又提高了项目管理水平和资金使用效率①。

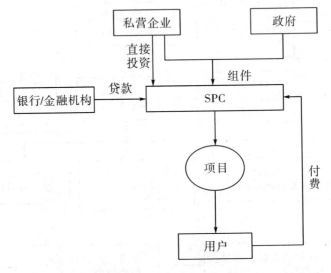

图 5.8　PPP 模式运营流程

5.3　我国新型城镇化进程中城镇基础设施建设的投融资缺口分析

5.3.1　测算视角及范围

新型城镇化要求城镇化水平提高的同时，城镇化质量也应随之提高。城镇基础设施的建设和完善是城镇化水平提高的必要前提，其融资需求是金融支持新型城镇化建设的重要组成部分。就城镇基础设施建设融资供给来看，基础设

---

① 岳文海. 我国城镇化基础设施融资模式研究 [J]. 中州学刊, 2013 (10): 48-50.

施由于其经济属性的差异，其资金供给主体以政府为主，其他社会资本为辅。政府资金供给无法满足城镇基础设施建设时，必然要求金融对新型城镇化进程中城镇基础设施建设的支持。

结合新型城镇化对保持财政和金融可持续性的要求，在政府债务限制条件下，本书在测算融资缺口时主要以政府及其所属机构为融资供给主体，供给方式包括财政供给和金融供给。在测算融资需求时，其测算范围与供给范围一致。

5.3.2 测算方法

本书借鉴国务院发展研究中心金融研究所朱明鸿和陈道富[①]测算新型城镇化融资缺口的方法，对新型城镇化进程中城镇基础设施融资缺口进行测算，采用静态测算，以 2014 年不变价，不考虑 2015—2020 年的价格因素。

5.3.3 新型城镇化进程中城市基础设施建设融资需求测算

在指标选择方面，本书选取我国城镇基础设施投资总额作为测算指标，统计口径为城市、县城和乡镇市政基础设施投资三者之和。在测算方法方面，本书选用弹性系数法。主要测算思路为：首先，确定弹性系数。根据 2005 年至 2014 年十年数据，计算城镇化率每提高一个百分点所对应带来的城镇基础设施投资额。其次，估算 2015 年至 2020 年城镇化率提升幅度。最后，将以上两步骤的估算结果相乘，得出城镇基础设施投资需求的估算结果。

根据表 5.1 数据计算得出，我国城镇市政基础设施投资额对城镇化率的弹性系数为 9.170 2，自 2015 年起，截至 2020 年年底，我国城镇化率应到达 60%，随之，我国城镇基础设施融资需求累积量约为 138 429 亿元，各年具体融资需求见表 5.1。

表 5.1 我国 2014—2020 年城镇基础设施建设融资需求

年份	城镇化率/%	我国城镇基础设施建设融资需求/亿元
2014	0.544 10	19 949.95
2015	0.556 14	19 438.25
2016	0.567 78	20 990.52

---

① 陈道富，朱鸿鸣. 中国 2013—2020 年新型城镇化融资缺口测算 [N]. 中国经济时报，2014-12-04 (5).

表5.1(续)

年份	城镇化率/%	我国城镇基础设施建设融资需求/亿元
2017	0.567 81	20 998.01
2018	0.579 74	23 294.08
2019	0.591 92	25 894.71
2020	0.600 00	27 813.92

数据来源：由 EPS 数据库数据整理和计算得出。

5.3.4 新型城镇化进程中城镇基础设施建设融资供给测算

在现有体制不发生重大调整的假设下，广义财政收入供给和金融供给是城镇基础设施融资供给测算的两大主要考虑因素。其中，广义财政收入供给细分为公共财政收入供给、政府性基金收入供给和国有资本经营收益供给三部分。

（1）公共财政收入供给能力的测算。

首先，假设宏观税负不变、广义财政收入结构不变且财政收入与 GDP 比值保持 2014 年的 22% 比值，GDP 增速采用"中国经济十年展望"课题组预测数据，测算 2015—2020 年财政收入。其次，假设财政赤字水平与 2014 年的 2.2% 持平，测算 2015—2020 年财政赤字并计算财政支出。最后，计算财政支出中城镇基础设施建设的比重及其平均增速，进而计算公共财政对基础设施建设的供给能力。我国 2014—2020 年城镇基础设施建设财政供给测算数据见表 5.2。

表 5.2　我国 2014—2020 年城镇基础设施建设财政供给测算

单位：亿元

年份	GDP	财政支出	城镇基础设施建设财政供给
2014	643 974.00	151 785.56	5 914.05
2015	685 506.00	175 877.77	6 083.20
2016	736 233.44	187 755.21	6 494.01
2017	787 033.55	189 675.09	6 560.42
2018	840 551.83	202 572.99	7 006.52
2019	896 868.81	216 145.38	7 475.96
2020	955 165.28	230 194.83	7 961.90

数据来源：由 EPS 数据库数据整理和计算得出。

（2）政府性基金收入供给能力的测算。

政府性基金收入供给能力的测算主要是土地出让收入部分，此外，由于城市基础设施配套费收入和城市公用事业附加收入等其他政府性基金收入也对城镇基础设施建设具有资金供给能力，同样纳入测算统计口径。表5.3为我国2014—2020年城镇基础设施政府性基金收入供给测算数据。假设宏观税负不变且广义财政收入结构不变，估算以土地出让收入为主的政府性基金收入。进而，测算该部分收入中用于城镇基础设施建设的比重。最后，估算出城镇基础设施建设政府性基金收入供给能力。

表5.3　我国2014—2020年城镇基础设施建设政府性基金收入供给测算

单位：亿元

年份	政府性基金收入	城镇基础设施建设政府性基金收入供给
2014	43 223. 01	1 684. 105 2
2015	33 092. 21	1 144. 581 9
2016	37 956. 46	1 312. 824 9
2017	40 160. 931 69	1 389. 072 4
2018	42 493. 436 8	1 469. 748 2
2019	44 961. 411 37	1 555. 109 7
2020	47 572. 723 35	1 645. 428 8

数据来源：由 EPS 数据库数据整理和计算得出。

（3）国有资本经营收益供给能力的测算。

首先，相较于我国国有资本经营收益在其收益用途不发生重大变更的前提下，估算国有资本经营收益。其次，测算该部分收入中用于城镇基础设施建设的比重。最后，估算出城镇基础设施建设国有资本经营收益供给能力。表5.4为我国2014—2020年城镇基础设施建设国有资本经营收益供给测算数据。

表5.4　我国2014—2020年城镇基础设施建设国有资本经营收益供给测算

单位：亿元

年份	国有资本经营收益	城镇基础设施建设国有资本经营收益供给
2014	2 007. 590 0	186. 491 5
2015	2 550. 980 0	177. 656 6
2016	2 608. 950 0	165. 930 8

表5.4(续)

年份	国有资本经营收益	城镇基础设施建设国有资本经营收益供给
2017	2 668. 237 3	169. 701 5
2018	2 728. 872 0	173. 557 9
2019	2 790. 884 5	177. 502 0
2020	2 854. 306 2	181. 535 6

数据来源：由 EPS 数据库数据整理和计算得出。

（4）金融供给能力测算。

金融供给能力的测算，一般可分为"分总式—供给侧"和"总量式—需求侧"两种方法。第一种方法是在测算步骤上首先分别预测如银行贷款、地方政府债、城投债、信托融资等各类融资方式的供给能力，然后加总得出整个金融体系对新型城镇化进程中城镇基础设施建设的供给能力。该方法是在金融发展背景下对供给空间的测算，侧重于供给侧。第二种方法是在财政金融可持续约束下对负债空间或需求空间的测算，侧重于需求侧的测算，在测算步骤上省略对各融资方式供给能力的测算，直接对金融体系的总供给能力进行测算。

"分总式"是对各类融资方式供给能力的测算，但是各方式之间替代性较强，并且在对重复计算部分的提出时无法保证其准确性。加之，"分总式"对供给能力的测算并未考虑财政金融的可持续性，将实际金融供给能力受宏观因素影响高估的部分包含在内，测算结果存在高估。因此，本书在金融供给能力测算时选择"总量式"方法。

测算步骤主要分为以下三步：测算地方政府综合财力；选择财政金融可持续性标准，测算该标准下地方政府性债务上限和举债空间；根据地方政府性债务中用于城镇基础设施建设的比重，测算对新型城镇化进程中城镇基础设施建设的金融供给能力。

第一，测算地方政府综合财力。本书对地方政府综合财力统计口径采用公共预算及转移、基金收入及转移和国有资产经营预算收入三者之和。在对2015—2020 年地方政府综合财力进行测算时，在我国宏观税负和财政收入结构不变的前提下，以 2014 年地方政府为基础，测算 2015—2020 年我国地方政府综合财力，具体数值见表 5.5。

第二，测算地方政府债务上限和举债空间。在衡量财政金融可持续性时，基于数据可得性和指标适用性两方面，本书选择债务率（债务率＝地方政府性债务/地方政府综合财力）这一具有长期性的指标作为衡量财政金融可持续性的标准。虽然国际货币基金组织设定 90% ~ 150% 为地方政府债务率参考值，但是我国政府债务结构与国际其他国际存在不同。加之，我国地方政府综合财力以土地收入为主，但是土地收入可持续性具有不确定性，结合我国近 5 年政府债务率，本书设定 80% 债务率是财政金融可持续视角下地方政府负债的合理上限。根据 2013 年审计署数据，我国地方政府债务余额由政府负有偿债责任的债务余额约为 15.89 亿元。基于 80% 的地方政府债务率上限，地方政府债务上限为地方政府综合财力的 80%，每年举债空间则为当年债务上限与年初债务的差额，其中假设地方政府债务余额均达到上一年的债务上限。经测算，2014—2020 年我国地方政府举债空间如表 5.5 所示。

第三，我国城镇基础设施建设金融供给测算为地方政府举债空间与其用于城镇基础设施建设之积。由此，我国新型城镇化进程中城镇基础设施金融供给 2014—2020 年累积额约为 3 000 亿元，每年金融供给量如表 5.5 所示。

表 5.5　我国 2014—2020 年我国城镇基础设施金融供给测算

单位：亿元

年份	地方政府综合财力	地方政府举债空间	金融供给
2014	179 333.160 0	7 410.198	384.966 3
2015	178 488.630 0	−506.718	−23.368 2
2016	191 287.200 0	7 679.142	354.138 0
2017	205 003.494 5	8 229.776 718	379.531 5
2018	219 703.319 2	8 819.894 83	406.745 9
2019	235 457.198 4	9 452.327 503	435.911 7
2020	252 340.713 3	10 130.108 91	467.168 9

数据来源：由 EPS 数据库数据整理和计算得出。

5.3.5　我国新型城镇化进程中城镇基础设施融资缺口分析

经过测算，2014—2020 年，我国新型城镇化进程中对城镇基础设施融资需求分别为 19 949.95 亿元、19 438.25 亿元、20 990.52 亿元、20 998.01 亿元、23 294.08 亿元、25 894.71 亿元和 27 813.92 亿元，累计达 158 379.44 亿元。政府及其所属机构对其的静态融资供给能力分别为 8 169.61 亿元、7 382.07 亿元、8 326.90 亿元、8 498.72 亿元、9 056.57 亿元、9 644.48 亿元和 10 256.03 亿元，累计量为 61 334.40 亿元。在 80% 的政府债务率限制下，我国新型城镇化进程中城镇基础设施静态融资缺口 2014—2020 年累积量约达

10 万亿元（见表 5.6）。

新型城镇化的核心是人的城镇化，不仅对城镇市政基础设施具有均等化的要求，对设计公共服务均等化的社会性基础设施的建设（如保障性住房、教育、社会保障等）具有同样的要求和标准。本书仅以城镇市政基础设施为统计口径对我国新型城镇化进程中基础设施融资缺口进行测算，金额已高达 10 万亿元，加之未计入本书统计的社会性基础设施的部分，我国新型城镇化进程中基础设施的融资缺口规模将远超 10 万亿元。

由此可见，为推进我国新型城镇化建设和完善城镇基础设施建设，以政府及其所属机构为融资主体的投资规模远远不足，原有城镇化建设主要依赖财政、土地的投融资体制弊端已显现，难以持续，鼓励引入民间资本、构建多元化城镇基础设施建设融资体系势在必行。

表 5.6　我国 2014—2020 年我国城镇基础设施金融支持静态缺口测算

单位：亿元

年份	融资需求	融资供给	融资缺口
2014	19 949.950 0	8 169.613 05	11 780.336 95
2015	19 438.250 0	7 382.070 251	12 056.179 75
2016	20 990.520 0	8 326.903 708	12 663.616 29
2017	20 998.010 0	8 498.725 459	12 499.284 54
2018	23 294.080 0	9 056.572 06	14 237.507 94
2019	25 894.710 0	9 644.483 477	16 250.226 52
2020	27 813.920 0	10 256.033 34	17 557.886 66
合计	158 379.440 0	61 334.401 34	97 045.038 66

6 金融支持新型城镇化进程中农业转移人口就业质量提升的影响因素分析

　　"以人为本"是新型城镇化的关键，农业转移人口市民化是新型城镇化的重点，就业是农业转移人口在城市非农产业就业获得收入，转换角色享受均等的社会服务，进而融入城市居民的重要物质基础。经过40余年的改革开放，国内经济体制的变革与农业技术的提升使得第一产业的过剩生产力得以释放，成千上万的农业转移人口从四面八方涌向了较为发达的城市和城镇。巨大的"人口红利"伴随着"民工潮"的涌动而不断释放，有力助推了我国的城市建设和第二、第三产业的发展。但是在国内外经济下行压力增大的背景下，在供给侧结构性改革不断深入的过程中，我国农业转移人口面临产业结构调整带来的就业转型的挑战，其就业质量低下的问题日益突出，也不利于农业转移人口市民化的推进。因此金融支持新型城镇化的着力点之一就是金融支持农业转移人口就业质量提升。

6.1 新型城镇化进程中金融支持农业转移人口就业的理论分析

　　在新型城镇化的过程中，金融主要从提升农业转移人口个人禀赋和促进农业转移人口就业的企业发展两方面来改善农业转移人口就业质量。农业转移人口个人禀赋包括农业转移人口的人力资本和其在农村的土地禀赋。在新型城镇化过程中，农业转移人口的人力资本积累决定了农业转移人口的就业质量，在农村的土地禀赋的资本化可以解决部分农业剩余劳动力兼业经营的问题，使其有动力和资金提高人力资本积累，提高就业质量。

6.1.1 人力资本影响农业转移人口就业的理论基础

亚当·斯密曾在《国富论》中明确指出了人的才能是经济增长的源泉。此后舒尔茨整理创立了系统的人力资本理论。该理论将现代社会的资本分为人力和物力资本两种，指出投资人力资本带来的收益大于物力资本，强调人力资本积累能促进社会财富。其中，教育投资是人力资本积累的重要途径。教育投资包括正规教育和职业技术培训等，教育可以使收入分配趋于公平，能有效提高劳动者质量，解决劳动者贫困问题。

农业转移人口原本较为低下的受教育程度和综合水平直接导致其只能从事一些收入较低的"脏、累、差"的工作。虽然他们为城市建设做出了很大的贡献，但仍由于收入原因处于社会底层，难以真正融入城市。根据人力资本理论，通过职业教育培训可以实现农业转移人口劳动者质量的提升，即提升其个人禀赋，主要指他们的综合素质和职业技能两个方面。职业技能培训对于增强其职业转换能力、改善就业、进而增加收入，提高其对城市生活的适应能力具有极其重要的意义。

6.1.2 土地禀赋影响农业转移人口就业的理论基础

从劳动力转移的理论来看，斯加斯塔德（L. A. Sjaastad，1962）在分析和研究劳动力迁移行为时，引入了"成本-收益"理论。该学者认为最大限度地创造一生职业的实际净收入，是迁移者选择迁移的最终目的。迁移决策是一种投资策略，农业转移人口在农村的土地禀赋转换的成本和收益是其迁移决策的重要组成部分。土地禀赋转换就是农业转移人口的土地流转①。土地流转是农业转移人口基于农村土地使用权处分承包耕地和宅基地的一种法律行为，是农业转移人口通过流转土地获取对价收益的重要途径。

农业转移人口的土地禀赋涉及了耕地和宅基地两个方面。由于我国家庭联产承包责任制度的存在，耕地禀赋资本化效率低，农村剩余劳动力一旦选择永久性地离开农村，则意味着放弃了从土地获得的收入。宅基地禀赋转换也存在诸多限制，此前我国严格限制农村宅基地流转，禁止农村宅基地向农村集体外的个人或机构流转。高昂的永久性迁移成本使得农村剩余劳动力更倾向于兼业

---

① 张雷. 土地流转影响农民工市民化的机制研究 [D/OL]. 西北大学，2017 [2018-06-28]. http://kns. cnki. net/KCMS/detail/detail. aspx? dbcode = CDFD&dbname = CDFDLAST2018&filename = 1017270090. nh&v = MjQ5OTZyV00xRnJJDVVI3cWZZdWRzRnl2bVZidkxWRjI2R2JHL0hOSEZyNUViUEl SOGVYMUx1eFlTN0RoMVQzcVQ =.

经营式的迁移，而不是永久性迁移，以避免耕地价值的损失和宅基地社会保障功能的损失。土地禀赋转换不畅带来的兼业经营方式导致农业转移人口无法从实质上实现职业转化。

国内学者的研究也得出了类似结论。蔡昉①等（2006）认为土地流转不畅强化了土地的保障功能，促使农户对土地的劳作生产，局限于维持最低生活需求的经济活动。传统的"小农经营"、日益缩小的农业生产规模以及缺乏有效流转的土地制度，共同导致了农业生产的副业化现象和农业转移人口兼业经营方式。农业转移人口多数采取"农忙回乡务农，农闲进城务工"的兼业经营模式（张林山，2013）②。尽管这种模式能满足农业转移人口在现行体制下的权益最大化，却无法有效提高耕地利用效率，也无法增加农产品市场供给，相反会增加农业转移人口市民化的机会成本（吕文静，2014）③。陶然、曹广忠④（2008）指出在现行农村土地制度安排下，耕地流转受阻，一方面造成了耕地租赁市场处于低效率运行状态，另一方面，农业剩余劳动力兼业经营、不彻底转移现象随之出现，耕地作为部分农户生活保障时，可能会对其他农户通过土地脱贫和增收造成阻碍。傅晨、任辉⑤（2014）认为耕地承包经营权是农户家庭重要的财产权利，如果耕地流转不畅，无法实现耕地产权资本化，农业转移人口无法通过流转耕地获得资本支持将对其市民化产生严重阻碍。徐美银⑥（2016）研究认为，农业转移人口要实现身份转化，从农民转变为市民，客观要求其具备一定的财产积累。但事实上，农业转移人口极其缺乏财产性收入。耕地作为农业重要的生产要素和土地资源，其经营权是农户家庭重要的财产权利。但当前农村土地制度中对耕地产权制度的过多限制，制约了耕地顺畅流转（刘守英，2014）⑦，妨碍了耕地价值的充分发挥，限制了农业转移人口财产性收入增长，使得农业转移人口非农就业和就业质量提升的物质基础薄弱。

---

① 蔡昉. 农村发展与增加农民收入 [M]. 北京：中国劳动社会保障出版社，2006.

② 张林山. 农民市民化过程中土地财产权的保护和实现 [J]. 宏观经济研究，2011（2）：13-17，41.

③ 吕文静. 论我国新型城镇化、农村劳动力转移与农民工市民化的困境与政策保障 [J]. 农业现代化研究，2014，35（1）：57-61.

④ 陶然，曹广忠. "空间城镇化""人口城镇化"的不匹配与政策组合应对 [J]. 改革，2008（10）：45-49.

⑤ 傅晨，任辉. 农业转移人口市民化背景下农村土地制度创新的机理：一个分析框架 [J]. 经济学家，2014（3）：74-83.

⑥ 徐美银. 农民工市民化与农村土地流转的互动关系研究 [J]. 社会科学，2016（1）：42-51.

⑦ 刘守英. 中国土地制度改革的方向与途径 [J]. 上海国土资源，2014，35（1）：1-8.

傅伯仁等[1]（2010）提出由于耕地流转的价值低廉，农业转移人口从耕地流转中获取的收益较低，不仅降低农业转移人口流转耕地的意愿，严重阻碍了农业转移人口摆脱与农业生产的联系，阻碍了农业转移人口通过耕地流转提高市民化能力的路径。于兴业等[2]（2013）研究指出，由于农业转移人口在退出土地使用权时无法获得相应的补偿资金，进而无法留在城镇从事非农产业，更无法定居城镇，只能往返于城乡之间。而从宅基地流转意愿来看，农业转移人口的非农就业技能与其宅基地流转意愿具有正相关关系。

6.2 新型城镇化进程中我国农业转移人口就业的概况

6.2.1 新型城镇化进程中我国农业转移人口就业及就业促进的现状

6.2.1.1 我国农业转移人口就业的现状

国家统计局从 2008 年开始对我国农业转移人口的就业状况等方面的情况进行了年度跟踪。整理相关数据可以发现（见表 6.1），2012—2016 年，我国农业转移人口在第二产业的就业比例不断下降，且降幅不断扩大；与此同时，我国农业转移人口第三产业的就业比例不断增加，并且增幅逐年扩大。我国农业转移人口总体就业在第二产业的占比相对第三产业较高，但在产业结构调整过程中第三产业就业增长势头强劲。

表 6.1　2012—2016 年我国农业转移人口就业分布及其变化

单位：%

年份	2012	2013		2014		2015		2016	
	比例	比例	增幅	比例	增幅	比例	增幅	比例	增幅
第二产业	57.1	56.8	-0.3	56.6	-0.2	55.1	-1.5	52.9	-2.2
第三产业	42.5	42.6	0.1	42.9	0.3	44.5	1.6	46.7	2.2

＊数据来源：国家统计局 2012—2016 年《全国农民工监测调查报告》整理。

从具体行业来看，吸纳农业转移人口较多的行业是制造、建筑、批发零

---

① 傅伯仁，李爱宗，张亮，等.我国农村劳动力转移问题的新变化及其对策 [J].农业现代化研究，2010，31（6）：660-664.
② 黄贻芳.农户参与宅基地退出的影响因素分析：以重庆市梁平县为例 [J].华中农业大学学报（社会科学版），2013（3）：36-41.

售、住宿餐饮、居民服务和其他服务以及交通运输、仓储和邮政行业。其中，制造业和建筑业属于第二产业，其余属于第三产业。一方面，2008—2016年，农业转移人口在制造业就业的比例尽管从2013年以来下降幅度减小，总体上仍呈下降趋势，农业转移人口在建筑业的就业比例在2013年前后发生了由升转降的突变，这两个行业的就业比例变化促成了2013年之后农业转移人口在第二产业就业的比例不断下降且增幅逐年扩大的结果；另一方面，第三产业中的农业转移人口主要就业行业在2008—2016年的农业转移人口就业比例总体上都呈上升趋势；这两方面的变化共同助推了我国农业转移人口就业增长主力由第二产业转为第三产业。

6.2.1.2　我国农业转移人口就业促进的现状

自2006年起，由人社部等多部门共同开展了"春风行动""再就业援助月活动""民营企业招聘"等丰富多样的就业帮扶行动，不断调整改进使得就业服务更契合农业转移人口的需要。就业就是最大的民生。党的十八大以来，围绕这一主线，政府将农业转移人口与大学生的就业问题摆在突出位置，努力改善就业环境。其中采取了包括建立健全失业登记制度、构建广泛应用的就业服务信息系统、长期坚持开展"春风行动"以促进劳企对接在内的多种形式。

根据统计局公布的数据，市场对有技术等级证书的劳动力需求占总需求的比重自2010年第四季度以来一直维持在50%以上（见图6.1），但各技术等级的岗位的劳动力需求一直大于供给，拥有职业技能对于改善就业的影响是显而易见的。

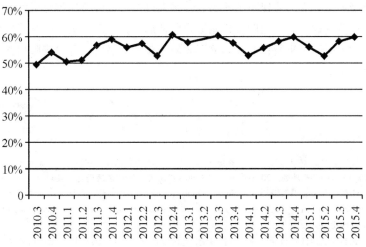

图6.1　2010年第四季度至2015年第四季度市场对技术人员需求情况

政府的财政支持在提高农业转移人口就业能力、改善其就业质量方面发挥了积极作用，政府组织的职业技能培训也覆盖了一部分有就业培训需要的群体。目前我国的职业技能培训在政府主导的模式下已经取得了一定成效。2017年政府补贴性职业培训达到1 700万人次，其中对农业转移人口（农业转移人口）政府补贴性培训超过800万人次。2016年全国就业培训中心数量达到了2 741个，民办培训机构数量达到了19 463所。全年参加各类职业培训人数达到了1 775万人，其中就业技能培训占54%，在岗技能提升培训占31%，创业培训占13%，其他培训占2%，并取得五年来培训农业转移人口超过1亿人次的成果。随着"双创"工作的推进，着力发展家政、物流等新业态，为农业转移人口提供更多就业机会，并且通过与外界开展更深入的合作，确保农业转移人口获得更多就业渠道与更多稳定岗位。

为了进一步分析我国农业转移人口就业促进工作中职业技能培训方面存在的问题，本书考虑到近几年西部吸纳农业转移人口的能力持续增强，而成都市作为西部劳务输出主力和城乡统筹试验区，其在开展农业转移人口就业促进工作时面临的问题具有一定的代表性，故选择成都市为案例进行具体分析①。

成都市职业技能培训中心连续三年稳定在320个以上，就业培训促进工作也取得了一定成效（见表6.2）。在就业促进政策方面，目前成都市促进农业转移人口技能培训的相关政策也与全国状况类似，包括：①职业技能培训补贴。根据成人社办发〔2011〕468号文件②的标准，对在获得认证的定点机构参加培训并通过职业技能鉴定的农业转移人口给予不同比例的补贴。②免费职业技能培训。享受失业保险金的农业转移人口可以报名参加政府组织的为期半个月的免费培训。③在岗职工技能提升性补贴。针对部分企业，在其自行或委托机构对在岗职工进行技能提升培训并使其获得证书后，可以按照相关规定申请补贴③。

---

①　数据源于成都市人力资源与社会保障局网站以及课题组于2015年5月在成都市人才市场（东西区）进行的问卷调查。2013年第二季度的数据缺失，用插值法进行了处理。

②　成都市人力资源与社会保障局. 职业培训（就业、鉴定）补贴申报办理指南（试行）［Z/OL］.（2015－04－16）［2026－03－24］. http：//www. chengdu. gov. cn/uploadfiles/08330302/20150416111928. doc.

③　成都市武侯区人力资源和社会保障局. 武侯区企业在岗职工技能提升性培训补贴实施细则（试行）［Z/OL］.（2014-08-26）［2016-04-13］. http：//english. cdwh. gov. cn/index. php/？cid=954&tid＝361742.

表 6.2　2011—2013 年成都市职业技能培训中心综合情况

年度		2011 年	2012 年	2013 年
机构个数		325	357	341
在职教职工人数	总人数	4 738	4 155	4 085
	教师	3 098	2 424	2 400
兼职教师人数		2 295	2 175	1 885
经费来源	总计	183 882	156 377	181 464
	财政补助费	8 711	3 689	2 885
	职业培训补贴	26 516	35 036	24 405
培训人数	总数	200 341	195 576	151 157
	女性	102 088	96 987	77 048
按培训对象分组	劳动预备制学员	1 092	2 940	1 752
	失业人员	21 557	25 516	14 195
	农村劳动者	89 835	88 540	55 192
	在职职工	42 183	38 987	44 994
	其他人员	45 674	39 593	35 024
按培训期限分组	六个月以下	176 638	161 967	136 857
	六个月至一年	16 621	24 702	9 169
	一年以上	7 082	8 907	5 131
结业人数		178 301	173 930	129 949
按获取证书分组	初级职业资格	50 586	52 913	44 688
	中级职业资格	50 303	37 384	29 640
	高级职业资格	6 648	3 725	4 065
	技师职业资格	151	150	175
	高级技师资格	15	0	27
就业人数		121 895	123 453	92 881

6.2.2 新型城镇化进程中我国农业转移人口就业促进存在的问题

6.2.2.1 我国农业转移人口职业技能培训存在的问题

目前我国农业转移人口的职业技能掌握情况不容乐观，2014年，我国农业转移人口中未接受过技能培训的农业转移人口占65.2%，制约了农业转移人口就业质量的提高。农业转移人口缺乏职业技能的原因在于农业转移人口职业技能培训的成本分担存在问题，农业转移人口和吸纳农业转移人口就业的企业缺少提高其职业技能的动力或能力。

按照《新型城镇化规划》提出的明确承担主体和责任的要求，在农业转移人口就业质量提升的过程中，就业涉及的职业技能培训等多项准公共产品的提供是需要由政府及其他社会主体共同参与的，应设立财政补贴为主、企业、职业培训机构等社会主体和农业转移人口共同分担的机制。

对于政府而言，由于职业技能培训作为一个准公共产品，农业转移人口就业的流动性使得职业培训对社会能产生明显的正的外部效应，所以农业转移人口职业培训的重要主体应该是地方和中央政府。地方政府进行职业技能培训补贴制度和职业资格证书制度的规范实施，并计算得出相关预算资金上报中央政府，中央政府通过设立专项资金进行转移支付来支持地方政府开展农业转移人口就业能力提升工作。目前政府承担了绝大部分的职业技能培训成本，从职业技能培训经费来源来看，政府组建的就业训练中心中，财政补贴和技能培训补贴占总经费的90%左右，而民办机构比例稍低，占30%~50%不等。

但企业和农业转移人口个人在职业技能培训的成本分担上明显存在不足。对于企业而言，企业在进行人力资本投资时受到了多方面的限制。一方面，我国大部分农业转移人口的文化水平并不高，在企业中从事的工作技术含量往往较低。企业看重的就是他们低廉的劳动力成本，没有动机去提升他们的就业能力。另一方面，吸纳农业转移人口较多的企业又大多是中小企业，在其发展过程中往往面临融资难的问题，没有能力去大规模提升在其中就业的农业转移人口的就业能力。

从农业转移人口自身来看，大部分的农业转移人口的学历水平在初中程度，教育的缺失导致他们具有一定的短视性，不愿意进行人力资本投资。加上农业转移人口自身收入水平的限制、土地禀赋资本化的不畅通和遭受到的金融排斥，即使是有意愿进行职业技能培训的农业转移人口，也没有足够的资金来参加职业技能培训。

农业转移人口职业技能培训多主体的成本分担机制的不健全必然导致职业

技能补贴经费覆盖面窄小、资金来源主要依赖于职业培训补贴和高技能人才培训占比较低等问题。

以成都市为例，补贴经费的覆盖面较窄小，主要表现在以下两个方面：①根据国家统计局成都调查队在 2014 年进行的抽样调查，2014 年成都市未参加过职业技能培训的农业转移人口人数占调查总人数的 40.2%①。以成都市 220 万人的农业转移人口规模进行估计，还有 88 万左右的农业转移人口没有享受到职业技能培训补贴。而 2015 年四个季度培训结业获得补贴资金的有 1 345 人，补贴金额共 125.22 万元；培训就业获得补贴资金的有 1 358 人，补贴金额共 65.694 万元；获得创业培训补贴的 32 人，金额为 2.88 万元。相对于 80 多万人的总体规模，目前的职业技能培训补贴的覆盖范围显得较为窄小。②对于在岗职工的技能提升性培训补贴的范围仅针对重点优势企业，而吸纳农业转移人口较多的中小企业不一定在其中。

课题组通过在人才市场进行的实地调查还发现了以下问题：①免费的职业技能培训的宣传不够到位；②对于农业转移人口的职业技能培训选择引导不足；③课程设置、就业培训项目更新缓慢，培训补助标准调整稍显滞后。

6.2.2.2 我国农业转移人口土地禀赋转换存在的问题

20 世纪 90 年代后，伴随着城镇化进程的不断推进，我国农村土地流转成为解决"三农"问题的重要内容。国家不断出台相关政策鼓励农户合法合理地参与土地流转，促进土地适度规模经营。但当前农村耕地制度存在产权模糊、保障功能强、流动性差、价值低估等问题。耕地产权不清晰造成农业转移人口流转耕地的收益降低，从而降低了农业转移人口的自身禀赋。宅基地流转存在非法、无序流转的问题并且宅基地流转方式受到较多限制，导致农业转移人口的宅基地资源配置无法优化。

首先，在耕地流转方面，当前我国耕地流转处于改革创新阶段，但仍然存在流转规模偏小、流转各方信息不对称、流转过程交易成本过高、流转后缺乏监督管理等问题，导致耕地无法顺畅流转，制约着农业转移人口在城市的稳定就业，造成农业转移人口缺乏非农就业改善的经济基础。

耕地流转规模偏小，严重制约着农业转移人口在城市从事非农就业，主要表现在耕地流转规模偏小，造成农业剩余劳动力转移减少。耕地流转规模偏小，造成耕地分散种植农产品，无法形成规模经营，农业劳动生产率无法提

① 顾丽.成都市农民工就业状况调查简析 [EB/OL]. (2015-04-09) [2016-05-11]. http://www.cddc.chengdu.gov.cn/detail.jsp?id=11561.

高。耕地流转规模偏小，耕地在较低的农业劳动生产率条件下生产经营，造成农业劳动力剩余不足。农业剩余劳动力短缺，造成农业转移人口仍然需要兼业经营，农闲时进入城市从事非农产业，农忙时回到农村继续从事农业生产。

耕地流转市场不健全，耕地流转各方在流转中信息不对称现象较多。由于拟流出耕地的农户难以获得耕地流转的充分信息，在选择流入经营主体时，做出的决策也难以实现利益最大化。在信息不对称的情况下，耕地流转价格很难真实反映耕地价值，流出耕地的农户很可能以较低的价格将耕地流转出去，使耕地流转收益受到损失。在交易过程中，耕地流转市场的不健全也表现在交易成本高，尤其是搜寻匹配信息和缔结合约的成本较高。

其次，在宅基地流转方面，宅基地的社会保障属性和流转限制降低了农业转移人口在城市购置住房的意愿和能力。宅基地流转制度限制较多导致农业转移人口流转宅基地缺乏制度保障，获取无偿、使用无期限的宅基地具有社会福利性，宅基地上的房屋为农业转移人口提供了住房保障，农业转移人口不敢在住房缺乏保障的情况下轻易地将宅基地流转出去，仍然依赖宅基地的福利性质在农村保有一块生存之地，宅基地的住房保障功能也得到强化，致使农业转移人口缺乏在城市购置房屋的迫切需求，也降低了农业转移人口在城市定居的意愿。

6.2.2.3　吸纳农业转移人口就业的企业发展存在的问题

改革开放以来，经过 40 余年的发展，中小企业在我国经济建设中居功至伟，为我国技术创新、充分就业、产业优化以及社会生活水平提升做出了巨大的贡献。我国中小企业为社会提供了近 80% 的就业岗位，在农业转移人口就业问题的解决上，中小企业无疑会发挥极为重要的作用，但融资难的问题严重制约了中小企业的发展。

首先，由于我国资本市场准入条件严格，中小企业依赖间接融资。我国的金融行业发展历史较短，资本市场发展相对滞后，因此为了便于监管和控制风险，对进入资本市场融资的企业在经营期限、经营规模以及盈利状况做了严格的限制。我国中小企业绝大部分无法满足资本市场的准入条件，几乎没有任何中小企业可以从资本市场上获得足够的融资。间接融资是目前我国中小企业的主要融资方式，但是大多数大型银行并不愿意向中小企业提供贷款，只有中小规模金融机构愿意向中小企业提供资金但条件也较为苛刻。总的来说，无论是资本市场还是银行信贷市场，中小企业的融资难度都较大，面临融资约束。2016 年，有 38.8% 的需要进行融资的中小企业反映融资需求不能满足。为中小企业提供融资占比最多的银行仍然是大型商业银行，其提供融资额已达

74 225亿元，占所有中小企业融资贷款的24%，其次分别是农村商业银行和城市商业银行，其比重分别可达19%和17%。然而由于中小企业自身的特点导致其难以获得足够的间接融资。目前我国中小企业中，初创企业占了绝大部分比例，存在着规模有限、组织机构缺失、公司的内部治理落后、财务制度不健全的问题。中小企业在进行外部融资时会由于企业规模小，信用等级不高，可用于贷款抵押的资产不够等原因，不能满足银行贷款的担保抵押要求；会由于企业财务状况不透明导致银行对其进行评估的成本较高，面临复杂的申贷程序和较长的审批周期；会由于中小企业的融资需求相对大企业具有"短、频、小"的特点，提高了银行对中小企业贷款进行风险控制和管理的成本，面临较高的贷款利率。

由于外部融资渠道单一加上资金成本高，所以遭到金融排斥的中小企业只有利用自身的内部融资来积累生产扩大资金。尽管中小企业的内部融资的资金成本及难度较低，但数量仍然有限，对企业后续的发展壮大提供支撑不足，这必将大大减缓中小企业的发展速度，使其吸纳农业转移人口的能力下降，阻碍农业转移人口就业质量的改善。

6.3 新型城镇化进程中农业转移人口就业影响因素的实证分析

新型城镇化过程中，农业转移人口就业的重点在于就业质量的提升，就业质量提升即从简单机械的体力劳动转化为需要一定职业技能的可替代性下降的劳动，在此过程中无疑会涉及职业转换。职业转换是指个体改变就业岗位或工作，包括横纵两个方面，横向上的职业技能转换是工作种类的变化，而纵向上的职业技能转换是提升原有工作内容的深度和广度[1]。因此课题组以职业转换能力来代表农业转移人口的就业质量提升的能力。

6.3.1 新型城镇化进程中农业转移人口职业转换能力影响因素的确定

Herr（1992）[2] 的研究结果表明，基本技能、解决问题的能力、人际关系

---

① 俞林，张路遥，许敏. 新型城镇化进程中新生代农民工职业转换能力驱动因素 [J]. 人口与经济，2016（6）：102-113.

② HERR E L. Counseling for Personal Flexibility in A Global Economy [J]. Educational and Vocational Guidance，1992，53：5-16.

协调能力、适应能力等特征可以影响个体的职业转换。Blau 等（1998）① 对医疗技术人员的研究发现，年龄对于个体的职业转换也有影响。参考已有的研究并结合实际情况，本书确定了个体特征、人力资本、升迁预期、收入及福利和新型城镇化六个影响因素。本书设计调查问卷考察新型城镇化进程中农业转移人口职业转换能力的影响因素，进行实地调研，然后运用 SEM 模型对调研问卷的结果进行分析。

6.3.2　新型城镇化进程中农业转移人口职业转换能力影响因素模型设计

6.3.2.1　理论依据与假设

（1）个体特征。

有若干研究学者的研究表明个体年龄对于工作转换有影响，随着年龄的提升，职业转换能力会下降（Blau，et al.，1998；朱宇 等，2005②；宋健，2012③；俞林 等，2015④）。并且男性转换职业的频率高于女性（朱宇 等，2005；俞林 等，2015）。

基于以往研究结论，本书提出关于个体特征与职业转换能力的假设。H1：农业转移人口个体特征会影响其职业转换能力。年龄与职业转换能力呈反向关系（H1a）；男性农业转移人口职业转换能力更强（H1b）；农业转移人口受教育程度越高，其职业转换能力越强（H1c）。

（2）人力资本。

在职业技能知识量与转换工作的频率的关系上研究者有不同的结果，有学者调查发现员工转换工作的频率与技能知识的提升呈正向关系（Campion，1994⑤），也有学者认为人力资本积累与职业转换呈现反向关系（宋健，2012），但都认同受教育经历和职业技能培训经历可以提高员工的职业转换能

① BLAU G, LUNZ M. Testing the Incremental Effect of Professional Commitment on Intent to Leave One's Profession beyond the Effects of External, Personal, and Work-related Variables [J]. Journal of Vocational Behavior, 1998, 52（2）: 260-269.

② 朱宇, 杨云彦, 王桂新, 等. 农民工: 一个跨越城乡的新兴群体 [J]. 人口研究, 2005（4）: 36-52.

③ 宋健, 白之羽. 城市青年的职业稳定性及其影响因素: 基于职业生涯发展阶段理论的实证研究 [J]. 人口研究, 2012, 36（6）: 46-56.

④ 俞林, 张路遥, 许敏. 新型城镇化进程中新生代农民工职业转换能力驱动因素 [J]. 人口与经济, 2016（06）: 102-113.

⑤ CAMPION M A, CHERASKIN L, STEVENS M J. Career-related Antecedents and Outcomes of Job Rotation [J]. Academy of Management Journal, 1994, 37（6）: 1518-1542.

力（宋健，2012；金迪 等，2014①；俞林 等，2015）

基于以往研究经验，本书提出人力资本投资与农业转移人口职业转换能力的假设。H2：农业转移人口的人力资本积累（继续教育或职业技能培训）对职业转换能力有正向作用。

（3）升迁预期。

员工从事某项职业，晋升机会越多就越愿意进行人力资本投资，包括继续教育和职业培训（金迪 等，2014；俞林 等，2015）。

基于以往研究经验，本书提出人力资本投资、升迁预期以及农业转移人口职业转换能力的两个假设。H3：升迁机会越大，就越倾向于提高职业转换能力。H4：升迁机会越大，就越愿意进行人力资本投资，如接受进一步的学历教育或接受职业技能培训。

（4）收入及福利。

员工职业转换能力与其工资和福利水平呈正向关系，收入水平和福利可以促进个体职业转换能力提升（Campion，1994②；Goodman etal.，1999③；李霓，2012④）。

基于以往研究经验，本书提出收入水平、职业转换能力与人力资本投资的假设。H5：就业后收入水平和福利等因素对农业转移人口职业转换能力具有正向作用。H6：人力资本投资对于就业后收入水平及福利具有正向作用。

（5）新型城镇化。

已有研究基本主张新型城镇化有利于提升职业转换能力。在新型城镇化背景下，出于适应市场环境变化带来的不确定性和不稳定性的增加的需要，农业转移人口会倾向于提升职业转换能力，通过职业转换实现市民化（谢俊贵，

---

① 金迪，蒋剑勇.基于社会嵌入理论的农民创业机理研究 [J].管理世界，2014（12）：180-181.

② CAMPIONM A, CHERASKI L, STEVENS M J. Career-related Antecedents and Outcomes of Job Rotation [J]. Academy of Management Journal, 1994, 37 (6)：1518-1542.

③ GOODMAN S A, SVYANTEK D J. Person-organization Fit and Contextual Performance：Do Shared Values Matter [J]. Journal of Vocational Behavior, 1999, 55 (2)：254-275.

④ 李霓.新生代农民工职业流动现状透视城乡统筹新动向 [J].成都大学学报（社会科学版），2012（4）：17-21.

2013①；单卓然 等，2013②；魏晨，2013③）。

基于以往研究经验，本书提出新型城镇化和农业转移人口职业转换能力的假设。H7：新型城镇化水平对农业转移人口职业转换能力具有正向作用。

6.3.2.2　理论假设模型

基于相关研究分析，本书对农业转移人口职业转换能力影响因素之间的关系进行了假设，进而构建了理论假设模型，如图6.2所示。

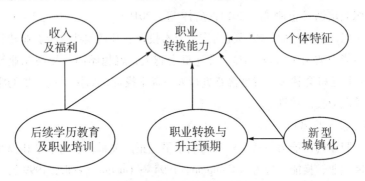

图6.2　新型城镇化背景下农业转移人口职业转换能力影响因素假设模型

在该假设模型中，农业转移人口的个体特征会对其职业转换能力产生影响，特别地，这一因素不能被纳入结构方程模型，因此在后续研究中通过差异性分析来验证这一假设是否成立；农业转移人口就业后收入及福利会对职业转换能力产生影响，同时就业后收入及福利会受到后续学历教育及职业培训的影响；农业转移人口的职业转换及升迁预期会对职业转换能力产生影响，同时新型城镇化会对预期产生影响。

6.3.2.3　研究方案设计

（1）变量及模型选择。

在研究新型城镇化背景下农业转移人口的职业转换能力驱动因素时，我们选择了农业转移人口个体特征、人力资本投资情况、升迁机会、收入水平及福利、新型城镇化水平六个潜变量，运用结构方程模型来对几个潜变量之间直接和间接的影响关系及误差进行测度。结构方程模型是一种因素分析和路径分析相结合的多因果统计分析技术。结构方程模型中的变量包括潜变量和观测变

①　谢俊贵.职业转换过程的职业社会学论析：基于失地农民职业转换的观察与思考［J］.广州大学学报（社会科学版），2013，12（5）：26-33.

②　单卓然，黄亚平.试论中国新型城镇化建设：战略调整、行动策略、绩效评估［J］.规划师，2013，29（4）：10-14.

③　魏晨.新生代农民工工作流动状况及其影响因素分析［J］.劳动经济，2013（5）：15-18.

量。能直接观测或直接收集到的是观测变量，潜变量则需要通过观测变量进行度量。一个潜变量如果可以作为其他潜变量的影响结果，则称为内生变量，否则称为外生变量。其中升迁机会、收入水平及福利两个潜变量是内生变量，其余为外生变量。

潜变量与观测变量的对应关系见表6.3。其中个体特征部分有4个观测变量，包含年龄、性别、受教育程度和婚姻状况；人力资本投资和升迁部分有7个观测变量；新型城镇化部分包括5个观测变量；收入水平及福利部分包含3个观测变量；职业转换能力部分包括3个观测变量。

表6.3 潜变量与观察变量对应关系

潜变量	观察变量（量表题项）
个体特征	年龄
	性别
	受教育水平
	婚姻状况
人力资本	学历教育
	就业培训
	在岗提升
	创新创业
升迁预期	就业中介
	扶持政策
	升迁机会
收入及福利	基本生活保障
	提高生活水平
	企业及社会福利
新型城镇化	户籍政策
	土地确权
	租、购房屋
	社保医保
	子女义务教育

表6.3(续)

潜变量	观察变量（量表题项）
	更适合的行业或岗位
职业转换能力	更高收入的行业或岗位
	更有发展空间的行业或岗位

（2）问卷设计与样本选取。

①问卷设计。本书在参考已有研究文献的基础上结合前期在人才市场的调研设计了调研问卷。设计的问卷采用五级里克特量表，共5个部分，22个题目。

②样本选取。考虑到云南、贵州、四川三省作为西部农业转移人口输出大省的现实背景，选择云南省昆明市、贵州省贵阳市和四川省成都市的农业转移人口群体作为调研对象。课题组共收集了有效样本406份，满足结构方程模型的样本量要求。被调查者基本信息具体见表6.4。

表6.4 被调查者基本信息描述分析

变量	分类	人数/人	百分比/%
性别	男	223	54.9
	女	183	45.1
年龄	18 岁以下	47	11.6
	18~25 岁	159	39.2
	26~35 岁	113	27.8
	36~45 岁	66	16.3
	45 岁以上	21	5.2
受教育水平	小学及以下	64	15.8
	初中	195	48.0
	高中（中专）	121	29.8
	大专及以上	26	6.4
婚姻状况	未婚	279	68.7
	已婚	127	31.3

6.3.3　新型城镇化进程中农业转移人口职业转换能力差异性分析

6.3.3.1　不同性别的农业转移人口在职业转换能力上的差异性分析

表6.5为不同性别的受访者在职业转换能力上的差异性分析。通过独立样本 T 检验，不同性别的受访者在职业转换能力上具有显著性差异，P 值小于 0.05，并且男性的得分大于女性的得分，即男性农业转移人口的职业转换能力更强。

表6.5　不同性别的受访者在职业转换能力上的差异性分析

	性别	N	Mean	SD	t	P
职业转换能力	男	223	3.707	0.921	2.722	0.007
	女	183	3.452	0.964		

6.3.3.2　不同年龄的农业转移人口在职业转换能力上的差异性分析

不同年龄的受访者在职业转换能力上的差异性分析见表6.6。通过单因素方差分析，不同年龄的受访者在职业转换能力上具有显著性差异，P 值小于 0.05，并且年轻人的得分较高，假设 H1a 成立。

表6.6　不同年龄的受访者在职业转换能力上的差异性分析

	年龄	N	Mean	SD	F	P
职业转换能力	18 岁以下	47	3.738	0.755	2.586	0.037
	18~25 岁	159	3.677	0.876		
	26~35 岁	113	3.625	0.976		
	36~45 岁	66	3.338	1.084		
	45 岁以上	21	3.238	1.101		

6.3.3.3　不同学历的农业转移人口在职业转换能力上的差异性分析

不同学历的受访者在职业转换能力上的差异性分析见表6.7。通过单因素方差分析，不同学历的受访者在职业转换能力上具有显著性差异，P 值小于 0.05，并且学历越高的受访者得分越高，假设 H1c 成立。

表 6.7　不同学历的受访者在职业转换能力上的差异性分析

	学历	N	Mean	SD	F	P
职业转换能力	小学及以下	64	3.359	1.126	3.151	0.025
	初中	195	3.559	0.954		
	高中(中专)	121	3.689	0.852		
	大专及以上	26	3.962	0.695		

6.3.3.4　不同婚姻状况的农业转移人口在职业转换能力上的差异性分析

不同婚姻状况的受访者在职业转换能力上的差异性分析见表6.8,通过单因素方差分析,不同婚姻状况的受访者在职业转换能力上不具有显著性差异,P 值大于 0.05,表明职业转换能力不会因为婚姻状况不同而有较大差异。

表 6.8　不同婚姻状况的受访者在职业转换能力上的差异性分析

	婚姻状况	N	Mean	SD	t	P
职业转换能力	未婚	279	3.603	0.962	0.359	0.720
	已婚	127	3.567	0.918		

6.3.4　新型城镇化进程中农业转移人口职业转换能力影响因素 SEM 实证检验

在采用结构方程模型对调查问卷获得的数据进行分析之前,首先要对调查问卷进行信度检验和效度检验,其次要对调查获得的数据进行正态分布检验。

6.3.4.1　调查问卷信度检验

信度分析可利用 Cronbach's Alpha 信度系数来检验观测变量在调查问卷对应的测量题目上的一致性程度。如果 Cronbach's Alpha 系数大于 0.7 则表明具有较好的信度。本调查问卷共有 18 个测量题目,包括 5 个维度:职业转换与升迁预期、新型城镇化、人力资本投资(继续教育与职业培训)、收入水平及福利、职业转换能力。需要依次对每个维度进行信度分析,测量结果如表 6.9 所示。

表 6.9　信度分析

因子	Cronbach's Alpha	题目数量
职业转换与升迁预期	0.867	3
新型城镇化	0.903	5
后续学历教育与职业培训	0.846	4
收入水平及福利	0.871	3
职业转换能力	0.810	3

从表6.9可知，职业转换与升迁预期、新型城镇化、后续学历教育与职业培训、薪资待遇及福利、职业转换能力的 Cronbach's Alpha 系数分别为 0.867、0.903、0.846、0.871、0.810，都满足条件，表明每个维度的变量都具有较好的信度。

6.3.4.2　调查问卷效度检验

对于问卷调查的有效性，通常从反映题目设计与测度的观测变量的适合性、逻辑相符性的内容效度以及反映题目设计测度观测变量能力的结构效度两方面来衡量。对于内容效度，本书设计的问卷是在参考已有的相关文献部分验证的变量间关系的基础上构建的，并且根据预调查的结果对题目的表述措辞进行了修正完善，以使其内容效度符合要求。因此问卷有效性需要着重考察的是其结构效度，结构效度的考察方法主要是利用收集到的数据进行探索性因子分析（EFA）和验证性因子分析（CFA）。

（1）探索性因子分析。

通过 SPSS22.0 软件对问卷收集到的数据进行检验，评估样本数据能否进行因子分析。得到 KMO 度量值>0.7，Bartlett's 球形检验结果显著（见表6.10），表明问卷数据可以进行因子分析。采用主成分分析法进行因子提取，将特征根大于1的因子提取为公因子，并采用方差最大正交旋转进行因子旋转（见表6.11）。

表 6.10　KMO 与 Bartlett's 检验

取样足够度的 KMO 度量		0.890
Bartlett's 球形检验	近似卡方	4 086.888
	df	153
	Sig.	.000

表 6.11　探索性因子分析结果

Item	Component				
	新型城镇化	后续学历教育与职业培训	薪资待遇及福利	职业转换与升迁预期	职业转换能力
X22	0.843				
X24	0.834				
X21	0.824				
X23	0.790				
X25	0.769				
X32		0.792			
X33		0.785			
X34		0.777			
X31		0.768			
X43			0.855		
X42			0.830		
X41			0.817		
X12				0.845	
X13				0.821	
X11				0.819	
Y1					0.826
Y3					0.822
Y2					0.771
eigenvalue	3.638	2.794	2.373	2.343	2.253
% of Variance	20.214	15.524	13.182	13.016	12.515
Cumulative %	20.214	35.737	48.919	61.935	74.450

　　从表 6.11 可以看出主成分分析总共得到 5 个因子，总解释能力达到了 74.450%，表明筛选出来的 5 个因子能较好地代表观测变量。从因子负荷量来看，各个问卷题目的因子负荷量都满足大于 0.5 的条件且交叉载荷都小于 0.4，每个题目都落在相应因子中，表明该调查问卷具有良好的结构效度。

（2）验证性因子分析。

本次研究的构面共有 5 个维度，分别为职业转换与升迁预期、新型城镇化、后续学历教育与职业培训、薪资待遇及福利、职业转换能力，共 18 个测量题项，执行验证性因子分析，得到图 6.3 及表 6.12。

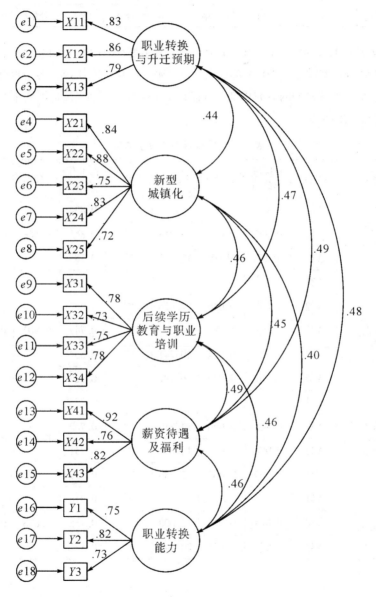

图 6.3　验证性因子分析

表 6.12　验证性因子模型拟合度

拟合指标	CMIN/DF	RMSEA	GFI	AGFI	NFI	IFI	TLI	CFI
判断标准	<3	<0.08	>0.9	>0.9	>0.9	>0.9	>0.9	>0.9
模型结果	1.750	0.043	0.941	0.919	0.947	0.977	0.971	0.977
结论	合格	合格	合格	合格	合格	合格	合格	合格

从表 6.12 可知 CMIN/DF = 1.750<3，满足要求，GFI、AGFI、NFI、TLI、IFI、CFI 的值都满足大于 0.9 的要求，且 RMSEA = 0.043<0.08。各个拟合指标都符合结构方程模型的研究标准，可以认定该测量模型满足配适度要求。验证性因子分析结果见表 6.13。

表 6.13　验证性因子分析结果

因素	项目	非标准化负荷	S. E.	C. R.	P	标准化负荷	CR	AVE
职业转换与升迁预期	$X11$	1				0.834	0.868	0.688
	$X12$	0.992	0.052	18.914	***	0.865		
	$X13$	0.87	0.05	17.307	***	0.787		
新型城镇化	$X21$	1				0.840	0.903	0.653
	$X22$	1.057	0.048	22.028	***	0.883		
	$X23$	0.86	0.05	17.209	***	0.747		
	$X24$	1.052	0.052	20.241	***	0.834		
	$X25$	0.762	0.046	16.497	***	0.725		
后续学历教育与职业培训	$X31$	1				0.775	0.846	0.578
	$X32$	0.948	0.066	14.319	***	0.732		
	$X33$	0.984	0.067	14.701	***	0.751		
	$X34$	0.999	0.065	15.286	***	0.782		
收入水平及福利	$X41$	1				0.918	0.873	0.697
	$X42$	0.873	0.048	18.008	***	0.758		
	$X43$	0.871	0.043	20.048	***	0.821		

因素	项目	非标准化负荷	S. E.	C. R.	P	标准化负荷	CR	AVE
职业转换能力	Y1	1				0.752	0.810	0.588
	Y2	1.204	0.086	14.05	***	0.816		
	Y3	1.05	0.079	13.232	***	0.730		

根据表6.13，各个题目的标准化因子负荷都大于0.6，残差都显著为正。并且各个因子组成信度都满足大于0.7的要求，平均变异萃取量都满足大于0.5的要求，综合来说本调查问卷满足收敛效度的标准。

区别效度分析的方式采取验证两个不同维度相关性在统计上是否具备差异。在不同维度的题目应该不存在高度相关，如果不同维度的题目的相关系数大于0.85，则反映出这些题目存在重复测度的情况。发生重复测度的原因在于不同维度的定义存在过度重叠。对于区别效度分析通常采用AVE法。如果每个因子AVE开根号后大于各成对因子的相关系数，则因子之间具有区别效度。如表6.14所示，由于各因子AVE开根号后都大于成对因子的标准化相关系数，因此本书的调查问卷具有区别效度。

表6.14　区别效度

	职业转换与升迁预期	新型城镇化	后续学历教育与职业培训	收入水平及福利	职业转换能力
职业转换与升迁预期	0.829				
新型城镇化	.389**	0.808			
后续学历教育与职业培训	.403**	.401**	0.760		
收入水平及福利	.429**	.390**	.409**	0.835	
职业转换能力	.395**	.343**	.371**	.364**	0.767

注：* 表示 $p<0.05$，** 表示 $p<0.01$，加粗黑体字为AVE开根号值，下三角为相关系数。

6.3.4.3　调查数据正态分布检验

为了满足SEM对变量的要求，我们对调查问卷中所包含的除个体特征外的18个题目数据进行描述性统计，考察调查数据是否服从正态分布，如表6.15所示。各个题目的均值介于3.41到4.01，标准偏差在0.948到1.310，偏度在-1.156到-0.163，绝对值小于3，峰度在-0.881到1.469，绝对值小于10，偏度和峰度都满足正态分布的条件，调查数据服从正态分布。

表 6.15 题项描述分析

	N	最小值	最大值	平均值	标准偏差	偏度	峰度
$X11$	406	1	5	3.67	1.310	−0.700	−0.667
$X12$	406	1	5	3.72	1.254	−0.707	−0.477
$X13$	406	1	5	3.76	1.208	−0.668	−0.581
$X21$	406	1	5	3.69	1.074	−0.933	0.513
$X22$	406	1	5	3.75	1.081	−0.886	0.400
$X23$	406	1	5	3.75	1.039	−1.045	0.982
$X24$	406	1	5	3.76	1.138	−0.840	0.156
$X25$	406	1	5	4.01	0.948	−1.156	1.469
$X31$	406	1	5	3.80	1.131	−0.734	0.020
$X32$	406	1	5	3.87	1.136	−0.828	0.038
$X33$	406	1	5	3.82	1.149	−0.797	−0.033
$X34$	406	1	5	3.78	1.120	−0.911	0.366
$X41$	406	1	5	3.73	1.179	−1.069	0.438
$X42$	406	1	5	3.67	1.247	−0.913	−0.014
$X43$	406	1	5	3.75	1.149	−0.990	0.450
$Y1$	406	1	5	3.69	1.045	−0.447	−0.419
$Y2$	406	1	5	3.67	1.160	−0.481	−0.728
$Y3$	406	1	5	3.41	1.131	−0.163	−0.881

6.3.4.4 结构方程模型分析

通过以上检验，运用 amos23.0 以结构方程模型探讨职业转换与升迁预期、新型城镇化、后续学历教育与职业培训、收入水平及福利、职业转换能力之间的关系，执行 SEM，得到图 6.4 及表 6.16。应用 SEM 作为理论模型的验证时，对模型配适度有一定要求，配适度能反映理论模型的期望共变异数矩阵与样本共变异数矩阵一致性的程度。本书选择如下指标进行整体模型的配适度的评估，包含 CMIN 检验、CMIN/DF 的比值、残差均方根（RMR）、配适度指标（GFI）、调整后的配适度（AGFI）、平均近似误差均方根（RMSEA）、基准配适指标（NFI）非基准配适指标（TLI）、渐增式配适指标（IFI）、比较配适度指标（CFI），评价模型与数据拟合程度时要综合考虑各个指标，当绝大多数指标都满足要求时可以认为模型与数据拟合度较好。

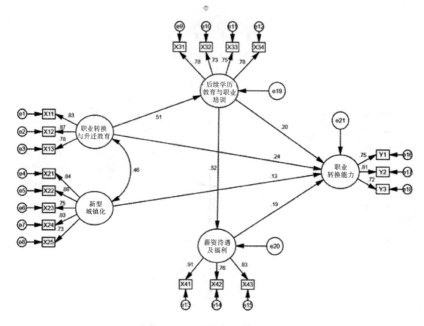

图 6.4 初始结构方程模型

表 6.16 初始模型拟合度

拟合指标	CMIN/DF	RMSEA	GFI	AGFI	NFI	IFI	TLI	CFI
判断标准	<3	<0.08	>0.9	>0.9	>0.9	>0.9	>0.9	>0.9
模型结果	2.343	0.058	0.924	0.898	0.928	0.957	0.949	0.957
结论	合格	合格	合格	不合格	合格	合格	合格	合格

从表 6.16 可知 AGFI 小于 0.9，不符合要求外，其他指标均达到了理想值，进而对模型进行修正，使得 AGFI 达到理想值。Modification Indices 发现，通过残差修正指标对模型从而减少卡方值，表 6.17 是残差间的协方差修正指标。

表 6.17 残差间的协方差修正指标

			M. I.	Par Change
e5	<-->	e7	37.363	0.123

因此在 e5 与 e7 之间添加相关路径并进行重新估计模型，修正后重新执行分析后得到模型如图 6.5。

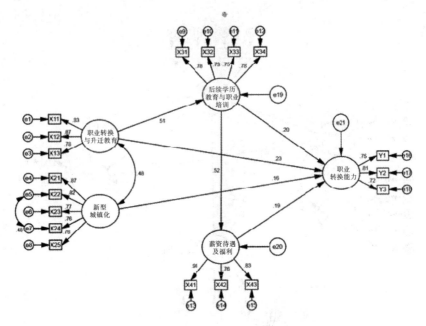

图 6.5　修正后的结构方程模型

表 6.18　修正后模型拟合度

拟合指标	CMIN/DF	RMSEA	GFI	AGFI	NFI	IFI	TLI	CFI
判断标准	<3	<0.08	>0.9	>0.9	>0.9	>0.9	>0.9	>0.9
模型结果	1.878	0.047	0.942	0.922	0.943	0.972	0.966	0.972
结论	合格	合格	合格	合格	合格	合格	合格	合格

　　从表 6.18 可知 CMIN/DF 为 1.878，小于 3 以下标准，GFI、AGFI、NFI、TLI、IFI、CFI 均达到 0.9 以上的标准，RMSEA 为 0.047，小于 0.08，各个拟合指标均符合一般的研究标准，因此可以认为这个模型具有不错的配适度。

6.3.5 新型城镇化进程农业转移人口职业转换能力结构方程模型实证结果分析

表 6.19 为结构方程模型路径系数。

表 6.19 结构方程模型路径系数

路径		标准化系数	非标准化系数	S. E.	C. R.	P	假设
后续学历教育与职业培训	<--- 职业转换与升迁预期	0.513	0.414	0.047	8.809	***	成立
薪资待遇及福利	<--- 后续学历教育与职业培训	0.520	0.639	0.069	9.266	***	成立
职业转换能力	<--- 职业转换与升迁预期	0.227	0.161	0.051	3.136	0.002	成立
职业转换能力	<--- 新型城镇化	0.164	0.135	0.050	2.708	0.007	成立
职业转换能力	<--- 后续学历教育与职业培训	0.197	0.173	0.067	2.593	0.010	成立
职业转换能力	<--- 收入水平及福利	0.186	0.133	0.045	2.931	0.003	成立

根据表 6.19，职业转换与升迁预期对后续学历教育与职业培训（$\beta=0.513$，$p<0.05$）具有显著正向影响，假设 H4 成立；后续学历教育与职业培训对收入水平及福利（$\beta=0.520$，$p<0.05$）具有显著正向影响，假设 $H6$ 成立；职业转换与升迁预期对职业转换能力（$\beta=0.227$，$p<0.05$）具有显著正向影响，假设 $H3$ 成立；新型城镇化对职业转换能力（$\beta=0.164$，$p<0.05$）具有显著正向影响，假设 $H7$ 成立；后续学历教育与职业培训对职业转换能力（$\beta=0.197$，$p<0.05$）具有显著正向影响，假设 $H2$ 成立；薪资待遇及福利对职业转换能力（$\beta=0.186$，$p<0.05$）具有显著正向影响，假设 H5 成立。后续学历教育与职业培训、收入及福利待遇、职业转换与升迁预期、新型城镇化 4 个因素的标准化路径系数分别为 0.197、0.186、0.227 和 0.164，其中职业转换与升迁预期对职业转换能力的影响最大。

6.4 金融支持农业转移人口就业质量提升的路径

由实证结果可见，在农业转移人口就业质量改善的过程中，已就业的农业转移人口转换职业的预期和对于目前所在职位的升迁预期对其职业转换能力的影响最大，较好的预期会促使农业转移人口通过政府及社会机构提供的教育及技能培训完成人力资本积累。因此，首先，在农业转移人口就业促进工作中，政府在提供就业服务的时候可以更多地考虑开展职业发展规划咨询活动。其次，职业技能培训对农业转移人口就业能力的提高是显著的，因此需要促进农业转移人口的土地禀赋资本化兼顾职业技能培训质量的提升，提高农业转移人口进行职业技能培训的意愿和能力。在农业转移人口的就业能力提升之后，农业转移人口的就业环境即吸纳其就业的企业也值得注意，考虑到农业转移人口就业集中在中小企业，因此也需要促进中小企业的发展，使其发挥就业蓄水池的作用。

6.4.1 金融支持农业转移人口土地禀赋转换

在改善农业转移人口土地禀赋转换存在的问题方面，金融支持的作用体现在：①可以通过金融产品创新，创新耕地流转的方式，制定标准化的合约来降低耕地流转过程中的交易成本；②通过金融创新强化宅基地的财产属性功能，采用宅基地住房抵押融资等方式提高宅基地的流转效率，促使农业转移人口通过流转宅基地获得固定资产变现带来的财产性收入，提高农业转移人口进行非农职业技能培训的意愿和能力；③在土地顺畅流转之后，可以通过金融创新为规模化的农业生产经营提供信贷支持，拓宽规模化农业融资渠道，同时采取联保、信用共同体贷款方式，增强整体抗风险能力，在金融风险可控的基础上加快农业现代化，促进农业剩余劳动力转移。

例如2014年8月，陕西信托设立了土地经营权信托计划对土地流转进行创新实验。该土地信托流转通过促进高家村和新集村耕地实现规模化、专业化经营，不仅有效促进了两个村农业向现代农业发展，加快了两个村农业剩余劳动力向城市转移，而且有效促进了耕地流入陕西竹园村集团实现多元化产业发展，为两个村农业转移人口提供了更广阔的非农职业发展空间和就业机会，增加了农业转移人口的收入。

与此同时，政府要注重耕地流转交易平台的规范，降低耕地流转过程中的信息不对称。政府可以通过与社会机构合作等方式，引入社会资本，建立规范的耕地流转交易平台，使流出耕地合理地具有公允性的流转价格，降低交易双方的信息不对称，提升农业转移人口耕地流转的收益。

6.4.2 金融支持农业转移人口专业技能与职业素养的培训

金融支持在改进提升对农业转移人口专业技能与职业素养的培训方面也有突出的作用，具体体现在：通过普惠金融的深度实施，鼓励各类金融机构开发设计职业技能培训贷款类金融产品，创新农业转移人口贷款抵押担保设计等，减轻农业转移人口面临的金融排斥，提高其进行职业技能培训的意愿和能力。

在财政负担大、农业转移人口基数庞大的现实情况下，职业技能补贴经费覆盖面较小的问题需要健全职业技能培训成本分担机制来解决。通过减轻政府的财政支出压力，可以使财政支出更多地转向职业技能培训机构定价和职业技能认证规范上，以推进职业技能培训环境建设。良好规范的技能培训环境会提高农业转移人口参加职业技能培训的积极性，而且规范有效的认证机构颁发的证书可以让农业转移人口在职业转换或日常工作中切实感受到职业技能培训带来的就业能力提升。

与此同时，政府要及时将企业的用工需求和农业转移人口对于技能培训的相关需求反馈给培训机构，对其培训内容、教学设计等进行引导，避免培训内容的重复。整合各方需求信息，可以提高培训内容的针对性，有效提高农业转移人口的就业能力，避免农业转移人口产生"学了也白学"的消极思想。

6.4.3 金融支持吸纳农业转移人口就业的企业发展

在改善农业转移人口土地禀赋转换存在的问题方面金融支持的作用体现在：发展中小金融机构，创新金融产品设计，促进中小企业发展。吸纳大部分农业转移人口就业、能提升城镇化人口就业质量的中小企业普遍面临金融排斥，存在融资约束。根据普惠金融解决金融排斥的理论，发展普惠金融可以提高中小企业的金融可得性，使它们以合适的价格获取到所需的资金。根据最优金融结构理论，目前我国的金融体系以间接融资为主，中小银行基于其自身的特点在对中小企业提供信贷时比较优势明显，大银行的排小性和中小银行的发展滞后导致我国的中小企业面临比较严重的融资约束问题。发展中小金融机构可以有效地缓解我国中小企业面临的融资约束，通过设计特色信贷产品满足中小企业发展的不同需要，如订单抵押贷款等，助力中小企业发展，确保农业转移人口就业质量提升。

7 金融支持新型城镇化进程中教育的供求分析

新型城镇化是人的城镇化，随着我国新型城镇化的发展，农村人口涌入城市，对城镇的教育资源提出了更高的要求。然而，我国教育发展较为不均衡，随着新型城镇化的发展，教育资源分配不均的问题进一步凸显。在我国新型城镇化发展进程中，教育问题的重中之重就是解决农民工随迁子女的教育问题。农民工随迁子女进入城镇就读，增加了城镇教育资源的压力，同时随着城镇适龄儿童的增多，公办学校学位紧缺。因此绝大部分农民工随迁子女在民办学校就读，并且集中于师资力量不足，办学条件较差的民办学校。加大政府的财政投入远远不能解决问题，在这种情况下，引入金融支持十分关键。在对教育进行金融支持时，尤其是在义务教育领域，引入金融的力量十分困难。目前各国对于义务教育的资金支持，绝大多数来源于政府投资而不是市场融资。中国的市场化程度相对于发达国家来说较弱，要实现教育的市场融资更是难上加难。另外，农民工随迁子女教育的经费分担机制不足，缺乏专门的农民工随迁子女义务教育资金预算制度也是制约农民工子女享受教育公平的重要财政根源。在这种情况下，对教育融资进行深入研究，探索我国教育融资的创新模式，为农民工随迁子女接受更好的教育提供资金支持尤为重要。

7.1 教育融资的相关理论

7.1.1 教育产品的概念界定

对于教育产品属性的研究，学者们较多引用萨缪尔森提出的公共产品理论。萨缪尔森认为公共产品具有两个最基本的特征即消费的非竞争性与非排他性。根据教育产品是否具有竞争性与排他性，学者们对教育产品的属性进行了激烈的争论。英国经济学家 Nicholas Barr 提出教育不属于公共产品，并且阐述了在高等教育领域引入私人投资对于高等教育发展的重要性。从国内学者们的研究来看，对于教育的产品属性大多赞同其属性为准公共产品。厉以宁教授从教育服务提供者的身份和教育经费负担方式是否免费这两个标准出发，认为教育产品既可以是公共产品，也可以是准公共产品，还可以是私人产品。根据厉以宁教授的标准，义务教育、国家公务员教育等教育适合于纯公共产品，民办教育更接近于私人产品。公共产品属性有利于更好地组织义务教育，能够更有效地提高教育水平与教育质量。然而，并不是所有类型的教育服务都适合成为公共产品，在教育市场中也需要准公共产品与私人产品的存在。王善迈从教育的非营利性角度出发，提出教育产品是公共产品或者是准公共产品。袁连生综合教育产品的消费特征提出教育是准公共产品，从教育的直接消费效用的角度来看，教育具有竞争性与排他性，从教育的间接消费效用的角度来看，教育具有公共产品的特征，能产生正外部效应，它不仅会提高个人的收益，也能促进社会发展与经济进步。

综合国内外学者的研究，结合公共产品理论与教育产品的现实特征，在资源有限的情况下，教育具有竞争性和排他性的同时也具有正的外部效应，因此本书认为教育是准公共产品。结合教育准公共产品的特性，对教育的融资既要发挥财政的支持作用，又要引入私人部门投资，提高教育产品的质量与效率。

7.1.2 理论基础

7.1.2.1 教育融资与教育投资

融资是指资金需求方与资金供给方的资金融通，包括直接的资金融通与间接的资金融通。结合教育的性质，教育融资是指为了满足教育发展的资金需求，学校根据现有的发展状况与未来的发展规划，在遵循一定原则的前提下，通过种种渠道向资金供给方筹集资金，以满足学校的资金需求，促进学校更好的发展。资金供给方或许是政府，或许是慈善机构或者企业等。

与教育融资的理念相对的则是教育投资。"投资"在学术界被定义为将一定的资产以货币形式投入社会再生产过程中的一种经济行为。据教育的特性，教育投资属于非生产投资。教育投资也可以称作教育资源、教育投入等，是指在一个国家或者地区，通过一定的渠道在教育领域中投入的人力与物力的总和。教育投资考察政府、企业、团体以及个人在教育领域的投资行为，实现资源整合，进而促进教育更加高水平与高效率地发展。

7.1.2.2 教育财政理论

教育财政理论研究在教育发展过程中的各级政府等公共部门对教育资源进

行筹集、分配、运用以及管理等经济行为。我国的学者在对教育金融支持的问题进行研究时，借鉴了一些国外学者的分析方法。基于我国教育发展落后以及教育资源严重供不应求的局面，我国的学者如厉以宁、王善迈等着重从财政的角度，以公共产品理论为基础分析教育的金融支持。

教育的财政理论强调财政在教育融资及发展过程中的重要性，其首要的观点就是提高教育的财政支出水平。只有教育经费得到保证，才能有充足的资金使教育得以发展和完善。基于厉以宁、王善迈等学者的研究以及国外发达国家的经验，1993 年，我国政府在《中国教育改革和发展纲要》中就提出 2000 年国家财政性教育经费占 GDP 的比例要达到 4%。这个目标没有在 2000 年完成，而终于在 2012 年实现。在教育的财政理论中，教育的财政保障机制也十分重要。曾满超指出，从 1985 年以来的教育财政改革以教育融资与管理的分权化与教育经费来源的多样化为特征。教育财政改革对教育的发展起到了重要的促进作用，但是也带来了教育资源在不同地区的分配不均问题。在这种情况下，我国在教育的财政制度中建立了一个有效的政府间转移支付体系以满足落后地区教育资源的需求。

7.1.2.3 教育成本分担理论

教育成本分担理论讨论教育经费的承担者问题，包括在政府、社会、企业团体和家庭等主体之间的分配。教育成本分担理论多侧重于非义务教育领域，应用最为广泛的是高等教育领域。最早提出成本分担理论的是美国经济学家约翰·斯通，他的教育成本分担理论适用于非义务教育领域。非义务教育产品在性质上属于准公共产品，具有非竞争性与排他性。

以高等教育为例，一项关于高等教育的研究指出，1995—2000 年，中国高等教育融资体系中政府所占的比重逐年下降，而学生承担的学费比例呈上升的趋势。高校经费不仅来源于国家的财政支持，也在很大程度上依赖学生的学费这部分收入，这意味着家庭及个人也负有较大的高等教育融资责任。从现实层面看，教育成本的分担理论对我国高等教育的发展起到了重要的促进作用，使我国高等教育得以迅速发展。但是一些高校尤其是一些独立院校，收取的学费越来越贵，给学生带来了较高的负担，这也是我国高等教育成本分担融资发展过程中不可忽视的问题。在我国现阶段的经济水平与教育水平下，非义务教育的成本分担是当前较为稳定的资金筹措方式，在实施过程中，应当注意充分发挥教育成本分担制的积极作用。

7.1.3 教育的融资模式分析

7.1.3.1 内源融资与外源融资

美国经济学家 John 和 Edward 按照投资与储蓄的关系将融资的方式分为内源融资与外源融资。内源融资是指运用经济主体自身经营所产生的现金实现内部的资金融通，是企业等经济主体持续地将经营活动所产生的储蓄转化为再生产投资的过程。当企业的内源融资无法满足其发展的资金需求时，则会转向外源融资。外源融资是指企业等融资主体吸收其他经济主体的储蓄，进而转化为自身的资金的过程。根据本书的研究，教育产品属于准公共产品，具有竞争性与排他性，在融资方式上与企业等经济主体有一些相似之处。因此教育的融资模式也可以根据其投资与储蓄的关系分类为内源融资与外源融资两大方面（见图 7.1）。教育的内源融资是指学校等教育机构对政府的财政拨款与自身收取的学费基础上的留存收益进行再投资，而外源融资则是在政府拨款与自身资金之外，运用银行、信托等为学校的发展筹集资金的方式。内源融资与外源融资相结合，有助于为学校等教育机构的发展筹集更多的资金，促进教育更好地发展。

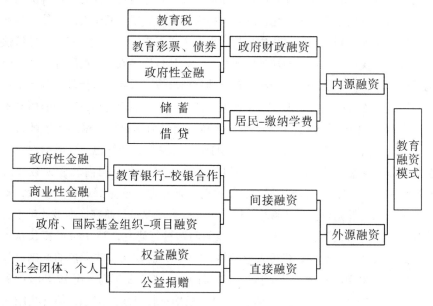

图 7.1 教育融资主体及融资模式

7.1.3.2 直接融资与间接融资

外源融资按照其融资方式可以分为直接融资与间接融资。直接融资是指经济主体不通过中介机构直接进入资本市场进行融资，包括股票市场、债券市场等等。在直接融资中，资金的需求者与供给者直接形成债权债务关系。间接融资是指经济主体通过金融中介机构，如银行等进行融资。在这种融资模式下，资金需求者与供给者通过金融中介机构进行资金的融通，并不形成直接的债权债务关系。对于教育融资而言，直接融资包括社会团体、个人对学校的捐赠以及融资主体对学校的权益融资等。间接融资包括高校与银行之间实现的校银合作、学生贷款以及在学校建设方面的项目融资等方式。

7.2 新型城镇化进程中随迁子女教育困境与融资现状分析

7.2.1 新型城镇化进程中随迁子女教育困境

中国经济结束了几近两位数的快速增长时期，进入了经济发展的"新常态"，新型城镇化成为新常态下经济发展的新的增长点。随着我国城镇化的飞速发展，到 2014 年，中国的城镇化率已经达到 54.77%。然而，随着中国城镇化的飞速发展，农村人口涌入城镇，随迁子女的教育问题也成为亟待解决的问题。新型城镇化是人的城镇化，随着农村人口进入城镇，其子女能否接受高水平的教育是关系到我国城镇化质量与水平的重要因素。然而随着我国新型城镇化的发展，我国教育资源的缺乏更加凸显。尤其是许多农民工的随迁子女，因为种种原因，其就学问题成为亟待解决的难题。为了对我国城镇教育资源不足的问题进行深入研究，本书以四川省为例进行分析。四川省地处我国的西部地区，在 2014 年城镇化率达到 45.9%。本调研组针对随机样本采用系统随机方法，以四川省的人口规模超过 50 万人的所有县城作为抽签池，随机抽取三个县城，分别为营山县城、中江县和射洪县，并在这个范围内就读人数超过 1 000 人的学校中，进行随机抽取，结果为三所小学。确定好调研对象后，本调研组采取问卷调查法就迁移行为以及子女教育情况进行研究。本书针对家长反映的对于进入城镇的子女教育中存在的问题进行研究，25.10%的家长认为最大的困难是孩子不容易获得入学资格，20.70%的家长反映学校的基础设施需要完善，20.70%的家长认为孩子对城镇的融入感需要提高，而 19.80%的家长认为学校的师资力量不足（见表 7.1）。根据家长反映的问题，结合我国的实际情况，本书总结了我国新型城镇化过程中随迁子女教育面临的困境。

表 7.1　随迁子女教育的困境

家长反映的困难	人数/人	比例/%
很难获得城镇学校入学资格	142	25.10
子女对城镇较难融入	117	20.70
子女教育经费不足	77	13.60
学校硬件设施较差	117	20.70
学校师资力量较弱	112	19.80

数据来源：根据调研数据整理。

7.2.1.1　随迁子女进入城镇就学难

进城务工者的随迁子女，是指户籍登记在外省（区、市）、本省外县（区）的乡村，随务工父母到输入地的城区、镇区（同住）并接受义务教育的适龄儿童少年。随着中国城镇化的发展，随迁子女的人数增长迅速。如图7.2所示，我国随迁子女人数在近年来总体上保持增长趋势，到2014年已经达到1 294.73万人。随迁子女人数的增长城镇的教育资源会愈加紧缺。

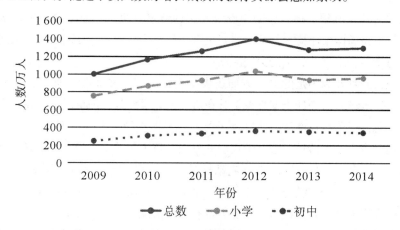

图 7.2　2009—2014 年我国随迁子女人数

数据来源：国家统计局官方网站。

根据我国的户籍制度，农村户籍和城市户籍在子女教育、医疗保险等方面都有区别。由于户籍的限制，在城镇化过程中迁移进城镇的农村人口无法享受与城镇人口相同的待遇。在子女教育方面，则是其子女无法进入城镇学校就读。在对四川省的田野调查中，我们发现许多农民工随迁子女无法进入公办学校就读，只有进入打工子弟学校就读，而这些学校的教学条件相对较差。尽管国家对随迁子女制定了许多优惠政策，但是我们在调查中发现，农民工随迁子女的教育还存在着许多切实的困难。在成都某一所民办子女小学调查时，家长反映虽然成都市颁布了随迁子女可以进入成都公办学校就读的政策，但是需要办的手续较为复杂。

7.2.1.2 我国城镇教育资源严重不足

我国城镇教育资源不足。一方面表现为城镇学校硬件设施的不足。伴随着我国新型城镇化发展的进程，城镇的教育资源面临着愈加紧缺的困境。2014年10月，四川政协办对四川省大小凉山13个县进行调研时，发现这些地区的教学资源严重不足。大小凉山彝区幼儿园、小学初中、高中生均校舍分别为1.5平方米、4.19平方米、7.04平方米、14.09平方米，比全省平均生均面积少2.35平方米、1.64平方米、3.87平方米、2.34平方米。同时，学生宿舍与教师宿舍的条件严重不足，2~3名学生挤一个宿舍较为常见，许多教师夫妇也只能分开住在集体宿舍。另外，在四川省的三个县进行调研时，我们发现这种教育资源的紧缺不仅存在于大小凉山等落后地区，在四川省的中江县、射洪县与营山县，这种境况也较为严重。在这些地区的小学进行调研时，我们发现班级教学为"大班额"模式，平均班级人数达到80~90人，远超合理的班级人数。教室挤满课桌座椅，甚至影响到正常开门、关门。家长普遍反映课桌之间的走道太窄，阻碍了学生的课间活动。

城镇教育资源不足的另一方面还表现在许多打工子弟学校师资力量的短缺。对于进城人口随迁子女来说，其在就读公办学校艰难的情况下，往往会被迫进入打工子弟学校就读。而打工子弟学校不但在硬件上远远不及公办学校，更是在师资水平上落后于公办学校。一方面，打工子弟学校没办法给老师提供教师编制，薪水较低，因此教师流动性较大，教师质量也参差不齐；另一方面，打工子弟学校的教师教学任务重，培训少并且没有时间接受培训，因此教师水平也得不到提高。在学校师资力量有限的情况下，一科教师往往会身兼数职，同时担任多门课程，这样教师的授课压力会增加，也无法保证学校的教学质量。

7.2.1.3 随迁子女教育的融入问题

本课题组在四川省的调研反映了随迁子女对于城市的融入问题也是迁移进城镇的农村人口面临的重大问题。根据方中雄等人在2013年的调研，随迁子女的融入问题被划分为学习融入、生活融入和心理融入。学习融入的问题是许多随迁子女进入城镇学校就读面临的最主要问题。农村的教育水平和城市的教育水平相差较大，而随迁子女在接受农村的教育后，突然进入城市接受教育，往往存在着学习难以跟上的问题。在调研中，我们组织了针对随迁子女家长的座谈会，家长们普遍反映对于子女最担心的问题就是学习成绩不好。生活融入问题也就是随迁子女进入城镇学校就读后与同学老师相处的问题。在方中雄等人的调查中，81%的随迁子女在北京的学习与生活感受较好。然而我们并不能忽视随迁子女对城镇的生活融入问题，应该在学校对随迁子女一视同仁，平等对待。最后是随迁子女的心理融入问题。在随迁子女进入城镇学校就读后，心理融入问题也是其会遇到的重要问题。当受到不平等对待甚至歧视后，随迁子女会产生心理阴影，甚至会产生自卑等心理状态。因此，对于随迁子女的心理融入问题要格外重视。

7.2.1.4　随迁子女教育资金不足

在城镇化的发展进程中，随迁子女随着父母进入城镇工作而来到城镇就读。然而，由于学历等原因，其父母的工作收入往往较低，而城镇的生活成本又高出农村许多，因此随迁子女的教育资金不足问题尤为严重。在我们的调研中，13.6%的调研对象认为子女教育经费不足。在教育花费占家庭收入比例的调研中，43.3%的调研对象反映子女教育花费占家庭收入的 20%～30%，10.7%的调研对象认为子女教育花费占家庭收入 40%以上。根据全国妇联的抽样调查：教育支出已经占到家庭总收入的 30.1%（见表 7.2）。而对于家庭收入本就较低的城镇化人口，这一支出无疑为家庭带来了沉重的负担。另外，76.3%的调研对象认为城镇教育花费高于农村，其中，20.6%的人认为城镇教育花费较农村高很多（见表 7.3）。因此，改变随迁子女教育融资仅仅来源于家庭的现状，促进其融资来源的多样化，有利于我国新型城镇化过程中随迁子女的教育。

表 7.2　教育经费占家庭收入比例

比例	人数/人	百分比/%
10%～20%	105	36.1
20%～30%	126	43.3
30%～40%	26	8.9
40%以上	31	10.7

表 7.3　城镇教育花费与农村相比

教育花费	人数/人	百分比/%
基本持平	65	22.3

表7.3(续)

教育花费	人数/人	百分比/%
稍高一点	162	55. 7
高很多	60	20. 6

7.2.2 农民工随迁子女教育融资的渠道

7.2.2.1 随迁子女教育融资的渠道

（1）随迁子女教育的融资渠道概况。

根据教育部对于随迁子女的定义，随迁子女应处于初等教育阶段以及中等教育阶段，因此本书重点研究处于这两个阶段的随迁子女教育融资问题。我国现阶段的教育融资缺乏针对随迁子女教育的专项融资，因此本书从义务教育的融资渠道以及随迁子女教育的专项融资两个方面进行研究。在分析教育融资的渠道时，本书参考国家统计局相关的统计数据进行分析。根据《中华人民共和国教育法》（1995）对相关指标的解释，教育经费反映当期教育经费支出总额，包括财政性教育经费和来源于其他渠道的教育经费。教育经费收入反映了学校教育经费的来源，其公式为：教育经费总收入=国家财政性教育经费+社会团体和公民个人办学经费+社会捐、集资办学经费+事业收入（含学、杂费）+其他收入。如表7.4所示，义务教育阶段的教育经费收入分为财政性教育经费与非财政性教育经费。2000—2010年，这两种教育经费都增长迅速，其中，财政性教育经费更是实现了飞跃式增长，从2000年的7 927 353万元增长到了2013年的125 241 702万元。

表 7.4 2006—2011 年我国义务教育阶段教育经费收入

单位：万元

年份	财政教育经费	举办者投入	社会捐赠	事业收入	其他教育经费
2000	7 927 353	73 975	593 798	2 435 186	460 105
2001	12 747 768	102 041	557 731	2 722 566	532 323
2002	15 641 140	138 299	524 200	3 032 524	592 374
2003	17 427 559	183 314	421 790	3 372 606	640 187
2004	20 354 982	191 533	402 594	3 714 567	713 091
2005	26 493 128	206 614	423 278	4 650 101	915 299

表7.4(续)

年份	财政教育经费	举办者投入	社会捐赠	事业收入	其他教育经费
2006	31 614 998	191 338	411 482	3 616 190	900 971
2007	44 129 490	259 898	447 910	4 183 196	1 009 762
2008	55 486 787	214 205	482 524	3 636 555	904 524
2009	66 944 157	220 336	632 477	3 258 617	953 607
2010	77 949 678	220 334	484 516	3 332 619	959 760
2011	96 623 842	288 128	395 641	3 537 323	942 736
2012	124 383 647	358 607	280 000	3 970 000	965 569
2013	125 241 702	524 410	219 824	4 018 818	1 067 130

数据来源：中国教育经费统计年鉴。

如图 7.3 所示，2013 年我国义务教育经费收入构成包括财政性经费、事业收入经费（包括学杂费、住宿费等收入）、社会捐赠收入以及其他收入四个部分。其中，最为主要的组成部分是财政性经费，占义务教育经费收入的95.6%，其次是义务教育的事业收入，即学校自身的收入，占义务教育经费收入构成的3.1%，社会捐赠收入占总经费的0.4%，其他收入来源占总经费的1%。根据教育经费收入的公式，其他收入来源包括社会团体和公民个人办学经费以及其他的经费。从我国义务教育的经费构成可以看出，我国义务教育阶段的经费收入主要来源于财政经费，学校的事业收入也是较为重要的一部分，另外则是社会捐赠收入以及社会团体与公民个人办学经费。因此，对于随迁子女来说，其融资渠道也主要来源于以上几个渠道，其中最为主要的还是政府的财政性融资。

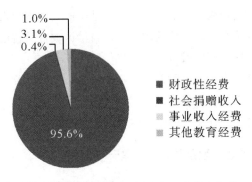

图 7.3 2013 年我国义务教育经费收入构成

（2）民办教育的融资渠道。

根据相关报道，截至 2014 年年底，全国随迁子女在公办学校就学比例保持在 80%左右，在民办学校就读的比例为 20%左右。因此，对于随迁子女来说，民办学校尤其是打工子弟学校，是其就学的一个重要渠道，因而对民办教育融资渠道的研究对随迁子女教育融资的研究也十分重要。民办小学与初中的融资渠道包括如表 7.5 所示的五个部分。事业收入是指学校通过开展教育及其辅助活动依法取得的，经财政部门核准留用的预算外资金以及经财政专户核拨回的预算外资金。

表 7.5　2013 年民办小学、初中教育经费来源

	事业收入	本年实际收取学杂费	财政性教育经费	举办单位、个人投入	校办产业和经营收益用于教育的经费	捐赠收入	其他收入
经费数额/亿元	367.2	301.5	83.2	52.4	1.2	5.218 97	22.9
经费比例/%	44.0	36.2	10.0	6.3	0.1	0.6	2.8

数据来源：中国教育经费统计年鉴。

7.3　新型城镇化进程中随迁子女教育融资存在的问题

7.3.1　各地区教育融资分布不均衡

从教育经费上来看，我国东部、中部及西部各地区由于经济发展水平等原因分布不均。如图 7.4 所示，以北京市与上海市为代表的东部城市教育经费远高于以新疆和甘肃为代表的西部地区。中部地区的安徽省与内蒙古自治区处于中等水平，其中经济水平较为落后的内蒙古自治区教育经费也较低。从图中可以看出我国不同地区之间的教育经费差异。

总体的教育经费存在地区的差异，随迁子女教育的融资也随之因地区存在不同。在我国的东部等经济发达地区，对于随迁子女的经费融资较多，而在西部等落后地区，对于随迁子女的经费融资则较少。

7.3.2　融资渠道依赖财政，较为单一

教育融资供给则是反映教育经费的来源，根据我国统计的方法，在教育经费统计年鉴中表示为教育经费收入。根据《中华人民共和国教育法》的界定，

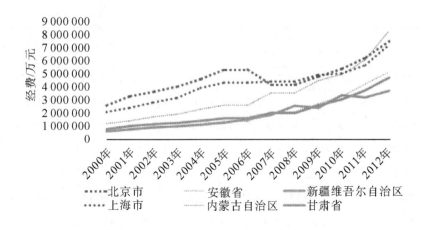

图 7.4　我国东中西部教育经费差异

数据来源：教育经费统计年鉴。

教育经费收入包括国家财政性教育经费、社会团体和公民个人办学经费、社会捐赠经费、学校事业收入和其他收入。在本书的研究中，将除去财政性教育经费、社会捐赠经费以及学校事业收入的剩余教育经费定义为教育的金融经费。

根据教育经费收入的内容，我国义务教育阶段的教育经费收入如表 7.6 所示。从表 7.6 中可以看出，我国义务教育阶段的教育经费来源主要是财政性的教育经费。在多年的教育发展中，财政性教育经费的比例逐年提高，从 2000年占比 49.9% 到 2013 年占比 95.5%。对于我国的教育融资来说，财政融资占绝大部分比例，而金融支持的力度较为薄弱（见表 7.7）。

表 7.6　我国义务教育阶段教育经费收入（2000—2013 年）

单位：万元

年份	总教育经费	财政教育经费	举办者投入	社会捐赠	事业收入	其他教育经费
2000	15 876 007	7 927 353	73 975	593 798	2 435 186	460 105
2001	18 839 495	12 747 768	102 041	557 731	2 722 566	532 323
2002	21 655 471	15 641 140	138 299	524 200	3 032 524	592 374
2003	23 702 483	17 427 559	183 314	421 790	3 372 606	640 187
2004	27 310 916	20 354 982	191 533	402 594	3 714 567	713 091
2005	33 888 242	26 493 128	206 614	423 278	4 650 101	915 299
2006	38 190 958	31 614 998	191 338	411 482	3 616 190	900 971

表7.6(续)

年份	总教育经费	财政教育经费	举办者投入	社会捐赠	事业收入	其他教育经费
2007	50 030 255	44 129 490	259 898	447 910	4 183 196	1 009 762
2008	60 724 595	55 486 787	214 205	482 524	3 636 555	904 524
2009	72 009 110	66 944 157	220 336	632 477	3 258 617	953 607
2010	83 002 214	77 949 678	220 334	484 516	3 332 619	959 760
2011	101 784 381	96 623 842	288 128	395 641	3 537 323	942 736
2012	129 957 823	124 383 647	358 607	280 000	3 970 000	965 569
2013	131 075 372	125 241 702	524 410	219 824	4 018 818	1 067 130

表 7.7　我国义务教育阶段财政性教育经费收入与金融支持比例

年份	总教育经费收入/万元	财政教育经费/万元	金融性教育经费收入/万元	财政经费占比/%	金融经费占比/%
2000	15 876 007	7 927 353	534 080	49.9	3.4
2001	18 839 495	12 747 768	634 364	67.7	3.4
2002	21 655 471	15 641 140	730 673	72.2	3.4
2003	23 702 483	17 427 559	823 501	73.5	3.5
2004	27 310 916	20 354 982	904 624	74.5	3.3
2005	33 888 242	26 493 128	1 121 913	78.2	3.3
2006	38 190 958	31 614 998	1 092 309	82.8	2.9
2007	50 030 255	44 129 490	1 269 660	88.2	2.5
2008	60 724 595	55 486 787	1 118 729	91.4	1.8
2009	72 009 110	66 944 157	1 173 943	93.0	1.6
2010	83 002 214	77 949 678	1 180 094	93.9	1.4
2011	101 784 381	96 623 842	1 230 864	94.9	1.2
2012	129 957 823	124 383 647	1 324 176	95.7	1.0
2013	131 075 372	125 241 702	1 591 540	95.5	1.2

数据来源：教育经费统计年鉴。

7.4 新型城镇化进程中教育融资缺口分析

7.4.1 新型城镇化进程中教育经费供给测算

7.4.1.1 我国随迁子女人数预测

在对我国随迁子女人数进行预测时，本书采取曲线估计的方法，结合2008—2015年我国随迁子女的历年人数，对到2020年的随迁子女人数进行了估计。我国随迁子女人数的变动趋势如图7.5所示。

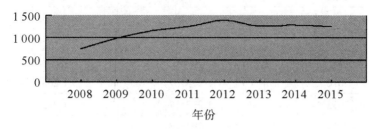

图7.5 我国随迁子女人数变动趋势

数据来源：国家统计局。

根据图形的变动趋势，初步判定我国随迁子女人数呈现S形曲线的特征。在人口变动趋势的估计中，S曲线是较为常用的函数。在进行曲线估计之前设定函数为

$$Y = e^{\wedge}(b_0 + b_1/t)$$

运用SPSS软件进行曲线估计，得出以下结果（见表7.8和表7.9）。

表7.8 我国随迁子女人数预测模型汇总

R 方	调整 R 方	计值的标准误
0.942	0.933	0.051

表7.9 我国随迁子女人数预测曲线估计系数

未标准化系数		标准化系数	t	Sig.
B	标准误	Beta		
−0.643	0.065	−0.971	−9.885	0.000
7.274	0.028		255.873	0.000

如表 7.8 所示，模型 R 方为 0.942，调整后的 R 方为 0.933，并且 F 值较大，则该模型的拟合程度较高。同时，预测系数在 5% 的置信水平下都通过了检验，系数是有效的。从表 7.9 可得到方程为

$$Y = e^{(7.274 - 0.643/t)}$$

根据曲线估计得到的公式，可以得出 2016—2020 年我国随迁子女人数的估计值，趋势线如图 7.6 所示，具体数值如表 7.10 所示。

表 7.10 我国随迁子女人数的观测值与估计值

年份	观测值	估计值
2008	765.00	758.24
2009	997.10	1 045.761
2010	1 167.17	1 164.057
2011	1 260.7	1 228.132
2012	1 393.87	1 268.259
2013	1 277.17	1 295.735
2014	1 294.73	1 315.725
2015	1 260.97	1 330.919
2016		1 342.858
2017		1 352.486
2018		1 360.416
2019		1 367.059
2020		1 372.705

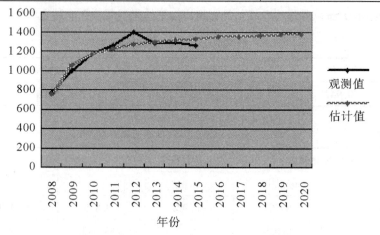

图 7.6 我国随迁子女人数的观测值与估计值

7.4.1.2 我国义务教育人均经费供给预测

（1）我国义务教育预算内财政经费供给预测。

教育融资供给则是反映教育经费的来源，根据我国统计的方法，在教育经费统计年鉴中表示为教育经费收入。在进行我国义务教育人均义务经费供给预测时，本书引入了生均教育经费指数的概念。生均教育经费指数在国际上被认定为衡量教育经费是否充足的一个指标。生均教育经费指数＝生均教育经费/人均GDP。因此我们在对生均教育经费支出进行预测时，需要通过对生均教育经费指数与人均GDP进行预测。

首先进行生均教育经费指数的预测，通过对我国2000—2013年义务教育经费支出以及学生的统计，算出生均教育经费；最后得出我国义务教育生均教育经费指数（见表7.11和表7.12）。

表 7.11　我国小学教育经费指数

年份	小学学生数 /万人	小学教育 经费支出 /万元	小学生均 教育经费/ 元	人均 GDP/元	小学教育 经费指数
2000	13 013	6 612 325	508	7 902	0.06
2001	12 543	8 399 608	670	8 670	0.08
2002	12 157	10 220 530	841	9 450	0.09
2003	11 690	11 324 991	969	10 600	0.09
2004	11 246	13 193 815	1 173	12 400	0.09
2005	10 864	16 690 390	1 536	14 259	0.11
2006	10 712	19 900 667	1 858	16 602	0.11
2007	10 564	26 738 863	2 531	20 337	0.12
2008	10 332	32 978 952	3 192	23 912	0.13
2009	10 071	39 725 715	3 944	25 963	0.15
2010	9 941	46 425 984	4 670	30 567	0.15
2011	9 926	57 599 831	5 803	36 018	0.16
2012	9 696	67 009 153	6 911	39 544	0.17
2013	9 361	76 418 475	8 164	43 320	0.19

数据来源：教育经费统计年鉴。

表 7.12　我国初中教育经费指数

年份	初中学生数/万人	初中教育经费支出/万元	初中生均教育经费/元	人均GDP/元	初中教育经费指数
2000	6 168	1 315 028	213	7 902	0.03
2001	6 431	4 348 160	676	8 670	0.08
2002	6 604	5 420 610	821	9 450	0.09
2003	6 618	6 102 568	922	10 600	0.09
2004	6 475	7 161 167	1 106	12 400	0.09
2005	6 172	9 802 738	1 588	14 259	0.11
2006	5 937	11 714 331	1 973	16 602	0.12
2007	5 721	17 390 627	3 040	20 337	0.15
2008	5 574	22 507 836	4 038	23 912	0.17
2009	5 434	27 218 443	5 009	25 963	0.19
2010	5 276	31 523 694	5 975	30 567	0.20
2011	5 064	39 024 011	7 706	36 018	0.21
2012	4 761	43 923 619	9 225	39 544	0.23
2013	4 439	48 823 227	10 999	43 320	0.25

数据来源：教育经费统计年鉴。

如以上表格所示，2000—2013 年，我国小学教育经费指数从 0.06 变为 0.19，我国初中教育经费指数从 0.03 变为 0.25，维持了多年的增长局面。2004 年，小学财政教育经费指数在 0.1～0.2，而中学的财政教育经费指数在 0.15～0.22。综合 2011 年联合国教科文组织公布的各个国家的生均教育经费指数，可以看出生均教育经费指数与国家经济发展水平息息相关，同时，也与人均 GDP 水平有较大的关系。联合国教科文组织对生均教育经费指数没有公布确切的标准，但是根据其平均水平，设定每年 0.01 的增长率与现实情况基本相符。因此，我们根据生均教育经费的增长率情况可以推测出小学与初中的生均教育经费增长情况。

我国义务教育生均教育经费指数在 2000—2013 年平均以每年增加 0.01 的速度增长。根据"十三五"规划的内容，为了实现我国在 2020 年国民生产总值和居民平均收入翻一番的目标，我国在接下来 5 年的 GDP 年平均增速为 6.53%，因此设定 2016—2020 年人均 GDP 平均增速为 6.53%。我们根据生均教育经费=教育经费指数×人均GDP，结合二者的增长率，对我国生均教育经费支出的预测如表7.13所示。

表7.13　财政内生均教育经费　　　　单位：元

年份	生均教育经费（小学）	生均教育经费（初中）	财政内生均教育经费
2000	508	213	360.5
2001	670	676	673
2002	841	821	831
2003	969	922	945.5
2004	1 173	1 106	1 139.5
2005	1 536	1 588	1 562
2006	1 858	1 973	1 915.5
2007	2 531	3 040	2 785.5
2008	3 192	4 038	3 615
2009	3 944	5 009	4 476.5
2010	4 670	5 975	5 322.5
2011	5 803	7 706	6 754.5
2012	6 911	9 225	8 068
2013	8 164	10 999	9 581.5
2014	9 326	12 124	10 725
2015	10 432	13 412	11 922
2016	11 642	14 817	13 229.5
2017	12 966	16 348	14 657
2018	14 413	18 016	16 214.5
2019	15 994	19 832	17 913
2020	17 720	21 809	19 764.5

（2）我国义务教育预算非财政经费供给预测。

除了财政性的教育经费供给，我国义务教育的教育经费还来自非财政的教育经费，包括举办者投入、社会捐赠、事业收入以及其他教育经费。在对这些类型的教育经费进行预测时，义务教育非财政经费及预测供给如表7.14和

表 7.15 所示。

表 7.14　义务教育非财政经费供给（2000—2013 年）　　单位：元

年份	举办者投入	社会捐赠	事业收入	其他教育经费	非财政供给
2000	73 975	593 798	2 435 186	460 105	3 563 064
2001	102 041	557 731	2 722 566	532 323	3 914 661
2002	138 299	524 200	3 032 524	592 374	4 287 398
2003	183 314	421 790	3 372 606	640 187	4 617 897
2004	191 533	402 594	3 714 567	713 091	5 021 785
2005	206 614	423 278	4 650 101	915 299	6 195 292
2006	191 338	411 482	3 616 190	900 971	5 119 982
2007	259 898	447 910	4 183 196	1 009 762	5 900 765
2008	214 205	482 524	3 636 555	904 524	5 237 808
2009	220 336	632 477	3 258 617	953 607	5 065 037
2010	220 334	484 516	3 332 619	959 760	4 997 228
2011	288 128	395 641	3 537 323	942 736	5 163 829
2012	358 607	280 000	3 970 000	965 569	5 574 176
2013	524 410	219 824	4 018 818	1 067 130	5 830 182

数据来源：中国教育经费统计年鉴。

表 7.15　义务教育生均非财政经费供给预测*　　单位：元

年份	非财政供给	随迁子女人数	生均非财政供给预测
2014	6 033 344	13 528	446
2015	6 222 313	13 025	478
2016	6 394 567	12 432	514
2017	6 546 770	11 717	559
2018	6 678 137	10 844	616
2019	6 730 930	9 770	689
2020	6 869 592	8 452	813

* 非财政供给预测数据为 EXCEL 回归预测得到。

7.4.2 新型城镇化过程中教育融资需求测算

我们在对随迁子女教育的融资需求进行测算时，需关注随迁子女的教育经费支出。教育经费支出是指教育经费的走向，包括教育事业费（其中包括人员经费和公用经费）以及基建支出。我国 2000—2013 年的教育经费支出利用 EXCEL 回归预测得到。表 7.16 为我国 2000—2013 年义务教育生均教育需求，表 7.17 为从 2014—2020 年义务教育生均教育需求的预测。

表 7.16　义务教育生均教育需求（2000—2012 年）　单位：元

年份	教育经费支出	生均教育需求
2000	10 858 874	566
2001	18 569 882	979
2002	21 431 357	1 142
2003	23 434 834	1 280
2004	27 081 890	1 528
2005	32 608 405	1 914
2006	36 907 329	2 217
2007	49 810 238	3 059
2008	60 698 841	3 816
2009	72 051 318	4 647
2010	82 881 391	5 447
2011	100 838 361	6 727
2012	115 289 483	7 975
2013	129 740 605	9 402

数据来源：教育经费统计年鉴。

表 7.17　义务教育生均教育需求（2014—2020 年）

预测单位：元

年份	教育经费支出	生均教育需求预测
2014	144 539 670	10 685
2015	156 047 249	11 981
2016	166 593 647	13 401

表7.17(续)

年份	教育经费支出	生均教育需求预测
2017	175 217 143	14 954
2018	180 575 347	16 653
2019	180 842 149	18 509
2020	173 583 640	20 537

7.4.3 新型城镇化过程中教育融资缺口测算

我们在测算教育经费缺口时，需要运用到上文测算出的随迁子女人数、生均财政内经费供给、生均非财政经费供给以及生均教育经费需求等数据。最后，如表 7.18 所示，2014—2020 年，财政教育经费缺口预测结果在 2014 年为正，而 2015—2020 年，则维持着较大的财政经费缺口。加入非财政教育经费后，则经费缺口为正。由此可以得出金融支持以及非财政的其他支持对于随迁子女教育经费满足的重要性。另外，我国教育水平的提高以及城镇化水平的提升，对我国随迁子女的教育质量提出了更高的要求，因此随迁子女的经费需求会更高，在总教育经费上也会出现较大的缺口。在财政性经费投入增长有限的情况下，我国应该提高对金融支持力量的引入。根据本书的测算，我国对随迁子女的资金支持还存在较大的缺口，财政性经费不能满足其发展的需要。因此 2015—2020 年，在财政性教育经费增长有限的情况下，我国应该大力引入金融对随迁子女教育经费的支持。

表 7.18　我国随迁子女教育经费缺口测算　　　　单位：万元

年份	随迁子女人数	生均非财政供给	生均财政教育经费供给	生均教育经费需求	总教育经费缺口	财政教育经费缺口
2008	765	329	3 615	3 816	98 016.34	−153 902
2009	997	327	4 476.5	4 647	155 775.7	−169 946
2010	1 167	328	5 322.5	5 447	238 260.3	−145 045
2011	1 261	344	6 754.5	6 727	469 219.6	34 944.28
2012	1 394	386	8 068	7 975	667 612.9	130 182.4
2013	1 277	422	9 581.5	9 402	769 158.5	229 568.8
2014	1 295	446	10 725	10 685	629 450.7	51 995.57

表7.18(续)

年份	随迁子女人数	生均非财政供给	生均财政教育经费供给	生均教育经费需求	总教育经费缺口	财政教育经费缺口
2015	1 261	478	11 922	11 981	528 000.8	−74 411.7
2016	1 343	514	13 229.5	13 401	461 041.1	−229 684
2017	1 352	559	14 657	14 954	354 009.8	−401 675
2018	1 360	616	16 214.5	16 653	241 599.4	−596 229
2019	1 367	689	17 913	18 509	126 728	−815 054
2020	1 373	813	19 764.5	20 537	55 744.98	−1 059 906

数据来源：由课题组整理得出。

8 金融支持新型城镇化进程中社会保障的供求分析

在我国新型城镇化快速发展的过程中，伴随着产业升级，众多农业人口向城镇进行转移，对我国的社会保障体系带来了很大的挑战。同时，刚性增长的社会保障需求，导致社会保障资金缺口的持续扩大，严重影响到我国社会保障体系的稳定性和可持续性。由于刚进城的农民工缺乏有效生活保障，无法运用有效的手段应对未知的变数，因此政府有义务健全现行的社会保障制度，并在融资方面扮演重要角色，从而保障农民工的基本权利。

8.1 新型城镇化进程中农民工的社会保障现状

8.1.1 不同行业的社会保障水平

基于不同行业分析，由图 8.1 可知，供职于不同行业的农民工在参保率方面有明显差别。其中社会保险参保率最高的在制造行业，但也远低于社会平均水平，该行业参保率最高的工伤保险也仅刚过三成，而最低的生育保险参保率甚至不足一成。在农民工比较集中的其他几个行业情况更是不容乐观，除去工伤保险参保率稍高以外，其他险种的参保率几乎都不到15%，多数的参保率仅为个位数。

8.1.2 不同区域参加社会保险的情况

由图 8.2 可知，总体来看，农民工社会保险的参保率较低，远未达到合理水平。分区域来看，在东部地区务工的农民工社会保险的参保率分别为：工伤保险29.8%、医疗保险20.45%、养老保险20.0%、失业保险12.4%、生育保险9.1%，虽然参保率也不高，但显著高于中西部地区。这表明我国农民工的社会保障不仅存在总体水平较低的问题，还存在地区失衡的问题。

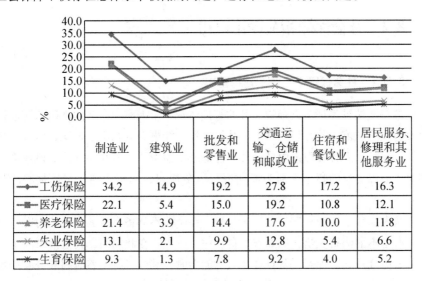

	制造业	建筑业	批发和零售业	交通运输、仓储和邮政业	住宿和餐饮业	居民服务、修理和其他服务业
工伤保险	34.2	14.9	19.2	27.8	17.2	16.3
医疗保险	22.1	5.4	15.0	19.2	10.8	12.1
养老保险	21.4	3.9	14.4	17.6	10.0	11.8
失业保险	13.1	2.1	9.9	12.8	5.4	6.6
生育保险	9.3	1.3	7.8	9.2	4.0	5.2

图 8.1　2011 年不同行业外出农民工参加社会保障的比例

数据来源：2014 年全国农民工监测调查报告。

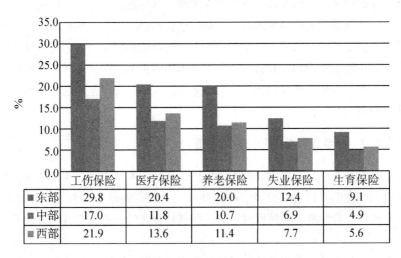

	工伤保险	医疗保险	养老保险	失业保险	生育保险
东部	29.8	20.4	20.0	12.4	9.1
中部	17.0	11.8	10.7	6.9	4.9
西部	21.9	13.6	11.4	7.7	5.6

图 8.2　2014 年农民工在不同区域务工参加社会保障的比例

数据来源：2014 年全国农民工监测调查报告。

8.2　社会保障相关理论概述

8.2.1　社会保障个人融资理论基础

参与缴纳社保是个人融资义务的直接体现，个人应就未来的不确定性进行有效的风险防范，并且积极投身于社保融资，能更好地利用金融工具应对一些突发状况。个人融资理论中最具代表性的就是消费的生命周期理论，该理论指出个人应以自身的整个生命为周期进行消费规划，从而达到一个最优的消费配置。

从人们整个生命周期的角度来分析，在个体不具备自食其力的能力时，其照样有基本的消费支出，例如衣、食、住、行等。在此期间，其生活来源主要来自家庭或社会。等到具备自食其力的能力时，其收入将随着时间和经验的增长而渐渐提升，而在能力和精力达到人生的顶峰后，其收入也将步入下行区间，直到退休后才保持在一个较为稳定的水平。但消费支出的变化异于收入的变化，年轻时由于一些大额刚性的消费需求，将导致入不敷出的局面。而步入中年后，伴随着收入的逐步攀升，消费的增长趋势将放缓，从而带来一定的正储蓄。等到老年后，退休工资将较为固定，而由于消费本身的必要性以及年老后必不可少的医护费用，其将再一次步入入不敷出的阶段。从图8.3可知，为达到个人在整个生命周期内的最优消费配置，人们需使用年轻时的积累去平衡老年时的亏空。

8.2.2　社会保障企业融资理论基础

企业对社会进步具有重要的推动作用，其社会责任感是企业社保融资的核心体现。企业的责任包括经济、法律和社会责任，各自扮演着相应的角色①。企业在追逐自身经济效益的同时，应注重其社会责任，思量其对社会带来的正能量。

眼下，我国的就业市场还处于供过于求的情况，因此企业处于一个相对强势的地位。在员工消耗自身人力资本创造企业价值的同时，也一定程度加大了员工的病患风险，而相应的费用就应由企业来承担，这本身就是企业各项成本的一部分。而且企业应彰显一定的社会责任感，虽然企业支付一定的社保费用

---

① 李立清，李燕凌. 企业社会责任研究 [M]. 北京：人民出版社，2005.

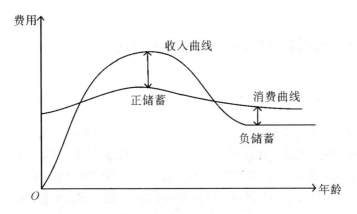

图 8.3　收入-消费生命周期图

数据来源：由课题组整理得出。

会增加其运营成本而影响利润，却有利于提高企业的整体形象，提升其无形价值。企业通过参与社会保障融资和社会保障建设的方式，顺应了时代的发展，推动了社会进步，也有利于企业的长足发展。

8.2.3　社会保障政府融资理论基础

政府在整个国民经济和社会有机体持续、稳定和协调的发展过程中，具有不可推卸的责任，因此为整个社会经济的正常运行创造一个良好健康的环境是政府在社会保障中的融资责任的主要体现。

社会保障的主旨在于维护社会的稳定和谐，当个人遭遇天灾人祸时，可以通过风险管理的方式提供援助，从而避免社会矛盾的激化，因而是社会稳定器的重要一环。个体应对风险的方式主要有如下两种：一是通过自身的积累形成风险抵御的能力，以家庭为单位进行风险的防范和化解；二是基于政府建立的相应制度进行风险防范和化解，帮助其走出困境。但由于贫富差距的广泛存在，注定会有一部分人无法通过第一种路径有效化解风险，并且随着社会马太效应的凸显，将会有越来越多的人无法通过自身化解风险，从而导致风险范围的扩大。这时就需要政府调动社会资源保障公民的基本生活，履行维护社会安全的责任，或者由政府财政出资帮助公民抵御风险。在政府融资责任中，国家尤其要加强对弱势群体的关爱，履行其救助社会弱势人群的责任。

8.3 我国社会保障融资的主要模式

8.3.1 现收现付制

现收现付制是基于横向平衡原则，将当期工作的人缴纳的款项，用以满足退休的人的收益需求。在该模式下，每年的资金需求不同，所需要筹集的资金就不同，资金的征收和使用均在当期完成，不与下期挂钩，能保证资金的及时拨付，且不受物价波动的影响，可有效应对通货膨胀。该模式能有效维护社会稳定，促进社会公平；且由于资金的结算不存在跨期，因此其所需的管理水平要求不高，管理者的风险也较低，从而其运行和管理的成本较低，符合低成本原则。

8.3.2 完全积累制

完全积累制是基于远期纵向平衡原则，要求职工从开始工作到退休一直以储蓄的形式缴纳社会保障基金，并建立相应的个人账户，其累计额和增值额都属于个人，最后按相关规定领取。因为该模式适用于贫富差距较大、制度不完善的国家，故被广泛应用于发展中国家。且该模式运营透明，便于监管，正面引导作用较强，易被大众认可。

8.3.3 部分积累制

部分积累制兼具前两种模式的优点，是前两种模式有效结合的产物。在该模式下，使用资金的来源有两种融资模式，分别基于现收现付制和完全累计制。与这两种模式相比，部分累计制既有效地保留了各自的优点，又成功地规避了当代人负担过重和通货膨胀等缺点，能更好地达到社会保障的目的。

8.3.4 社会保障融资模式优缺点比较

由上文可知，社会保障的融资模式主要有以上三种，故在此基于表 8.1 对这三种融资模式的优缺点进行简要的分析阐述。

表 8.1 社会保障融资模式优缺点分析

社会保障基金融资模式	优点	缺点
现收现付制	以支定收,略有结余;收支平衡,适合于年轻型社会	当有自然灾害等恶劣情况时,资金周转不过来,财政压力较大;不能有效应对社会结构的变化,且使用范围较窄
完全积累制	追求长期平衡,可以形成储备资金,以备应付意外支出	面对通货膨胀的压力较大,资金存在贬值风险
部分积累制	兼具现收现付制和完全积累制的优点,效率损失较少,适合于我国的国情	一定程度会受通货膨胀的影响,互助互济不明显,控制难度较大

数据来源:由课题组整理得出。

8.3.5 社会保障融资渠道汇总

我国社会保障的融资渠道,基本上表现为个人、企业和政府共同承担社会保障融资责任的三方负担形式,但每项保障所承担的责任不同,具体的融资渠道见表 8.2。

表 8.2 社会保障融资渠道

险种		融资渠道			
		个人	企业	政府	
				中央政府	地方政府
居民养老保险	城镇职工	本人工资 8% 计入个人账户	上限是工资总额的 20%	"老人"全额退休金,"中人"基础养老金,"新人"基础养老金①,做实个人账户补助	"中人"过渡养老金,做实个人账户补助
	城镇居民	100~2 000 元 12 个缴费档次	—	对中西部地区按中央确定的基础养老金标准给予全额补助,对东部地区给予 50% 的补助	不低于 30 元/人/年补贴,并对困难群体代缴部分或全部最低标准的养老保险费
	农村居民	100~500 元 5 个缴费档次(集体补助金额民主确定)	—		

---

① 1997 年国务院出台了《关于建立统一的企业职工基本养老保险制度的决定》,确定我国实行社会统筹与个人账户相结合的新模式,使我国养老保险的筹资由现收现付模式向现收现付与部分积累相结合的模式过渡,其中:养老保险模式转换前参加工作并在模式转换前已经退休的人员被称为"老人";制度转换前参加工作但制度转换时还没有达到退休的人员被称为"中人";在制度转换后参加工作的人员成为"新人"。

表8.2(续)

险种		融资渠道			
		个人	企业	政府	
				中央政府	地方政府
基本医疗保险	城镇职工	本人工资 2% 全部计入个人账户	工资总额的 6% 左右, 按三七比例划分到统筹基金和个人账户	困难地区参保补助	一般地区参保补助
	城镇居民	每年缴费标准不低于 180 元	—		
	农村合作医疗	全国平均达到 180 元左右	—		
生育保险		—	一般不超过工资总额的 1%	困难地区予以补贴	基金不足时予以补贴
失业保险		本人工资 1%	工资总额的 2%	极其重大危机时予以补贴	重大危机时予以补贴
工伤保险		—	不同工作性质存在差异	极其重大危机时予以补贴	重大危机时予以补贴

数据来源: 由课题组整理得出。

8.4　我国社会保障融资存在的问题

8.4.1　社会保障呈现城乡二元化

我国社会保障的城乡二元化主要体现在社会保障体系的城乡二元化。由于我国已基本完成了城市社会保障体系的建立健全, 几乎覆盖了所有城市居民, 且三方共同负担的缴费格局, 使得该体系的运行更为稳健。相反, 我国农村的社会保障体系较为脆弱, 依旧以家庭为单位进行风险的防范和化解, 佐之一定的新农合和农村合作医疗, 融资主要由政府财政负担。虽然近几年一直加速推进城乡一体化, 但城乡差距依旧客观存在, 农业本身较低的产业附加值使得农村财政捉襟见肘, 继续支持社会保障的完善更是难以为继。尽管存在一定的转移支付, 但农村的社会保障水平依旧不容乐观。

基于对 2016 年各地区的城乡低保平均标准统计分析, 由表 8.3 可知, 从我国不同区域分析来看, 越是贫困的地区城乡社会保障的差距越明显。全国城乡差距平均水平为 1.59 倍，上海、北京等富裕地区几乎不存在城乡差距，而西藏的城乡差距却达到惊人的 3.17 倍。同时，不同地区间的农村平均低保标准和城市平均低保标准也相差甚远。

表 8.3　2016 年各省（区、市）城乡低保平均标准

单位：元/（人·月）

地区	城市平均低保标准	农村平均低保标准	城市/农村
全国	494.60	312.00	1.59
北京	800.00	800.00	1.00
天津	780.00	755.00	1.03
河北	501.16	279.92	1.79
山西	441.09	270.55	1.63
内蒙古	540.24	350.00	1.54
辽宁	522.83	326.24	1.60
吉林	446.93	287.07	1.56
黑龙江	535.89	315.59	1.70
上海	880.00	870.00	1.01
江苏	610.82	540.07	1.13
浙江	673.72	607.70	1.11
安徽	497.08	320.04	1.55
福建	514.77	320.12	1.61
江西	480.83	276.24	1.74
山东	494.88	314.82	1.57
河南	425.14	257.03	1.65
湖北	487.88	319.07	1.53
湖南	431.27	256.83	1.68
广东	576.15	445.22	1.29
广西	457.61	248.77	1.84
海南	466.96	346.96	1.35
重庆	459.63	307.91	1.49
四川	419.53	262.88	1.60

表8.3(续)

地区	城市平均低保标准	农村平均低保标准	城市/农村
贵州	507. 32	266. 82	1. 90
云南	442. 17	225. 90	1. 96
西藏	693. 51	218. 46	3. 17
陕西	479. 48	266. 94	1. 80
甘肃	410. 90	244. 41	1. 68
青海	400. 83	247. 50	1. 62
宁夏	416. 36	282. 41	1. 47
新疆	383. 89	249. 52	1. 54

数据来源：Wind 数据库。

8.4.2 统筹区域间转移困难

随着我国新型城镇化进程的推进，人口流动变得日趋频繁，对我国现行的社会保障体系构成了很大的挑战。养老保险在不同统筹区域间存在转移困难，导致返乡就业的农民工中断其养老保险的缴纳。究其原因，是由于现行制度不完善造成的，其割裂了城乡保险关系。根据规定，农民工返乡后只能将其缴纳的城镇职工养老保险转入农村居民养老保险，但二者账户存在差异，会导致转移者利益受损。此种类似现象也出现于城市间不同统筹区域间的转移，主要是各地养老保险政策存在差异，且在转移过程中缺乏行之有效的衔接制度。"当劳动力跨省流动就业时，基本养老关系一并转入新参保地"虽然已经在规定中明确指出，但企业之前缴纳的养老保险却无法转出，故导致在人口输入地养老基金规模大，而人口输出地则相反。从而造成在业务经办流程中，养老保险转出的手续会被人为刁难。

养老保险以外的其他社保项目也存在类似情况，追根溯源主要是我国社保统筹层面的问题。如图 8.4 所示，地方政府负担了社保支出的绝大部分，每一年的负担比例都在九成以上。因此会造成社保资金在各地间的转移困难，不利于人力资源的流动。同时，这使得地方政府面临较大的社保支付压力，且越是经济落后的地区问题越严重，从而造成地区间的发展水平更加失衡。

8.4.3 渠道单一加重财政负担

由表 8.4 可知，在我国经济快速发展的同时，我国的社会保障支出也表现

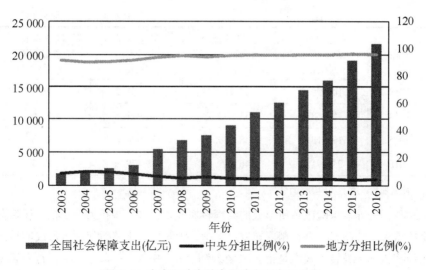

图 8.4　中央和地方社会保障支出责任分担

数据来源：Wind 数据库、中国统计年鉴。

出持续增长的趋势，从 2003 年的 6 672.3 亿元到 2016 年的 68 479.9 亿元，十来年的时间里增长了十倍以上。且分析可以得出，财政负担社会保障的比重较大，一般都在三成以上，但近几年比例有所下降。

表 8.4　我国社会保障财政支出情况

年份	预算内社会保障支出/亿元	预算外社会保障支出/亿元	社会保障总支出/亿元	社会保障财政负担率/%
2003	2 655.9	4 016.4	6 672.3	39.8
2004	3 116.1	4 130.6	7 246.7	43.0
2005	3 696.9	4 804.7	8 501.6	43.5
2006	4 361.8	5 806.6	10 168.4	42.9
2007	5 447.2	7 009.9	12 457.1	43.7
2008	6 804.3	8 895.7	15 700.0	43.3
2009	7 606.7	12 302.6	19 909.3	38.2
2010	9 130.6	13 309.9	22 440.5	40.7
2011	11 109.4	18 877.7	29 987.1	37.0
2012	12 585.5	23 331.3	35 916.8	35.0

表8.4(续)

年份	预算内社会 保障支出/ 亿元	预算外社会 保障支出/ 亿元	社会保障 总支出/ 亿元	社会保障 财政负担率/ %
2013	14 490.9	27 916.3	42 407.2	34.2
2014	15 968.9	33 002.7	48 971.6	32.6
2015	19 018.7	38 988.1	58 006.8	32.8
2016	21 591.5	46 888.4	68 479.9	31.5

数据来源：历年《中国统计年鉴》。

现行的养老保险改革所形成的巨额转换成本，进一步扩大了对社会保障资金的需求。转制成本是在制度转换过程中，为解决历史遗留问题所形成或付出的经济成本。其转换成本是指对"老人"[①] 和"中人"[②] 在养老金权益归属上的"隐性债务"[③] 的显性化。部分地方政府采用挪用当期养老金收入支付当期应发放的基础养老金的办法，来解决这些隐形债务，从而造成巨额的养老金账户空账运行，而这种体量的养老金保险空账运行风险极大，甚至可能引发制度崩塌。虽然做实个人账户的工作已在各地开展起来了，可因为新增领取养老金的人数远远高于新增参保人数，造成个人账户的做实工作困难重重。综上可知，虽然我国社会保障资金需求逐年增加，但社会动员力量不足，融资渠道仍以财政预算资金为主，在日益增大的社会保障支出的情况下，这种单一的融资渠道无疑会给财政带来巨大的支付压力。

8.4.4 社会保险缴费率存在争议

我国社会保险采用的是个人、企业和政府三方共同出资的融资方式，其社会保险缴费率是由个人和企业共同决定的。由表8.5可知，在不考虑企业缴纳工伤保险的情况下，我国社会保险缴费率在40%上下，其中个人负担在11%左右，企业负担在29%左右。

[①] 养老保险模式转换前参加工作并在模式转换前已经退休的人员。

[②] 养老保险模式转换前参加工作但模式转换时还没有达到退休的人员。

[③] 隐形债务是指在养老保险制度从现收现付向积累制转换的过程中，在制度转换前参加工作的人没有个人账户的积累，却享有退休后获得养老金收入的权益，是制度转轨过程中政府最终需要清偿的负债。

表 8.5　我国社会保险缴费率

项目	企业缴费率	个人缴费率
基本养老保险	不超过工资总额 20%	本人工资的 8%
医疗保险	工资总额 6%	本人工资的 2%
生育保险	不超过工资总额 1%	—
失业保险	工资总额 2%	本人工资的 1%
工伤保险	不同工作性质存在差异	—
合计	29%左右+工伤保险缴费率	11%

注：仅适用于城镇企业职工。

关于我国社会保险缴费率的争论从未停止过。甚至在一段时期内，有消息称我国社会保险缴费率为全球之首，认为个人和企业对社会保险的负担过重。由表 8.6 可知，我国社会保险的缴费率较高，但并未达到所谓的全球第一。

表 8.6　世界各国社会保险缴费率一览表

国家	缴费率/税率（%）			内容
	个人	企业	合计	
韩国	7.8	8.7	16.5	包括养老金、医疗保险、失业保险、婴幼儿抚育金等，各地福利支出存在差异
美国	7.6	9.7	17.3	有养老保险、生育保险，住房保障与强制性医疗保险主要针对 65 岁以上的老年人和严重伤残人士
日本	13.1	13.7	26.8	养老保险、医疗保险、护理保险实现全覆盖
瑞典	7.0	20.9	27.9	包括养老、医疗等保险，基本上实现全覆盖
巴西	8.0	21.0	29.0	包括养老保险、医疗保险、生育补贴、失业保险和住房公积金等，实行公费医疗
俄罗斯	—	30.2	30.2	包括养老保险、医疗保险等，军人、多子女家庭可享有一定补助
印度	13.7	22.4	36.1	包括养老保险和公费医疗等，养老保险覆盖率极低
西班牙	6.2	31.1	37.3	包括养老保险、失业保险等，实行免费医疗
比利时	13.0	24.8	37.8	全民参保，包括医疗、残疾赔偿、失业金、退休金、家庭津贴、工伤保险等

表8.6(续)

国家	缴费率/税率（%）			内容
	个人	企业	合计	
波兰	22.2	17.4	39.6	社保最低标准基本全覆盖，农民有单独社保，退休领取最低养老金，妇女生育可享有一次性补贴
中国	11.0	29.0	40.0	包括医疗、养老、失业和生育保险，工伤未计入缴费率
意大利	9.2	31.8	41.0	包括养老、医疗、失业保险和残疾人生活补贴等
德国	20.4	20.9	41.3	包括养老、医疗、失业、工伤、护理等，其中护理保险最为发达
法国	9.9	32.7	42.6	包括养老保险、医疗保险、失业金等

数据来源：美国社保局研究报告。

由表8.6可知，考虑到国外的高福利情况，我国的社会保险缴费率的制定略偏高。一方面，有人觉得，我国应该保持此缴费率，从而加强个人的保障意识，凸显出自身的风险防范意识；而另一方面，有人却认为应该弱化社会保障的个人和企业责任，逐渐降低社会保险缴费率，增加政府对社会保障的财政支出。本研究认为，关于我国社会保险缴费率问题的分析，应具体深化到其组成和高企的原因，而不仅仅是分析其数值的大小。首先，在人口老龄化的时代背景下，国家必须依靠较高的缴费率来化解社会保险转制所产生的成本；其次，由于缺乏有效的监督和法制约束，多数企业只会按照城市最低的工资水平缴纳社会保险，使得实际缴费率远低于名义缴费率；最后，我国的社会保险费的征缴形式不同于其他国家，其他国家是以社会保障税的形式征缴，并辅以其他一般税收，而我国则是以社会保险费的形式征缴。

8.4.5 社会保障基金保值增值机制欠缺

我国社会保障资金的保值增值主要是针对社会保险资金来说的，因为社会保障的其他部分资金来源主要是财政当期拨款，所以没有保值增值的顾虑。对于其相关的管理，其实早在1994年出台的《关于加强企业职工社会保险基金投资管理的暂行规定》中就有明文规定，即"80%左右应用于购买特种定向债券，在国务院没有做出新的规定前，不得在境内外进行其他直接投资和各种形式的委托投资"，2001年出台的《全国社会保障基金投资管理暂行办法》，又指出"社保基金投资的范围限于银行存款、买卖国债和其他具有良好流动性的金融工具，包括上市流通的证券投资基金、股票、信用等级在投资级以上的企业债、金融债等有价证券"，并把"在保证基金资产安全性、流动性的前提下，实现基金资产的增值"列入基金管理目标。表8.7为社保基金历年收益情况表。

表8.7　社保基金历年收益情况表

年份	投资收益率/%	通货膨胀率/%	收益率和通货膨胀率差额/%	投资收益额/亿元
2003	3.56	1.20	2.36	44.71
2004	2.61	3.90	-1.29	36.72
2005	4.16	1.80	2.36	71.22
2006	29.01	1.50	27.51	619.79
2007	43.19	4.80	38.39	1 453.50
2008	-6.79	5.90	-12.69	-393.72
2009	16.12	-0.70	16.82	850.43
2010	4.23	3.30	0.93	321.22
2011	0.84	5.40	-4.56	73.37
2012	7.01	2.60	4.41	646.59
2013	6.20	2.60	3.60	685.87
2014	11.69	2.00	9.69	1 424.6
2015	15.19	1.40	13.76	2 294.61
2016	1.73	2.00	-0.27	319.40

数据来源：全国社会保障基金理事会网站、国家统计局。

个人账户资金和统筹基金是管理社会保险基金保值增值涉及的两个方面。个人账户资金就是指缴纳基本养老保险和基本医疗保险时，划入个人账户的部分。但个人账户的资金并未进行有效的投资，只是以银行存款计算利息，没有达到保值增值的效果。而关于统筹基金，由表8.7可知，其增值保值的效果也并不乐观，收益极不稳定，2007年收益率高达43.19%，而2008年却出现亏损的情况，2014年和2015年受益于股市的回暖，增值保值的效果还差强人意，到2016年又出现明显下滑。因为我国二级资本市场并不完善，同时受制于我国社会保障资金"安全性和流动性"的硬性要求，使得其缺乏有效的投资渠道，造成大量资金闲置，所受通胀压力较大，严重影响到未来社会保障资金的顺利支付。

8.5 新型城镇化进程中农民工市民化的社会保障成本测算

社会保障成本，是指农民工向市民转化过程中在社会保障方面需要新增的资金投入。考虑到数据的可得性，本报告主要对农民工市民化社会保障中的养老和医疗成本进行测算。

8.5.1 养老保险成本测算

基本养老保险是我国对养老保险账户管理的主要形式，其由基础养老保险和个人账户养老保险两部分组成。本研究将市民化后农民工退休时所享受的基本养老金收益与其退休时个人账户累计余额的差额，算作城镇化过程中农民工市民化的养老保险成本，即这部分需要财政资金的支持。

公式表达为

$$C_{养总N} = F_{总} - C_{个人} \tag{8-1}$$

$$C_{养总n} = \frac{C_{养总N}}{(1 + i)^{N}} \tag{8-2}$$

$$C_{养} = \frac{C_{养总n}}{N} \tag{8-3}$$

其中：$C_{养总N}$ 为退休时养老保险总成本；$F_{总}$ 为退休时基本养老保险收益；$C_{个人}$ 为退休时个人账户累存额；$C_{养总n}$ 为市民化当年养老保险总成本；i 为利率；$C_{养}$ 为所测算的养老保险成本。

在本研究中，我们假设农民工市民化的平均年龄为 35 岁，预计平均退休年龄和寿命分别为 60 岁和 75 岁，且养老保险足额缴纳。

用公式可表达为

$$C_{基本} = C_{基础} + C_{个账} \tag{8-4}$$

$$C_{基础} = \frac{C_{职} + C_{指}}{2} \times N \times 1\% \tag{8-5}$$

$$C_{个账} = \frac{C_{个人}}{n} \tag{8-6}$$

其中：$C_{基本}$ 为基本养老保险；$C_{基础}$ 为基础养老保险；$C_{个账}$ 为个人账户养老

保险；$C_{职}$ 为上年度在岗职工月平均工资；$C_{指}$ 为本人指数化月平均缴费工资；N 为缴费年限；$C_{个人}$ 为参保人员退休时个人账户累存额；n 为计发月数。

根据前文的假设，在此对农民工市民化的养老保险成本进行简单测算。在2015 年一位农民工 35 岁时开始缴纳养老保险，到 2040 年 60 岁退休时，缴纳时限为 26 年，以上面假设的 75 岁寿命计算，其可领取养老保险的年限为 15 年。同时，在经济新常态下，中国的 GDP 增长率为 6.5% 左右，故工资也按这个比例增加，且养老保险以 2015 年三年期定期存款利率（$i = 2.75\%$）进行增值，由此可以得出该农民工在其市民化时的个人账户养老保险缴纳额。具体计算分析如表 8.8 所示。

表 8.8　农民工市民化养老保险个人账户缴纳额估算值　单位：元

年份	在岗城镇职工上年月平均工资	每月缴纳养老保险	年缴纳养老保险总额	年计利息	个人账户当年本息合计值	个人账户累计总额
2015	4 696.67	375.73	4 508.80	—	4 508.80	4 508.80
2016	5 001.95	400.16	4 801.88	123.99	4 925.87	9 434.67
2017	5 327.08	426.17	5 114.00	259.45	5 373.45	14 808.12
2018	5 673.34	453.87	5 446.41	407.22	5 853.63	20 661.75
2019	6 042.11	483.37	5 800.42	568.20	6 368.62	27 030.37
2020	6 434.84	514.79	6 177.45	743.34	6 920.79	33 951.16
2021	6 853.11	548.25	6 578.99	933.66	7 512.64	41 463.80
2022	7 298.56	583.88	7 006.62	1 140.25	8 146.87	49 610.68
2023	7 772.97	621.84	7 462.05	1 364.29	8 826.34	58 437.02
2024	8 278.21	662.26	7 947.08	1 607.02	9 554.10	67 991.12
2025	8 816.30	705.30	8 463.64	1 869.76	10 333.40	78 324.52
2026	9 389.35	751.15	9 013.78	2 153.92	11 167.70	89 492.22
2027	9 999.66	799.97	9 599.68	2 461.04	12 060.71	101 552.94
2028	10 649.64	851.97	10 223.65	2 792.71	13 016.36	114 569.30
2029	11 341.87	907.35	10 888.19	3 150.66	14 038.85	128 608.15
2030	12 079.09	966.33	11 595.92	3 536.72	15 132.65	143 740.79
2031	12 864.23	1 029.14	12 349.66	3 952.87	16 302.53	160 043.33

表8.8(续)

年份	在岗城镇职工上年月平均工资	每月缴纳养老保险	年缴纳养老保险总额	年计利息	个人账户当年本息合计值	个人账户累计总额
2032	13 700. 40	1 096. 03	13 152. 39	4 401. 19	17 553. 58	177 596. 91
2033	14 590. 93	1 167. 27	14 007. 29	4 883. 91	18 891. 21	196 488. 11
2034	15 539. 34	1 243. 15	14 917. 77	5 403. 42	20 321. 19	216 809. 30
2035	16 549. 40	1 323. 95	15 887. 42	5 962. 26	21 849. 68	238 658. 98
2036	17 625. 11	1 410. 01	16 920. 10	6 563. 12	23 483. 23	262 142. 21
2037	18 770. 74	1 501. 66	18 019. 91	7 208. 91	25 228. 82	287 371. 03
2038	19 990. 84	1 599. 27	19 191. 21	7 902. 70	27 093. 91	314 464. 94
2039	21 290. 24	1 703. 22	20 438. 63	8 647. 79	29 086. 42	343 551. 36
2040	22 674. 11	1 813. 93	21 767. 16	9 447. 66	31 214. 82	346 673. 18

数据来源：由《中国统计年鉴2016》整理得来。

$$C_{个人} = \sum_{n=2015}^{2039} C_n = 346\ 673.\ 18\ (元)$$

由表8.8可知，到2040年该农民工60岁退休时，其已经缴纳26年的个人账户养老保险余额达346 673.18元。由前式（8-4）、式（8-5）、式（8-6）计算可知，在其市民化后，每月可领取的基本养老保险金额为

$$C_{基本} = 22\ 674.\ 11 \times 25 \times 1\% + \frac{346\ 673.\ 18}{139} = 8\ 162.\ 60\ (元)$$

以中国人均寿命的75岁作为该农民工的寿命，即可以领取15年的养老保险。但考虑到货币的时间价值，需对每年领取的养老保险进行折现处理（此处折现率取5%），具体的计算如表8.9所示。

表8.9　农民工市民化养老保险领取额和折现值　　单位：元

年份	在岗城镇职工上年月平均工资	每月领取养老保险金	每年领取养老保险金	养老保险收益折现额
2041	22 674. 11	8 162. 58	97 950. 93	93 286. 60
2042	24 147. 93	8 531. 03	102 372. 39	92 854. 78
2043	25 717. 54	8 923. 44	107 081. 22	92 500. 78

表7-9(续)

年份	在岗城镇职工上年月平均工资	每月领取养老保险金	每年领取养老保险金	养老保险收益折现额
2044	27 389. 18	9 341. 35	112 096. 14	92 221. 77
2045	29 169. 48	9 786. 42	117 437. 04	92 014. 99
2046	31 065. 50	10 260. 43	123 125. 10	91 877. 85
2047	33 084. 75	10 765. 24	129 182. 85	91 807. 84
2048	35 235. 26	11 302. 87	135 634. 38	91 802. 69
2049	37 525. 55	11 875. 44	142 505. 25	91 860. 15
2050	39 964. 71	12 485. 23	149 822. 73	91 978. 16
2051	42 562. 42	13 134. 66	157 615. 86	92 154. 73
2052	45 328. 98	13 826. 30	165 915. 54	92 387. 98
2053	48 275. 36	14 562. 89	174 754. 68	92 676. 14
2054	51 413. 26	15 347. 37	184 168. 38	93 017. 55
2055	54 755. 12	16 182. 83	194 193. 96	93 410. 62

数据来源：根据表8.8计算得来。

由表8.9可得，领取养老保险金在2040年的折现值为

$$F_{总} = \sum_{n=2041}^{2055} \left[\frac{C_{领2041}}{(1+i)} + \frac{C_{领2042}}{(1+i)^2} + \cdots + \frac{C_{领2055}}{(1+i)^{15}} \right] = 1\,385\,852.62 \ （元）$$

故由前式（8-1）、式（8-2）、式（8-3）可得

2040年该农民工的个人总收益，即在2040年政府付出的养老保险总成本为

$$C_{养总2040} = F_{总} - C_{个人} = 1\,385\,852.62 - 346\,673.18 = 1039\,179.44 \ （元）$$

折现到2015年需要投入的养老保险总成本为

$$C_{养总2015} = \frac{C_{养总2040}}{(1+i)^{26}} = 292\,259.6 \ （元）$$

故农民工市民化的年养老保险成本支出为

$$C_{养} = \frac{C_{养总2015}}{26} = 11\,240.75 \ （元/人）$$

8.5.2 医疗保险成本测算

当下，我国的医疗保险格局主要是"城镇为城镇居民基本医疗保险和城市职工医疗保险，而农村为新型农村合作医疗保险（新农合）"。其中，城镇职工医疗保险由企业和个人一同负担，没有财政支持，而剩下两种医疗保险可获得财政拨款。伴随着农民工市民化的进程，其医疗保险由原先的新农合转化为城镇居民基本医疗保险。所以，本研究所测算的医疗保险成本，就是农民工完成市民化后，政府所需要支付的城乡补贴差额。

2015年国家卫生计生委、财政部印发《关于做好2015年新型农村合作医疗工作的通知》指出，各级财政对新农合居民医保的补助标准均提升到380元。其中，中央财政对120元基数部分按原有比例补助，对增加的260元按照西部地区80%和中部地区60%的比例给予补助，对东部地区各省份分别按一定比例给予补助①。所以，基于2015年的标准，农民工转化为市民在医疗保险这方面不需要政府另外补助资金，即 $C_{医保} = 0$ 元。

8.5.3 民政部门的其他社会保障支出

这里的其他社会保障支出指的就是农民工市民化在工伤、生育和失业保险三方面政府需要另外增加的资金。本研究通过全国一般公共支出的决算数对这三项的保险支出成本进行计算。具体如表8.10所示。

表8.10　2015年国家公共财政对工伤、生育和失业保险补贴

项目	决算数/亿	年末参保人数/万	人均补贴额/元
工伤保险基金	22.91	21 432.5	10.39
生育保险基金	12.92	17 771.0	7.27
失业保险基金	9.67	17 326.0	5.58

数据来源：《中国统计年鉴》与2015年全国一般公共预算支出决算表。

因此，农民工市民化的失业保险成本、工伤保险、生育保险的成本分别为5.58元、10.39元和7.27元，即

$C_{失业} = 5.58$（元）；$C_{工伤} = 10.39$（元）；$C_{生育} = 7.27$（元）

最低生活保障是基于财政补贴来衡量的，由于城乡的补贴标准有一定的差异，因此农民工转化为市民的最低生活成本即是其补贴差额。用公式表示为

---

① 2015年调整城镇居民医保补助和缴费额 [J]. 中国劳动，2015（7）：1.

最低生活保障成本=城乡人均补贴差额×补贴比例　　　（8-7）

由于各地城乡居民最低生活保障标准存在差别，故本报告选取江苏、河南和四川的城乡居民最低生活保障标准，分别求其城乡人均补贴差额，然后乘以补贴比例4.43%①。具体如表8.11所示。

表8.11　2015年各地城乡居民最低生活保障补助标准额

省份	农村/元·人	城镇/元·人	城乡差额/元·人
江苏	5 040	6 840	1 800
河南	3 480	6 240	2 760
四川	2 280	4 440	2 160
各地城乡差额平均值：2 240元			

数据来源：各地《关于提高城乡居民最低生活保障标准的通知》。

则市民化中每人最低生活保障的成本为

$$C_{低} = 2\ 240 \times 4.43\% = 99.23\ 元$$

将上述成本加总可得，农民工市民化每人每年的社会保障成本为

$$C = C_{养} + C_{医保} + C_{失业} + C_{工伤} + C_{生育} + C_{低}$$
$$= 11\ 240.75 + 5.58 + 10.69 + 7.27 + 99.23$$
$$= 11\ 363.52\ 元 / （人·年）$$

8.5.4　新型城镇化过程中农民工市民化的社会保障成本分析

经过测算，以2015年为基准，我国新型城镇化过程中农民工市民化的社会保障成本为每人每年11 363.52元，成本持续时间本报告按26年计。由此可知，面对每年大量的新增城镇化人口，对地方财政的社会保障支付已经形成了巨大的压力，且压力随着时间的推移而增大。

新型城镇化的核心是人的城镇化，对公共服务的均等化要求体现在生活的方方面面，本节仅计算新型城镇化过程中农民工市民化的社会保障成本，可以看出对财政支付已形成较大压力，再加上其他方面所需的资金支持，财政更显捉襟见肘。且地方政府严重依赖的土地财政具有不可持续性，使得地方政府的财政收入增长缺乏可靠的支撑点，依靠政府全盘化解新型城镇化过程中农民工市民化的社会保障成本是不现实的。同时，考虑到社会保障自身的特殊性，难

---

① 2015年中国贫困人口分析中，因城市居民领取最低生活保障的人口占非农人口比例的全国数据缺失，故用家庭人均收入低于各地最低生活保障的人口比例代替。

以引入民间资本。因此，应加大金融对社会保障融资的支持，利用中国日益成熟的金融市场，对社会保障资金采取多元化配置，保障资金的安全性和流动性，并最大限度地实现资金的保值增值。

以人为本是新型城镇化的核心要义，保障转移人口享受服务均等化，除了要推进社会保险合理化的全覆盖，更要紧的是保障转移人口的住房问题。在新型城镇化进程中，大量转移人口的住宅问题亟待解决。对保障性住房的刚性需求持续增加，要保障住房建设的数量和质量，仅依靠政府和财政远远不能达成目标，这需要多元化的私营资本参与进来，形成风险分担、高效共赢的合作模式。本书将在下一章对我国目前保障性住房建设的发展现状进行阐述，主要对建设中所需资金的融资问题进行深入分析。

9 金融支持新型城镇化进程中保障性住房的供求分析

伴随着新型城镇化进程，越来越多的转移人口来到城市，各个地区也相继出台了一系列提供保障性住房的政策和措施。面对新进人口的住宅刚需，如何高效并且保质保量地完成保障性住房建设和供应是个亟待解决的问题，其中融资环节至关重要。保障性住房项目具有建设周期长、资金需求大等特点，充足的资金支持是建设得以完成的基础所在，这就迫切地需要多元化的私营资金参与到项目中来，在财政投入的基础上加强金融支持，形成风险分担、高效共赢的科学合作模式，以确保建设的顺利实施。而我国现阶段的融资环节仍面临着不容忽视的困境与严峻的挑战。本章将对保障性住房的融资模式进行回顾，对新型的融资模式的现状和问题进行阐述和梳理，进而以供需视角分析保障性住房建设的资金问题，在此基础上剖析现阶段的融资困境和障碍。

9.1 我国金融支持保障性住房发展现状

9.1.1 保障性住房融资模式制度发展综述

我国保障性住房的融资模式已经有了一定的发展，并且这些融资模式都应用于保障性住房体系建设运营中，本小节主要以保障性住房整体为对象，总结其融资模式制度的变更过程，了解其主要发展。我国保障性住房融资模式制度的变革是从以政府为绝对主导到市场化发展，多种融资模式共同繁荣的过程，大体分为三个阶段：1998 年之前依靠政府财政支持；1998—2007 年，实行"政府财政资金+银行贷款"模式；2007 年至今，以政府投资为主、市场化、多元化融资模式共同发展。

1979—1998 年，政府财政投入占绝大多数。开始之初仍处在"福利分房"

制度时期，在住房的居住分配权上政府有着绝对发言权，保障性住房体系尚未建立，1988 年后住房改革全面推进，经济适用房开始开展，而其资金主要来源于政府财政拨款，仍属于政府一手包办。1998—2007 年，大部分采用"政府财政资金+一部分银行贷款"的模式。自 1998 年之后，我国住房正式进入市场化阶段，经济适用房的建设也进一步完善，同时政府提出了廉租房的建设计划，这一过程中，银行贷款进入住房体系，中国人民银行出台《个人住房贷款管理办法》，出台了商业银行贷款支持居民购买住房的政策，住房金融体系初步建立。

2007 年至今，我国实行"政府财政支持+市场经济"下多元化金融制度。我国保障性住房已发展成为包括经济适用房、两限房、保障性住房（2014 年廉租房与公租房并称为保障性住房）的体系模式，并配合棚户区改造，体系较为丰富完善，并且在此期间我国的金融业飞速发展，保障房的融资模式也开始了多样化的探索，除了政府财政和商业银行贷款，还增加了公积金收益、土地增值收益、保险收入等，尽管模式越来越多，但并未有哪一种模式能够真正地解决保障性住房建设所需的资金问题。

从发展历程来看，我国保障性住房的融资需求仍然是以政府为导向的，并且是通过政府制度的改变来实现变革过程的，但是在这一过程中，市场越来越起到不可忽视的作用，逐渐参与到保障性住房的融资模式改革过程，并对未来的制度探索具有无法估量的推动作用。

9.1.2 公共租赁住房发展状况

公共租赁住房能够迅速发展，符合我国经济发展的整体目标，符合新型城镇化建设的需求，符合和谐社会进步的需要，可以说公共租赁住房的出现、发展，极大地推动了我国保障新住房的建设，这与国家战略、政策的大力支持、政府财政的鼎力相助密不可分。公共租赁住房的建设不是一朝一夕能够完成并获得收益的，它将是一项持续性的、长期的项目事业，对于未来的发展和投入也将是巨大的。目前尽管我国的公共租赁住房建设取得了一定成就，但是由于发展时间较短，目前的发展状况不均衡，只有一些典型的、发展较好地区有较为详尽的数据，但是缺乏全国范围内整体性的数据，所以本书将通过对发展公共租赁住房具有典型意义的代表性地区进行数理分析，管中窥豹，了解我国公共租赁住房的目前发展状况。

自 2009 年我国提出保障性住房以来，至 2009 年年底，我国公共租赁住房落成约 236 700 套。全国范围内开工修筑的公共租赁房在 2010 年约有 400 000

套，2011 年增至 2 200 000 套，在保障性住房中占 22%，2011 年 3 月，《我国国民经济和社会发展"十二五"规划纲要》提到公共租赁住房未来会逐步成为保障性住房的主要部分，在"十二五"规划中，公共租赁住房的修建增速不断加大。在一线城市和部分新一线城市，将公共租赁住房的地位提高到了一个新的层次。表 9.1 为我国在"十二五"期间各大城市公共租赁住房修建规划。

表 9.1 "十二五"各城市公共租赁住房建设计划

北京	新建、改造保障住房 100 万套，公共租赁住房占比达 60%
重庆	2012 年年底公共租赁住房建设面积达 4 000 万平方米
广州	建设 3 000 套公共租赁住房
深圳	5 年建设 18 万套公租房
天津	建设 10 万套公共租赁住房
武汉	为中低收入群体提供 12.7 万套公租房
福建	要以小户型公共租赁住房为主构建保障性住房体系
河北	建设 60 万套公共租赁住房

9.1.2.1 北京公共租赁住房发展模式

作为首推公租房的城市，北京目前的公租房建设成绩尚可。为了保障公共租赁住房建设发展，北京创新采用"三多一统筹"管理模式，即多主体建设、多方式筹集房源、多元化融资，政府部门负责统一管理。所谓多主体建设，是除政府部门以外，鼓励国企、科研单位等自建公租房来满足职工需求，也可以提供给其他符合的保障群体，符合条件的产业园区和经济开发区也可以自建公租房；多方式筹集房源是通过新建、改建、收购等方式扩充房源；多元化融资则是由北京市保障房投建中心专属平台来吸引私人部门参与。而这些都是由政府部门负责统一管理，设立标准，提供规范监督和后期管理。

9.1.2.2 上海公共租赁住房发展模式

上海的公租房是由上海市政府直属大型企业集团运营，负责公租房的投资建设、租房匹配、运营维护工作。初始资本金按照 1∶2 的比例分别由市政府、区政府财政投资；同时对项目贴息支持，由两级政府各自承担一半；上海利用住房公积金增值收益直接投资，保险资金提供债务融资，同时利率要低于银行贷款利率 12%，通过这些政策规定来保障公租房的实施。

上海最具特色的是以各区域划分来进行不同运作，如杨浦区实行的社区化管理运作模式，参与主体不仅包括住房保障机构、物业，还包括街道、居委会等，各成员单位统一调配，明确各自职能内容进行工作执行，同时住房保障中心作为管理部门来负责整体运营和对各部门进行监管。

9.1.2.3 重庆公共租赁住房发展模式

重庆的公租房发展建设情况极具典型意义，重庆于2010年7月设立全国第一个公租房专职部门——公共租赁住房管理局，负责公租房、配租、监管，实行将融资与后续管理相分离的管理模式。

融资"1+3"模式，即政府现金拨款、土地储备、财税优惠等是"1"，商业贷款基金融资、保险融资则以债务融资形式进入公租房项目，并通过三个渠道收回资本①。重庆颁布了《重庆市公共租赁住房管理实施细则》，公租房管理局挑选专业的物业公司进行专业管理，街道办事处组建专门的管理委员会负责社区管理，房屋管理机构定期收取租金并对房屋使用情况、安全性进行检查。

对于公租房租金的设定，其原则上不超过普通商品房的60%，根据市场定期适当调整。租房期限最长5年，不再续租的可申请购买该公租房，但再次出售则由公租房管理局回收，这在一定程度上避免了进入商品房套利的情况。

在这样规范化的管理和一定创新的融资基础上，截至2011年年底，重庆市就规划了18个项目，帮助200万人入住，将整个城市人口的近40%纳入保障住房范围，在国家住房双轨制倡导下，逐渐实现了公共租赁住房的大力发展，形成了极具重庆自身特色的发展模式。截至2015年10月底，全市新开工各类保障房10.2万套，完成全年任务的97%；基本建成8.1万套，完成全年任务的102%。

9.1.2.4 深圳公共租赁住房发展模式

深圳早在2006年就开始探索公租房模式，在2008年出台的《深圳市公共租赁住房管理暂行办法》则明确规定了相关管理内容。"十一五"期间所规划的14万套保障性住房中有11.4万套为公共租赁住房，比例极高。

截至2014年年底，在开工方面，深圳市计划开工保障房2.5万套，实际开工3.1万套。其中公共租赁住房项目34个，约1.12万套，建筑面积64.36万平方米。在建成竣工方面，计划基本建成保障性住房5万套，实际基本建成5.81万套，完成计划目标的116.2%，计划竣工项目2.5万套，实际竣工2.74

---

① 三个渠道包括扣除维修管理费后的租金收入余额、租户期满后购买住房支付款项和配套设施市价销售收入所得。

万套，其中公租房 1.6 万套。在供应方面，计划供应保障性住房 2.8 万套，实际供应 3.11 万套，目标完成度 110.7%。其中公共租赁住房约 1.89 万套。具体情况见表 9.2 和表 9.3。

表 9.2　2014 年深圳保障性安居工程实施情况明细表　单位：套

责任单位	新增安排		新开工		竣工		供应	
	计划	实际	计划	实际	计划	实际	计划	实际
合计	45 000	45 538	25 000	30 982	25 000	27 442	28 000	31 144
市本级	—	—	8 500	13 571	18 600	19 386	25 100	25 145
市规划国土委	45 000	45 538						
福田区政府	—	—	3 000	656	200	216	0	1011
罗湖区政府	—	—	0	0	1 000	0	1 000	826
南山区政府	—	—	500	730	5 000	6 586	0	1 037
盐田区政府	—	—	0	0	0	0	0	255
宝安区政府	—	—	1 500	1 628	100	114	0	261
龙岗区政府	—	—	5 900	7 905	0	0	1 900	1 045
光明新区管委会	—	—	1 000	1 038	0	1 057	0	1 057
坪山新区管委会	—	—	2 500	2 864	0	83	0	407
龙华新区管委会	—	—	2 100	2 590	0	0	0	100
大鹏新区管委会	—	—	0	0	100	0	0	—

数据来源：由课题组整理得出。

表 9.3　2014 年深圳市低保及低收入家庭住房货币补贴情况

区域	低保（低保边缘）家庭住房补贴情况			低收入家庭住房补贴情况		
	户数/户 1 513	人数/人 10 457	金额/万元 1 347.59	户数/户 1 616	人数/人 11 438	金额/万元 1 154.69
福田	319	7 540	353	332	8 125	323
罗湖	330	769	335.56	365	838	313.45
南山	165	357	176.22	177	378	149.55
盐田	26	57	20.48	57	155	44.71
宝安	124	271	86.4	215	612	98.71
龙岗	102	250	66	367	1 053	179
光明	267	763	187	—	—	—

表9.3(续)

区域	低保（低保边缘）家庭住房补贴情况			低收入家庭住房补贴情况		
	户数/户 1 513	人数/人 10 457	金额/万元 1 347.59	户数/户 1 616	人数/人 11 438	金额/万元 1 154.69
坪山	57	134	37.25	—	—	—
大鹏	64	170	46.43	31	81	13.44
龙华	59	146	39.25	72	190	32.83

数据来源：龙华新区政府在线。

9.1.3 公共租赁住房目前存在的问题

9.1.3.1 融资模式单一，资金支持不足

这是公共租赁住房建设中最重要，也是最亟待解决的问题，它关乎着公共租赁住房建设计划能否顺利实施，关乎着公共租赁住房的持续运营。因为公共租赁住房作为准公共产品，投资时间长，需求金额大，但是收益一般，所以主要资金来源是政府的财政支持，但是规模如此大的项目，仅仅依靠政府财政的力量来支持远远不够，这种单一的资金来源对于公租房的建设和政府的财政安排都是极大的挑战。所以政府必须要结合市场的力量，引入民间资本，才能保证资金的供给。一般来说，公共租赁住房的融资渠道除中央和地方政府财政支持以外，还有商业贷款、私募债券发行、住房公积金贷款及保险基金社保基金引入等，这些外部资金的进入都是以长期贷款形式为公租房提供资金保障，仅能为公租房的初期建设提供资金，但对于公租房的持续发展缺少益处。

从公共租赁住房的建设运营模式角度考虑，除了在建设初期需要的资金投入巨大，在后期运营也需要持续的资金支持。而收益方面，在投入使用初期，租金收入会较低而且稳定性差，收入来源较少，而贷款利息的支持会使得资金运作困难加剧，一旦无法按时还款，对保障性住房的持续发展将产生巨大的挑战，并且当贷款到期时，公租房为了可持续发展将要再进行新的融资，单纯的借贷形式的融资并不适合公共租赁住房建设运营的可持续发展。

9.1.3.2 租售并举等措施效用有待检验

目前发展公共租赁住房的各个地区，市场化融资以债务融资为主，因此需要按规定还本付息，这对于还本付息方式的设计有很高的要求。以重庆为首的地区提出"租售并举"政策，即保障对象租房到达一定期限，如果不再续租则可以选择购买该住房。但是这样的方式是否真的有益于公租房的发展并不明

确，一方面，因为公共租赁住房是准公共产品，它存在的意义就是为中低收入群体提供住房保障，如果一旦允许某些人可以以某种方式占有，势必会引发寻租、腐败等问题，他们很有可能为了利益而去占有公共租赁住房，使其无法真正发挥其保障性作用；另一方面，如果公共租赁住房可以出手，那么公共租赁住房的数量将会减少，无法满足社会保障的需求，需要建设更多的公租房，而新房建设所涉及的土地成本、融资成本、建造成本都要考虑其时间成本，总体成本会随着时间的推移越来越高，公租房的建设对资金的需求更高，长期下去会对整个公租房体系建设带来很大的风险。因此，租售并举的措施对于公租房来说适用性问题还有待商榷。需要时间的检验和政策制度的完善来保驾护航。

9.1.3.3 持续管理能力弱，问题日益凸显

保障性住房并不仅仅通过简单的建设数量作为衡量标准，作为社会保障的一种，必须要让其大力发展其应有的社会保障作用，因此对于其持续管理运营就有着明确的要求。而在公租房的持续运营中，因为其性质的特殊性，又不能完全按照商品房的运营模式来运作，因此目前公共租赁住房的运营方面存在很多问题，如物业管理不善、房屋维护成本较高以及对于出现问题处理的法律依据不明确等。就物业管理来说，我国的房屋物业主要是商品房的，而没有专门的公租房物业管理，而公租房的物业管理方式势必和商品房存在很大差异。就目前一般情况，公租房的管理运营职责一般由政府平台所属或指定的专业机构负责，这样能够较好地保障公租房的公益性，但是因为目前公租房建设体系越来越庞大，对于持续管理经营需要投入的成本会越来越高，其管理难度也会加大，因此对于能否有效覆盖和提高效率以及保障持续性发展都提出了极大的挑战。

9.1.3.4 配租效率低，公平性存疑

就目前公共租赁住房的发展来看，以何种方式进行配租来保障公共租赁住房的高效使用成为公租房的又一大问题。而政府和公司合作开发这种形式存在的桎梏也很明显，因为往往会有附加规定如优先解决共同开发者的员工住宿问题，然后才能对社会其他需要者进行配租，这种方式会存在很多问题，公平性上会引人怀疑，且很有可能会制约公共租赁住房的发展和降低社会的信任，在分配程序、分配准则、双方互动、分配结果上公平性都会存在问题。由于我国个人家庭信息系统建设尚在初级阶段，相应体系不完善，就要求申请者提供过多的证明材料，而审核复查又要花费大量的时间，使得程序更为复杂，这就导致配租效率低下。而从各个地区的关于公租房保障群体的划分来看，未能包含全部的所需要保障群体，会导致需要保障的对象没有列入保障范围，此方面典型事例很多，如上海首批公租房申请总量 2 000 户，入住不足 40%，武汉仅有

23%，郑州不足 50%①，分配原则的不适宜也会导致配租效率低，公平性有待商榷。对于已经分配好的公租房，对于结果的公平性和持续关注投入较少，会导致寻租行为出现，而且对于分配结果缺少持续跟踪了解也会导致无法准确了解分配结果是否合理公平。

9.2 我国保障性住房投融资模式

9.2.1 传统融资模式

9.2.1.1 政府资金支持

我国对修建保障性住房主要的资金支持一般包括通过财政预算政府无偿拨款和通过个人金融投资方式与政府信用相结合来筹集资金，然后再通过非营利贷款方式来投入保障性住房建设两个方面，这也是绝大多数政府最主要的融资方式。但是如今保障性住房发展迅速，资金需求量巨大，政府财政方面难度很高，对于政府融资来说也非常具有挑战性。在可以预见的将来，急需解决的难题是政府怎样才能在公租房融资的问题上拓宽渠道，利用自身优势转变政府职能，实现最终资源配置。

9.2.1.2 银行贷款

银行贷款对于保障性住房来说是第二大资金来源，银行的贷款通常经由对投资人信用等级、抵押情况和综合收益等方面的评估来确定贷款与否以及贷款额度。保障性住房往往拥有政府的支持，风险小，需求量巨大且有稳定的收益，因此银行倾向予向其贷款。

9.2.1.3 地方政府投融资平台

地方政府投融资平台具有政府性质，通常是地方政府或国有资产管理部门发起设立用于建设运营建造基础设施和土地开发等项目的投资公司。之前的几年，投资公司在政府支持下发展迅速，但是因为风险控制的问题，以及经营管理不善，使得地方政府投融资平台出现资金缺口，风险频发，如今很多平台都已经不能为保障性住房筹融资继续效力。

9.2.2 现代融资模式

现代的融资模式主要包括 PPP 模式、BOT 模式、REITs 模式、ABS 模式

---

① 胡金星. 完善我国公共租赁住房公平分配的政策建议 [J]. 科学发展，2013 (2)：82-84.

等，本研究选择具有典型代表意义的模式进行介绍。这些融资模式与政府投融资管理的目标比较契合，可以处理好政府项目在融资过程中出现的问题，广泛地被各国政府所运用，显现出较强的生命力。

9.2.2.1　REITs 模式

REITs 中文名为不动产投资信托公司。香港证券监督管理委员会对此做出如下界定：REITs 由信用委托方式组成整体投资计划，主要投资于不动产项目。相关的基金意在经由发卖基金单位得到资金，之后依照组成文件加以运用，在投资组合内支撑、处理及买入不动产向持有人供给做不动产租金收入的报酬①。它统一不动产物业被投资者等分持有，法律上隶属共同所有制，而且灵活性不高，同期拥有信用委托的属性。REITs 最早产生于美国，故而在美国的进展尤为迅猛，美国房地产投资信托联合会对其做出如下界定：REITs 是通过筹措诸多投资者的资金来取得住宅、写字楼等能直接产生租赁或其他经济收益的房地产，抑或是为此类房地产提供融资或信用委托服务的公司。

创设 REITs 的目的是筹措资金，它的特点是具有较高的规模经济效益以及可以分散部分风险等，在宏观上可以起到促进不动产市场有序健康发展的作用。它不仅可以投资整个过程，而且可以分阶段投资，不仅可以收购整个项目，还可以通过高杠杆获得杠杆化的股权投资收益。

规范的 REITs 由受托者、持有者和管理者三个基本因素组成。持有人按投资比例投入资金并获得资金收入分配，与此同时享有基金的一切权益，也承担相应的投资风险。REITs 是以信用委托的形式委托给专业管理公司，他们对管理者的专业标准和职业道德有很高的标准，管理者的主要任务包括制订投资策略、收购房地产、日常的物业管理以及定期出具公告和专业报告。该经理权限仅限于房地产投资信托基金合同文件规定的权利，其报酬为净资产管理的 2%~5%。受托人，通常是商业银行，也被称为托管人，必须独立于经理。REIT 将资金委托给托管人进行保管，托管人通常会收取托管基金资产净值的一定比例作为费用。其中，持有人是投资者，受托人通常是银行或银行附属的信托公司。这三个要素是独立的，彼此之间又紧密合作，这使得 REITs 有一个复杂的商业模式，也涉及更多的法律环境。

房地产投资信托的特点包括如下几点：它是一种集体的投资形式，投资者必须要自己承担风险，该基金对投资收益不做承诺；投资组合中不动产、政府

---

① 张俊宇，朱辉. 香港开放 REITs 对内地房地产市场的影响 [J]. 中国房地信息，2005 (12)：23-26.

债券和现金必须很高；出售资产严格限制时，规定最高负债比例，并有一定的税收优惠。

从不同的角度来看，REIT 有不同的分类规范，根据组织形式，房地产投资信托可以分为公司类型和合同类型，两者的主要区别在于法律基础和商业模式。公司类型基于公司法，合同类型以信托合同为基础。从这个角度来看，合同类型更加灵活，美国主要是企业类型，而日本和英国有很多是合同类型。

根据投资方式的不同，REIT 通常可以分为三类：抵押、股权和混合。股权投资于不动产和拥有不动产的所有权，目前市场上的主流就是股权。抵押贷款投资于不动产抵押贷款或者是抵押贷款支持证券，介于两者之间的就是混合型。

除此之外，根据不同的募集方式，房地产投资信托可以分为公募和私募两种。依据操作模式，它们可以分为开放式和封闭式。

房地产投资信托与传统房地产信托的比较，详见表 9.4、表 9.5、表 9.6 和表 9.7。

表 9.4　REITs 与原始房地产信托比较

因素	REITS	原始房地产信托
性质	标准化、可流通金融产品	限制合同多，不可流通这，非标准化
期限	8~10 年，对于开发完成项目的经营十分重视	1~3 年，期限较短
收益分配	所得利润 95% 分配给投资者	信托计划协议回报，3%~10%
信用级别	公开市场信息，管理经营透明	运作形式不透明
运营方式	提供资金，组建资产管理公司	运作形式不透明
税收优惠	免缴公司所得税、资本利得税	无税收优惠
法律规范	《产业基金管理办法》	《房地产信托办法草案》
投资门槛	满足交易市场规定的任何人	限制中小投资者及自然人

数据来源：由课题组整理得出。

表 9.5　REITs 与房地产公司股票区别

因素	REITS	房地产公司股票
收入来源	资产组合产生租金收入	项目开发
负债能力	严格要求负债占总资产比例	无规定
分配稳定性	税后 90% 分配	不确定
持有资产	持有地产的投资必须占非现金资产一定比例	无明确规定

数据来源：由课题组整理得出。

表 9.6　REITs 与 CMBS（商业抵押担保证券）、MBS（抵押贷款证券）区别

因素	REITS	CMBS/MBS
收益率与风险	房地产市场与证券市场双重风险，波动收益率	固定收益率
作用	扩大经营规模，资金循环增值	改善银行资产负债结构

数据来源：由课题组整理得出。

表 9.7　REITs 与其他融资方式相比优势总结

	REITS 融资	财政融资	其他融资方式
本金投入	不需财政投入	财政巨额投入	不需要一次性财政投入
财政补贴	无须财政补贴	完全财政补贴	利息需要补贴
债务偿还	权益型无需偿还	无需偿还	需要偿还，短期固定偿还期限
建设规模	依据资金募集规模确定	受资金量限制规模较小	占有时间受限，资金成本受限

数据来源：由课题组整理得出。

　　经过比较和总结，房地产投资信托基金在自身特点上具有明显优势，对更多投资者更具吸引力，是很好的投资工具。房地产投资信托公司作为一种融资模式，其可以更好地利用私营部门资金去实现资源的配置问题，解决资金负担的保障性住房问题，这种融资模式值得大力推广。

9.2.2.2　PPP 模式

　　PPP 模式中文名称是公私合作制。也就是说，私营部门和公共部门建立合作机制，提供公共产品或服务的形式。PPP 模式最早出现于英国。该模式由英国政府于 1992 年首次提出，然后在世界上流行起来。它广泛用于交通道路和学校教育之类的公共基础设施建设。英国在探索廉租房建设时采用了 PPP 模

式，取得了一定成效。在中国，在研究保障性住房建设融资中引入 PPP 模式相对较早，如今随着公租房的兴起，越来越多的学者参与到 PPP 模式对公租房的适用性研究中。

联合国训练研究所对 PPP 模式进行了如下定义：首先，为满足公共产品的需求而建立的公共和私营部门之间的合作关系。其次，公共部门和私营部门为了满足公共产品的需求，建立了合作伙伴关系，以此实施大型公共项目。美国 PPP 全国委员会对 PPP 进行了如下定义：PPP 是指在外包和私有化之间提供公共产品，并结合两者的特点，充分利用私人资源进行公共基础设施的创建、投资、运营和维护，且提供相关服务以此来满足公众需求的公共产品提供方式。

除了广义的 PPP 模式，还有一个狭义的。广义的 PPP 涉及公共和私营部门协作以提供公共产品的服务。由于不同部门在风险承担和成本计算方面的比例不同，所以 PPP 模式被分成了各种二级融资模式：合资、租赁、BOT、BOO 等。而狭义的 PPP 是项目融资的总称，包括 TOT（转让-经营-转让）、BOT 等。

虽然 PPP 模式可以有很多程度不一样的变形转化，但它仍然有一定的共性。其中的一个重要特性就是协作关系，PPP 模式中的公共和私营部门之间的协作表现在高度一致性的目的上。双方希望能以最少的资源得到更好的产品。在此过程中，政府可以提高社会公益性，而私人投资者能实现利润追求，达到实现双赢的目的。第二个重要特性是资源合作。PPP 融资模式中的每个参与者在资源上都具有独一无二的优势，如资本、声誉、权利、法律支撑等，PPP 模型为了使这些资源可以得到充分的发挥，把这些优势结合在一起，让其相互作用以及建设平台。第三个重要特性是他们能在分享利益的同时共担风险。PPP 模式可以通过将不同的风险转移到可以有效降低风险的模型上来降低风险，从而最大限度地降低整体的风险，同时，PPP 模式也能降低融资成本。

9.2.3 不同融资模式比较分析

上面依次介绍了像银行贷款、政府基金支撑和地方政府投融资平台等传统的融资模式，以及像 PPP 模式、ABS 模式、BOT 模式等一系列现代融资模式。这两大类融资模式各有优劣，在投资主体、投资决策、资金来源、偿还渠道、调控方式和利益分配等方面均有不同，以下将通过表格方式来具体比较分析传统融资模式和现代融资模式的区别（表 9.8）。

表 9.8　传统与现代融资模式比较

	传统模式	现代模式
投资主体	单一政府主体	市场化形式下多元化融资主体
投资决策	政府部门独掌大权,通过命令强制实施	明确规范政府与其他参与者的权责范围,通过法律规范
资金来源	财政资金支持	较多元融资渠道
偿还渠道	不需要偿还	通过良性循环,再投资等运转
调控方式	直接调控	间接调控,尽可能符合市场化发展
利益分配	政府垄断	权利责任利益明确规定,按规分配

数据来源:由课题组整理得出。

9.2.4　目前我国保障性住房主要融资模式

根据当前我国保障性住房创建过程中使用的融资渠道分析,主要融资模式大致可以分为两种,一种是包括中央和地方政府的财政投入,另一种是市场融资。如今我国公共租赁房已经用到的主要融资模式及特点如表 9.9 所示。

表 9.9　我国公租房主要融资模式及特点

融资方式		特点	典型代表
政府投入或财政补贴	一级政府(中央政府)补贴	额度低,解决问题的能力有限	2011 年中央财政拨款1 709亿元用于保障性住房建设
	地方政府资金投入,财政补贴	主要包括直接投资、补助、贷款利息等,难度低,无须还款,但是受当地政府经济情况影响,投入对政府财政带来一定压力	这是绝大多数地区采用的方式,"十二五"期间武汉市公租房需要资金 130.125 亿元,其中政府投资 57.84 亿元①

① 曾亚玲. 基于 REITs 的湖北省保障性住房 PPP 集成融资模式研究 [D/OL]. 武汉:武汉科技大学, 2012 [2015-11-06]. http://kns. cnki. net/KCMS/detail/detail. aspx? dbcode=CMFD&dbname=CMFD201301&filename=1013142090. nh&v=MTM2NjNVUjdxZll1ZHNGeXZtVkxyyT1ZGMjZIYks4SE5IRnI1RWJQSVI4ZVgxTHV4WVM3RGgxVDNxVHJJXTTFGGckM=.

表9.9(续)

融资方式		特点	典型代表
市场融资	银行贷款	受市场与宏观经济环境制约，贷款利益压力较大，保障性住房贷款审批难度大，银行从优先支持逐渐变为选择支持	仅次于政府投入外的融资方式，2010年重庆某项目由工行承贷，贷款金额15亿元，占项目总投资的比例为40%①
	住房公积金融资	利率低、期限长，但是使用条件受限（需要先用于职工提取及商品房贷款需求）	2012年年底，上海获批住房公积金贷款支持保障性住房项目13个，其中公租房3个，项目总投资175亿元，其中113亿元来自公积金贷款，占比64.75%。截至2012年年底，公租房项目已收到贷款14.31亿元②
市场融资	保险公司融资	要求高收益	2011年成功发行了国内首单公租房保险资金债权计划——"太平洋保险—地产集团公租房保险资金债权计划"。同年上海公租房项目或保险资金支持，首批募集40亿元③
	社保基金融资	期限久	重庆获全国社保基金理事会提供45亿元贷款用于公租房建设，该资金由信托产品提供④
	地方政府债券融资	成本高，收益要求高	2010年重庆发行49亿元地方政府债券中的12亿元用于公租房建设⑤

---

① 重庆日报. 全国首笔公租房贷款花开重庆 [EB/OL]. (2012-02-08) [2015-05-26]. http://finance. huanqiu. com/data/2012-02/2418894. html.

② 刘莉萍. 住房公积金支持公租房建设模式探析 [J]. 中国房地产，2015 (7)：73-75.

③ 浦发银行研究团队. 2012年房地产市场调研报告 [R/OL]. (2013-03-19) [2015-10-14]. https：//www. doc88. com/p-1794771669608. html.

④ 吴新伟. 重庆公租房获签全国社保基金单笔最高贷款 [EB/OL]. (2011-07-12) [2016-05-12]. http：//finance. sina. com. cn/china/dfjj/20110712/141510133967. shtml.

⑤ 程维. 重庆发49亿地方债12亿用于保障房 [EB/OL]. (2010-05-13) [2015-05-23]. http：//www. yicai. com/news/349069. html.

9.3 我国保障性住房建设资金供求分析

9.3.1 我国宏观经济形式分析

根据国家统计局公布的 2015 年的 GDP 增长率，25 年来中国 GDP 增速第一次跌到 7% 以下，降至 6.9%。经济增长速度减缓，下行压力巨大，足够说明中国已经进入经济转型时期，经济增速在之后的一段时间持续回落，拉动 GDP 增长的三驾马车将全面放缓增速，如图 9.1 所示。

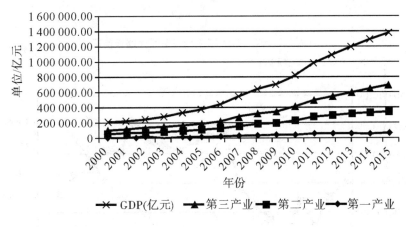

图 9.1 2003—2015 国内生产总值

数据来源：由课题组整理得出。

根据指标分析，经济下行的原因包括固定资产投资、工业、不动产等。它们都显示出十分的相关性和一致性。这些地方持续下降的趋势在新常态下实际上是在结构调整时必须面对的一个过程，也是必然的趋势。

工业上，2000—2011 年，我国工业增加值平均每年增长 12.6%，在 2015 年首次跌到 6% 以下，见图 9.2。

固定资产投资上，2003—2012 年，不间断的十年固定资产投资的增长速度都大于 20%，平均每年增长 28%，在 2013 年也第一次跌到 20% 以下，在 2014 年不间断将调整速度加快，故而增速又持续下跌，2014 年就跌到了 15.3%，见图 9.3。图 9.4 为 1995—2015 年房地产行业固定资产投资完成情况，图 9.5 为 1996—2015 年全社会固定资产投资和房地产投资增长情况。

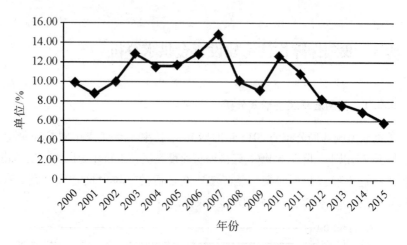

图 9.2　2000—2015 工业增加值同比增长情况

数据来源：由课题组整理得出。

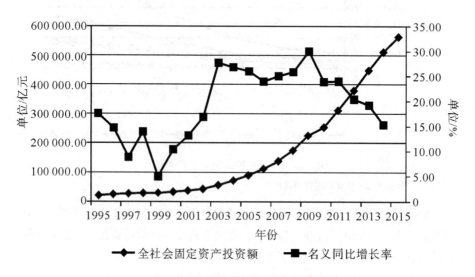

——◆—— 全社会固定资产投资额　　—■— 名义同比增长率

图 9.3　全社会固定资产投资情况

数据来源：由课题组整理得出。

　　房地产投资上，房地产市场是拉动投资增速减慢的主要动力，如图 9.4 和图 9.5 所示。

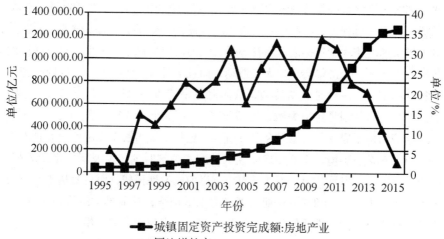

图9.4　房地产业行业固定资产投资完成情况

数据来源：由课题组整理得出。

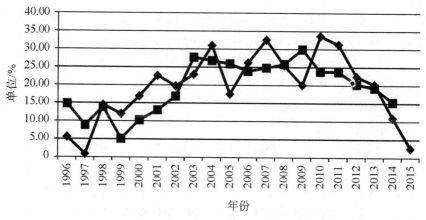

图9.5　全社会固定资产投资和房地产投资增长情况

数据来源：由课题组整理得出。

房地产投资以及在固定资产投资所占比例下降都导致工业继续回落，强化了PPI负增长。经过简单分析宏观环境，我们可以对中国当前整体宏观经济形势有一个初步的认识。习总书记在亚太经济合作组织会议上充分说明了中国经济新常态的核心要义。根据国际经验规律，如果一国经济达到了中等收入水平，那么经济增长率就会减少30%~40%，经济增长由高速变为中高速是内在趋势，在这一过程中，经济增长要进入结构优化、提高质量的新时期，而非单纯以增长速度作为衡量标准。新常态是我们的发展目标，当一个国家发展达到中等收入水平，经济都会出现大幅波动，而且从现有经验来看，会出现两种大相径庭的结果，一种是成功转型，从而避免中等收入陷阱，最终成为发达国家；但是更多的则是转型失败，经济增长长期低迷，甚至衰退，收入分配不均，经济结构矛盾锐化，爆发金融危机等，也就是说国家想要避免中等收入陷阱，步入新常态环境，必须要走好经济转型的关键时期，发展新思路新对策，对于目前的经济发展状况，不能够再依靠以前的发展模式，而是要从激发市场活力、增强内生动力和释放长期发展潜力上做动作，从而推动结构优化升级。在这一过程中也就要求我们发展市场经济和政府宏观调控的作用。

而在此期间，党的十八大提到了以人为本的新型城镇化发展建设，会上总结了中国城市化发展的历程，城镇人口从改革开放到2013年，由1.7亿人增长到了7.3亿人，城镇化率从17.9%提高到53.7%，城市数量从193个增为658个，城镇数量从2 173个增为20 113个，从中可以看出，中国的城市化取得了很大的成绩，但仍然和发达国家有很大的差距①。根据《国家新型城镇化规划》的估算结果，中国城市化率到2020年将增长至60%，中国总人口到2020年将会增长至14.09亿人，城市总人口将为8.45亿人，2014—2020年，新增长的城镇人口将增至1.14亿人②。大规模的人口迁移将不可避免地导致住房需求急剧增加，低收入和中等收入家庭承受不起高昂的商品房价格，保障性住房建设刻不容缓。

对于保障性住房来说，特别是保障性住房的建设，一方面，国家谋求产业结构调整，同时积极推进新型城镇化建设，以促进经济发展以及提高经济发展的质量，这就代表着对于保障性住房建设要求的持续性和高质量；另一方面，经济下滑压力将导致国家财政压力急剧增加，对保障性住房建设的基金来源构成很大的威胁。融资问题与保障性住房建设能否顺利实施以及新型城镇化能否顺利实施密切相关，也与中国经济转型是否能够稳定优化发展关系密切。

---

① 根据世界银行统计数据，2013年高收入国家城镇化率约为80%，中等及以上国家城镇化率约为62%.

② 刘平，王会雨，罗文孜. 金融支持保障性住房建设的问题与政策研究［J］. 金融监管研究，2015（1）：32-49.

9.3.2 保障性住房目前建设现状

"十二五"期间，中国保障性住房正值繁荣时期，最初计划的 3 600 万套保障性住房已经超额完成。图 9.6 显示了"十二五"规划中中国保障性住房的计划和实际建设情况。从 2014 年年初中国的保障性住房和廉租住房合并以来，目前中国的保障性住房体系由公共租赁住房和棚户区改造构成，以两限房和经济适用房为辅。

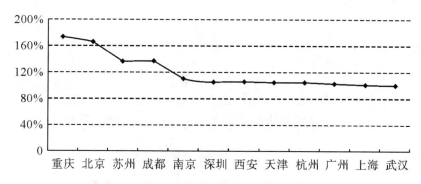

图 9.6　"十二五"期间保障性住房建设情况①

数据来源：由课题组整理得出。

"十二五"建设中，保障性住房投资也很大。图 9.7 显示了"十二五"期间实际投资保障性住房的情况。

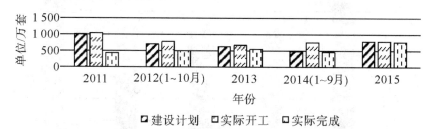

图 9.7　"十二五"实际完成投资保障性住房建设情况

数据来源：由课题组整理得出。

9.3.3 保障性住房资金需求分析

因为数据还没有整理完善，加上统计体系的限制，保障性住房供需分析基

---

① 数据来源：中华人民共和国住房和城乡建设部 http://www.mohurd.gov.cn/.

于 2010—2011 年的数据，随着"十一五"规划的结束，"十二五"规划开始，保障性住房在施工过程中，投资强度和建设规模已达到一定程度，住房完成情况也很好，见图 9.8。"十二五"规划建立了保障性住房体系建设方针，方针以保障性住房为基础，见图 9.9。建设公共租赁住房的基金全都来自政府投资（见表 9.10）。通过这段时间内保障性住房建设的数据来分析公租房的资金缺口具有研究意义。

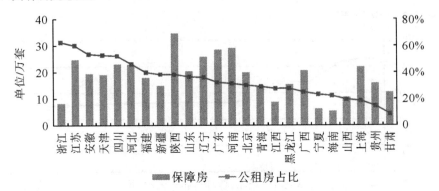

图 9.8　2010—2011 年间各城市保障性住房完成情况

数据来源：由课题组整理得出。

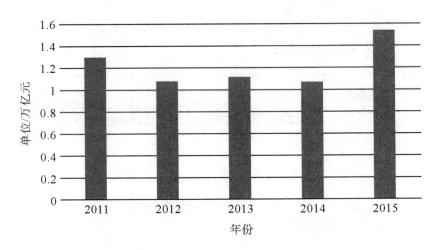

图 9.9　"十二五"实际完成投资额

数据来源：住建部公开数据整理。

依照 2011 年保障性住房白皮书的计算，2011 年保障性住房建设 1 000 套的总投资为 1.4 万亿元（包含社会融资 8 400 亿元，中央政府投资 1 030 亿元，地方性政府投资 4 500 亿元，其中地方性政府资金负债为 1 500 亿元）。总投资

4.93 万亿元。但是，2011 年年底实际保障性住房投资达到 1.3 万亿元，"十二五"期间整体投资超过 6.11 万亿元。在此情况下，根据"十二五"期间保障性住房建设投资计算分析，保障性住房的经费需求为 2.23 万亿元①，如表 9.10 所示。

表 9.10 "十二五"保障性住房建设资金投入测算表

单位：万元

保障房类型	总投入	社会机构融资		工矿企业投入		中央政府投入		地方政府投入	
		金额	比例	金额	比例	金额	比例	金额	比例
两限房及经济适用房	17 500	17 500	100%	—	—	—	—	—	—
公租房	18 000	—	—	—	—	7 200	40%	10 800	60%
棚户区改造	13 800	—	—	9 384	68%	1 104	8%	3 312	24%
累计	49 300	17 500	100%	9 384	68%	8 304	48%	14 112	84%

数据来源：由课题组整理得出。

从表 9.10 可以看出，公租房大约占了 33%。事实上"十二五"期间公共租赁住房比例进一步上升，公共租赁住房的资金完全来自中央和地方政府，根据预算比例，公共租赁住房需要的资金全部来自财政投入，对政府的财政状况提出了挑战。

9.3.4 保障性住房资金供给分析

依照中国社会保障网站公布的结果，如今中国公共租赁住房的经费来源主要有中央政府转移支付和投资补助，以及省市地方政府的专项基金、住房公积金收入、来自社会上的捐赠等渠道筹集到的基金。

首先，通过分析当前的宏观形势可知，基金来源单一，供给继续下降，导致收支严重失衡。在此之中，地方财政收入继续下降。2014 年上半年，中国地方公共财政收入比 2013 年上半年下降了 2.7%。地方公共支出比上一年增长了 5.6%，收入增长远低于支出增长，导致债务规模继续增大。随着国内生产总值增长速度减缓，土地融资难以持续。这预示着将来一段时间地方政府财政收

---

① 保障性住房所需资金比例均通过表 9.10 不同类型保障性住房投入比例计算而来，保障性住房占比为 33%，所以通过保障性住房的资金供求，乘以 33% 即为保障性住房的资金供求情况，下同。

支差距会越来越大，不能满足保障性住房的融资需要。我国银行业监督管理委员会城镇化研究小组发现，2013 年，中部的某个城市商榷建设保障性住房面积 117.4 万平方米，实际完成不足 10%的任务。其次，保障性住房的要求和地方政府的财政收入水平高度不符。比如说，2013 年中国西部省份占全省 GDP 总量的 19%，但是财政收入仅占了 9%，而棚户区改造任务占了近半，此情形在经济不太发达地区更加突出。研究表明，2014 年西部某县的保障性住房资金差了 92 亿元，而 2013 年的财政收入只有 39 亿元。根据目前能了解到的情况，2011 年个人保障性住房资金实际来源如表 9.11 所示。

表 9.11　2011 年个人保障性住房资金实际来源

资金来源	融资渠道	规划与落实情况
中央财政	财政预算	计划 1 030 亿元，实际拨款 1 709 亿元
地方政府	地方政府预算	预计 2 000 亿元
	地方政府债券	中央代表地方债券 2 000 亿元，允许沪、浙、粤、深自行发债
	土地出让净收益提取资金	约 500 亿元，2011 年土地出让收益国共 3.15 万亿
	公积金增值收益资金	预计 400 亿元，截至 2020 年年底，公积金缴存总额 3 万亿元
社会资金	银行贷款	保障住房开发新增贷款 1 633 亿元
	住房公积金贷款	共 493 亿元
	民间资本投入	建银精锐资本管理集团旗下建银精瑞将成为国内首支以民间资本投资为主的个人保障性住房投资基金，首笔计划募集资金 50 亿~100 亿元，三年估计 500 亿元规模
	其他资金来源	社会捐赠、保险资金等

数据来源：国家住房与城乡建设部统计资料①。

我国历年中央与地方财政本级收入如表 9.12 所示。

---

① 王晓东，洪爱华. 个人保障性住房融资再研究：基于政府财政与民间资本合力效应的实证分析 [J]. 华东经济管理，2014（12）：129-133.

表 9.12　我国历年中央与地方财政本级收入

年份	财政收入/亿元			比重/%	
	全国	中央本级收入	地方本级收入	中央	地方
2002	18 903.64	10 388.64	8 515.00	54.96	45.04
2003	21 715.25	11 865.27	9 849.98	54.64	45.36
2004	26 396.47	14 503.10	11 893.37	54.94	45.06
2005	31 649.29	16 548.53	15 100.76	52.29	47.71
2006	38 760.20	20 456.62	18 303.58	52.78	47.22
2007	51 321.78	27 749.16	23 572.62	54.07	45.93
2008	61 330.35	32 680.56	28 649.79	53.29	46.71
2009	68 518.30	35 915.71	32 602.59	52.42	47.58
2010	83 101.51	43 488.47	39 613.04	52.33	47.67
2011	103 874.43	51 327.32	52 547.11	49.41	50.59
2012	117 209.75	56 132.42	61 077.33	47.89	52.11
2013	129 209.64	60 198.48	69 011.16	46.59	53.41
2014	140 370.03	64 493.45	75 876.58	45.95	54.05
2015	152 269.23	69 267.19	83 002.04	45.49	54.51
2016	159 604.97	72 365.62	159 604.97	45.34	54.66

数据来源：国家统计局数据资料。

　　根据表 9.12 的数据，2010 年以前，我国财政收入中中央本级和地方本级收入的比重一直是中央比重略高，平均占比 53% 左右。而从 2011 年开始，地方财政收入比重首次超过中央（2011 年地方为 50.59%），并且在之后的年份里逐年上升，近年来稳定在 54%。可以得知我国的财政收入里地方政府本级的财政收入已经变得越来越重要，收入占比超过了中央收入（这其中地方财政不包括土地出让金收益）。

　　同时根据表 9.12 的数据我们还可以测算出国家财政总收入的年增速，为了便于直观查看，绘制了图 9.10。

　　图 9.10 显示，国家财政总收入年增速前期波动较大，在 2007 年达到最高点，为 32.4%。然而最近几年走势平缓，处在 5%～10% 的区间内，并呈逐年下降的势态。原因可能是其体量扩大，继续保持高增速并非易事。但总的来说，我国年财政收入一直稳步增加，并且地方收入占比扩大，可以作为预测未来财政投入的一个参考。

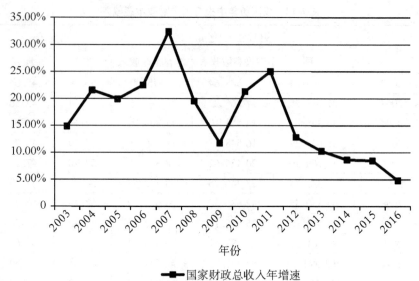

图 9.10　2003—2016 年我国财政收入年增速

数据来源：由课题组整理得出。

表 9.13 为我国历年土地出让情况。从表中可以看出，2011 年我国的土地出让金净收益为 12 600 亿元，每年增长 21%，2011 年用于保障性住房所提取的收益为 500 亿元，超出《廉租住房保障办法》的规定，即提取 10% 的土地出让金净收益用于保障性住房建设。

表 9.13　我国历年土地出让情况

项目	2009 年	2010 年	2011 年
出让土地面积/万公顷	22.08	29.15	33.39
其中：招拍挂	19.25	25.73	30.47
土地出让金/亿元	15 900	27 100	31 500
其中：招拍挂	15 000	26 000	30 200
土地出让金同比增长/%	63.40%	57.80%	14.60%
土地出让金净收益/亿元	6 360	10 840	12 600
净收益占出让比例/%	40%	40%	40%
可用于保障房建设资金/亿元	636	1 084	1 260

数据来源：由课题组整理得出。

根据 2011 年资金的供给与需求分析，可以看到资金缺口非常大，这直接影响了保障性住房的建设完成和持续发展。有人曾经分析，"十二五"期间保障性住房资金缺口高达 3.36 万亿元①，缺口约达实际供给量的 2 倍。尽管目前为止，"十二五"期间保障性住房建设资金缺口的数据尚未明确落实，但通过科学预测可以了解到这个资金的缺口是非常大的。

9.4 我国保障性住房融资困境

保障性住房具有准公共产品的性质，因此其资金主要来源于中央政府和地方政府财政的支持，这就对政府部门有了较高的财政收入要求，为政府财政带来了非常大的压力，特别是从目前的实际状况来说，经济的增长速度放缓，政府追求经济收益高的市政建设等相关工程，致使保障性住房资金问题越来越严重，从这些年的实际发展情况来看，可主要总结归纳为以下几点：

9.4.1 资金缺口非常大，政府财政压力显著

根据保障性住房的资金供求来看，资金供给与需求的缺口非常大。推进国家新型城镇化规划中，核心是"三个 1 亿人"城镇化②，这将带来非常大的保障性住房需求和资金需求。假设每增加一户人口所需保障性住房建设成本为 30 万元，那么所需要的资金总量大概为 60 亿元，约为 2013 年全年财政收入的 4.8 倍③。因为所需持续投入的资金数额巨大，仅仅靠政府财政支持是很难满足的，保障性住房的性质——不以营利为目的，很大程度上决定了政府投入的积极性不高，只依靠政府的资金支持是不能满足保障性住房的资金需求的。并且政府资金包括中央政府资金和地方政府资金两部分，所以不同的地方政府财政收入的差异也导致保障性住房的建设受到影响，在经济发达地区，比如2011 年北京财政收入为 3 006.3 亿元，投入保障性住房的资金为 746.1 亿元，

---

① 朱珊珊. 基于 PPP 模式的政府保障房建设融资问题研究 [D/OL]. 济南：山东财经大学，2013 [2015-08-18]. http：//kns. cnki. net/KCMS/detail/detail. aspx？dbcode=CMFD&dbname=CMFD201302&filename=1013206168. nh&v=MzEyNDdmWXVkc0Z5dm5VN3ZCVkYyNkhiRzHTkRLcDVFYlBJUjhlWDFMdXhUZEaDFUM3FUcldNMUZyQ1VSN3E=.

② 促进约 1 亿农业转移人口落户市和城镇，改造约 1 亿人居住的城镇棚户区和城中村，引导约 1 亿人在中西部地区就近城镇化。

③ 刘平，王会雨，罗文孜. 金融支持保障性住房建设的问题与政策研究 [J]. 金融监管研究，2015（1）：32-49.

2011 年上海财政收入为 3 429.8 亿元，保障性住房开建 1 750 万平方米①，总的来说，这些发达地区经济实力雄厚，金融体系比较完善，因此资金相对比较充足，而在经济发展水平相对比较低的地区，保障性住房建设需求量大，因此资金压力非常明显。

9.4.2 融资渠道极为单一

作为保障性住房体系的重要组成部分，保障性住房建设需要发挥政府的政策引导以及财政的支持作用，在前文已分析过的保障性住房建设资金来源中，中央政府和地方政府的财政拨款、专项资金的调配、住房公积金的增值收益以及土地出让金的提取这些来源都由政府管辖、统一支配。也就是说，保障性住房建设的资金主要来源于政府，对于政府的资金的支持依赖性太过于高，融资渠道极为单一，这样一方面给政府财政造成了极大的压力，另一方面，也无法充分调动参与保障性住房融资运作的市场积极性，造成社会资金闲置等资源浪费，从保障性住房的可持续发展方面来说是非常不利的局面。所以就目前状况来看，怎样创新融资模式以引入市场资金从而与政府资金共同作用，并且拓宽融资渠道从而扩大融资规模，是破解保障性住房融资问题的关键点。

9.4.3 融资效率比较低，融资成本较高，融资主体动力不足

一方面，由于政府牵涉范围大，涉及的主体很多，因此规划审批流程较复杂；另一方面，缺少相关专业的融资人才，无法为保障性住房提供专业的投资理论知识和经验，导致保障性住房建设的效率与民营企业的工作效率相比较低。保障性住房的资金来源主要依靠政府的财政资金支持，所以按照政府的工作效率来说，融资效率相对比较低，融资成本相对比较高。同时，由于政府部门相关融资平台的专业性缺乏而导致资金利用率较低，不能充分利用合理的金融杠杆等来提高资金效率，而且保障性住房是社会保障工程的范畴，对于地方政府来说，保障性住房对于拉动地方经济增长等的贡献比较低，因此从政府的立场来说会对此明显缺少积极性，从而在财政支持的优先级别就低，如果遇到政府财政资金紧张等则会明显减少保障性住房的开支，导致保障性住房的融资效率更低。从社会资金角度来说，保障性住房资金的回收周期较长，透明度较低，且经营管理比较复杂，现金流抵御风险能力很弱，因此对于社会资金而言

---

① 巴曙松，牛播坤，杨现领. 保障房制度建设：国际经验及中国的政策选择 [J]. 财政研究，2011（12）：16-19.

几乎没有吸引力。从银行机构角度来说，受我国房地产市场整体下行的影响，银行对保障性住房的贷款规模控制更加严格，对保障性住房的资金支持程度进一步降低，比如 2012 年建行对于保障性住房贷款的级别属于优先支持，到 2014 年就调整为选择性支持，而选择性支持行业整体贷款（信贷）增速一般来说要低于 10%。

9.4.4　缺乏融资工具及有效创新

由于保障性住房对政府财政资金的依赖性很高，银行等金融机构也没有发挥很大作用，并且与保障性住房相关的金融衍生品也几乎没有，而债券、信托基金等也都还处于刚刚起步阶段，西方国家的新型融资渠道如 PFI、BOT，以及政府现今正大力推行的 PPP 模式等都还处于起步发展阶段，还未找到一个新型融资工具能真正适合我国的保障性住房建设融资。

9.4.5　与资本市场发达程度不匹配

从发达国家的经验来看，比如资产证券化、REITs 等融资模式都对资本市场的发达程度要求较高，都需要有发达的资本市场做基础，创新融资工具才能有效解决融资困境，一旦资本市场发达程度不够，金融系统不够完善，就会致使金融杠杆作用效果削弱，资金融通效果和资金运转效果不明显，从而抑制融资渠道的创新、发展和应用，这就需要政府发挥主导作用，从配套机制完善、制度创新等方面有效推动我国资本市场的发展，建立各方有效融合的市场化运作的融资模式，从而加快保障性住房建设的资金融通。

9.4.6　专业融资机构匮乏，政府机构设施不合理

发达国家的保障房安居工程融资过程中，一般都有高度专业化的融资机构起主要的领导作用，为整个融资过程提供专业化的技术支持和金融服务，这极大地提高了资金的融通规模和运作效率，而我国的专业融资机构的发展程度与发达国家存在较大的差距，这种匮乏极大地阻碍了保障性住房建设的发展。从政府部门角度来说，一方面公积金管理中心和保障性住房资金管理单位对自身的定位不够明确，职责划分等也尚不明晰，既要承担资金管理、行政管理的工作，又要起到资金运营、资金筹集的作用；另一方面，保障性住房资金的监管体系也不完善，监管部门缺乏积极有效的监控措施。

9.4.7　公租房融资风险高，收益低

从项目自身来看，首先，由于保障性住房的准公共产品性质，如果采用贷

款形式，其还款来源主要依赖于土地出让收入，而目前房地产市场形势严峻，土地流拍，项目减值严重，其次，公租房的现金流无法覆盖贷款本息，例如西部某市很多的保障性住房建设情况不合理，生活配套设施很差，生活便利程度低，交通不便，出租比率不足50%，甚至部分只有1%~20%，并且租金收入还要用于维持公租房运营、物业管理，导致还款能力很弱。据测算，在出租率达到70%~90%时，需要20年（也有预测需要35年）持续性的租金收入才能完全覆盖整个贷款本息，而目前我国的保障性住房资金贷款期限一般在12年以内，根本无法覆盖。除此之外，银行抵押贷款难度大，项目审批流程冗长，住房面积超过标准等都会导致公租房收益率低。

从官方政策支持角度来看，现行法律如《中华人民共和国物权法》《中华人民共和国担保法》都规定耕地、宅基地、自留山、自留地等集体所有的土地使用权不能作为抵押财产，而一些如土地出让收益经营权、公用行业不动产收益等是否能够作为权利质押规定尚不明确，同时优惠额度和支持标准都模糊不清，减免政策无法有效实施，并且在融资渠道设立过程中也没有明确有效的法律法规来保驾护航，都给融资造成极大的困难。

第三部分　借鉴篇

10　金融支持农业人口城镇化进程的国际经验

发展城镇化，促进农业人口向城镇转移和农业人口就地市民化，是几乎所有发达国家在从农业社会到工业社会再到现代社会走过的道路，而利用金融市场和金融机制为城镇化建设进行融资也是各个国家不约而同的选择。包括老牌的资本主义国家如美国、德国，后起的发达国家如韩国、新加坡等，甚至一些发展中国家在这方面也都进行了有益的尝试，留下了很好的经验。通过梳理这些国家的城镇化历史，尽管由于各国的历史进程、社会制度、时代背景以及金融发展程度都有所不同，但其在涉及城镇化指标的基础设施建设、中小企业发展、教育、社会保障以及住房等方面的融资安排都有值得我们学习和借鉴的地方。

10.1　城镇化进程中地方政府城市基础设施建设投融资模式的国际经验

在城镇化建设所涉及的基础设施建设方面，起主导作用的是推动城镇化的地方政府。由于各国政治体制各不相同，各国地方政府在融资方面的权力制度设计必然有所差异，也形成了各国不同的地方政府基础设施建设的融资体系，如美国政府协助的优惠金融体系，日本政府支持下的合作金融以及韩国政府主导的投融资体系。

10.1.1　美国政府协助的优惠金融体系

美国利用殖民地的技术、资源优势，用 100 多年时间就进入了城镇化的成熟阶段，城镇化率高达 80% 以上，其城镇化伴随着工业化的发展，充分发挥工业集聚经济效应，城镇基础设施不断完善，生产效率提高，就业机会增多，吸引大量劳动力向城市聚集，有效提高了城镇化率。

美国在工业化与城镇化进程前期，主要奉行自由放任的市场主导模式。政府对资本市场不加调节限制，市场对基础建设项目的逐利性导致诸多问题如环境污染、产业结构失衡、贫富差距过大、土地资源的极大浪费等，而一些公益性基础设施建设如路灯系统、公益展览因为建设周期长、投资收益较少等特点少有社会资本支持，使得美国政府尝试利用行政力量宏观调控，引导资金流向，优化资源配置，形成以自由市场机制为主、行政措施调控的投融资模式，主要由市场化运作配套机制和政府协助的引导调控制度构成。

经济发展必然导致城镇的兴起，美国城镇化对资金的大量需求产生投资收益，在市场利益的驱动下，资金通过成熟的金融市场投向城镇化建设，形成自由市场机制。社会闲置资本广泛存在于城市金融市场中，包括城市商业银行、保险公司，美国发达的城市金融市场发展迅速，在市场规模、市场自由度、信用工具创新方面与其他国家相比较为成熟与完善。在美国政府协助的引导调控制度下政府对于建设周期长、投资收益少的基础设施建设项目由政府牵头，纳入财政资金预算，对相应企业通过财政补贴、减免税收、政府信誉担保的方式降低开发成本，鼓励投资开发。对于社会资金趋利性的监管，美国的财政投融资平台为美国联邦政府监管自由资本市场提供有效工具，政府对企业经营不直接干预，而是通过财政投融资平台调节资金流向，如由公共资本出资建立的股份制公司，其资金投向城市公共基础设施建设，尤其是建设资金成本大、回收期长、具有稳定现金流的能源、电力项目。美国设立专门的政策性金融机构如房地美、房利美帮助中低收入者购买住房，制定优惠住房政策，以低息、低首付及为银行提供担保的方式提高住房保障程度。为鼓励科技创新，避免产业结构不合理，政府一方面为企业提供补贴，一方面降低企业税负，大力发展高科技产业。

美国政府对社会资本流向加以引导与监管，对于建设周期长、投资收益少的基础设施建设项目由政府牵头，纳入财政资金预算，对相应企业通过财政补贴、减免税收、政府信誉担保的方式降低开发成本，鼓励投资开发，具体措施如下：

10.1.1.1 发行市政债券

纯公共物品具有非竞争性与非排他性。美国一般通过政府采购的方式，鼓励各级政府发行市政债券。美国各级政府都有权发行市政债券为经济发展及市政建设提供充足资金。美国市政债券分为收益债券和一般责任债券，收益债券的借款人本金和利息来源于投资特定项目的自身收益如收费高速公路、供水供电、高等教育等，而一般责任债券的一些建设项目收益不足偿还本息和，本息来自政府税收。市政债券使各级政府能够发挥各自职能，主要为地方政府通过免税优惠、政府信誉担保、引导社会资金流向具有较大公益性的城市基础设施建设和公共服务。市政债券是美国债券市场重要的品种之一，已有200多年的历史，2016年美国市政债券发行规模为4 458亿美元，占美国全部债券品种发行总量的6.15%，存量目前超过4万亿美元，主要以中长期债券为主，平均期限为15~20年。

10.1.1.2 政策性支持

美国地方性政府融资除发行市政债券外，还采取了多样化的融资方式，如美国债券银行、循环基金、税收增额融资。

美国债券银行由州政府授权债券银行对外发行债券，募集资金转贷给地方政府，地方政府负有债券还本付息责任，若地方政府发生违约，由州政府提供援助，若要提高债券等级，地方政府需留存风险准备金或者州政府做出当地方政府发生违约时进行偿债的担保说明，满足地方团体的发展需求，一般债券期限为20~25年，规模为2亿~10亿美元。债券银行的融资成本较低，信用评级较高，有州政府提供担保，大大吸引了社会资本投入，而且债券银行匹配专业的金融人才、技术，融资效率较高。

美国循环基金由清洁水州循环基金和饮用水州循环基金构成，主要用于建设饮用水输配系统和污水处理系统基础设施建设项目，由联邦政府提供初始资金支持，州政府出资联邦资金规模的20%作为配套资金，共同构成州循环基金的资金来源，再由其发行项目收益债，为地方政府提供低息贷款、再融资等。地方政府履行项目收益债券还本付息责任。

美国税收增额融资（TIF）是20世纪50年代为解决州政府的财政和负债压力而设计的一种融资制度。政府将一定区域规划为TIF规划区，包括学区、园区、市政辖区等，在存续期间因房地产增值而对增额征收的不动产税产生的税收收入，将其纳入特殊基金专户，专款专用，并以预期增额税收为担保发行债券，用于重大公共基础建设项目包括街道照明、桥梁道路、供水、污水处理等，从而加速开发进度。

对于社会资金趋利性的监管，美国的财政投融资平台为美国联邦政府监管自由资本市场提供有效工具，政府对企业经营不直接干预，而是通过财政投融资平台调节资金流向，如由公共资本出资建立的股份制公司，其资金投向城市公共基础设施建设，如建设资金成本大、回收期长、具有稳定现金流的能源、电力项目。

10.1.2 日本政府支持下的合作金融体系

日本与中国同属于人均土地占有量少的国家，受到资源禀赋的限制，但日本现在已成为亚洲城镇化水平最高的国家，城镇化率从战败后的23.96%发展到90%以上，率先完成了城市化，并一举跨入城镇化先进水平行列，一跃成为世界第二大经济体，实现了城镇化与经济的同步协调发展。日本大量人口集中于三大都市圈：东京、大阪、名古屋，其通过大城市带动中小城市和农村偏远地区的方式实现城镇化发展。

日本城镇化的快速发展依靠其背后强大的金融资金支持，以政策性金融机构为主，用市场化运作方式引导民间资本投入，形成一种创新的金融模式——财政投融资制度，以政府为主导的城镇化道路，用自上而下的调控手段，设立政策性金融机构、完善法律法规、制定财政投融资计划、以国家信用为基础提供政府担保、发行政府债券、指导民间企业的投资方向等手段为城镇化建设投入大量资金。

10.1.2.1 水利交通能源建设

第二次世界大战结束后，日本的基础设施、重工业遭到严重破坏。在道路、大型水利工程建设方面，因为投资额度较大、投资收益见效慢，较难吸引大额私人资本，其主要依靠中央财政直接投资，建立地区开发机构，如为了支持北海道大型水利设施建设，政府建立北海道东北开发金库，之后与日本开发银行合并成立日本政策性投资银行，主要为国家水利设施、交通能源提供贷款，并进行债务担保。日本政策性投资银行长期提供低利率、时间跨度大的优惠贷款，支持重工业设备投资，使得基础设施以政府信誉及强大的财政支持为保障取得较大规模的投资。日本政府通过制定《农业协同组合法》《农林渔业金融公库法》及《日本政策投资银行法》等进一步保证对农业及基础设施建设的资金支持。1945—1975年，日本的基础设施投资年均增速保持在19%左右，城镇化水平从27.62%增长到75.72%，年平均增长1.6%，日本在这一阶段基本完成了城镇化进程。

10.1.2.2 财政投融资制度

日本的财政投融资制度是一种创新的制度金融模式，政府、特殊法人团体、公共金融机构形成特殊法人团体，服务于政策性业务及社会资本的建设和管理，资金来源于财政拨款、发债募集资金、邮政储蓄存款及国民年金、社会保险金等，以国家信用为基础提供政府担保，用金融手段筹集公共资金投向城镇化建设领域，如市政建设、道路水利建设、机场交通建设等。特殊法人团体运用"筑巢引凤式"和"联合投资式"引导社会闲置资本、民间资本进入，运用市场化经营管理模式，以投资收益为导向，加快城镇化建设效率。

"筑巢引凤式"是先由少量的政府投资进入某些带有市场营利性的项目领域，吸引私人企业进入，最后依靠市场经营使得基础建设投资增速日益加快、创造持续效益。"联合投资式"依靠中央政府、地方性公共机构、民间企业共同组建"联合投资体"，既利用了政府强大资金支持的作用，为企业发放的低息或无息贷款，减轻企业税收负担，又引入了私人融资，进行市场化运营，使得城镇化建设高效化、市场化，民间企业具有技术上的优势、先进的管理经验，起到了降低现代化建设成本、规避建设损失的作用。以政府为主导的市场化运作实现了投资主体多元化，政府提供长期低息贷款、财政和政策性金融担保、利息补贴、损失补贴，并允许私人企业享受一定时期的经营权、收益权，吸引大量私人资本参与，激发了企业的创造力，更好地服务于城镇基础设施建设。

10.1.3　韩国政府主导的投融资体系

韩国与中国具有基本相同的文化背景和社会经济基础，在城镇化发展过程中同样存在紧张的人地关系、区域经济发展不平衡现象，但是在短短30年时间里，韩国实现了城镇化目标，一举进入城镇化成熟阶段，城镇化率从27.7%迅速升至75%，韩国城镇化与经济发展腾飞并行，产业结构调整作为重要推动力，不仅调整了经济发展方向，也创造和激活了庞大的内需，韩国"压缩型"城镇化之路值得我们学习和借鉴。

韩国金融支持城镇化进程分为两个阶段，一是初级阶段，城镇化率从27.7%上升到75%，农业引入机械化，农业生产力大幅提升，农村剩余劳动力大量向城市转移，依靠财政和政府融资，为基础设施建设投入大量资金，建立多样的工业园区；二是高级阶段，在城镇化率超过75%以后，韩国通货膨胀得到有效控制，出口增加，经济实现市场化发展，城镇化主要依靠私人部门融资，市场主导、政府调控，适时适应资本市场发展，城镇化率增加并保持在80%以上。

韩国财政与政府融资有效保障城镇化发展初期的资金来源，以财政收入、政府基金和政府发行债券为主，大力发展市政建设，为道路、水利、信息化建设提供资金。依靠政府主导模式中定位清晰、分工明确的政策性金融机构，多种多样的金融服务、监管有力的法律体系，帮助韩国快速完成城镇化进程。

随着韩国经济不断高速发展，城镇化金融支持转向依靠资本市场主导、政府调控融资，利用市场价格自动调节资金供给与需求，放开了资本市场投资基础设施建设领域，弥补了财政紧缺的不足，同时利用资本市场的高效管理和多样性的创造力为基础设施建设注入源源不断的活力，将资金投资于更加具有收益性的项目建设上，促进项目高效管理运作，使韩国城镇化率持续保持在80%以上。韩国进入城市化成熟发展阶段。

10.1.3.1　政策性金融机构

韩国政策性金融机构主要由五大银行组成，包括产业银行、中小企业银行、农协银行、水协银行、进出口银行，其中以产业银行为核心，五大银行政策定位准确、分工明确。产业银行主要服务国家石油化工、重工业及出口导向型企业，拉动国家经济支柱产业发展，产业导向明确，促进产业结构调整。中小企业银行是韩国政策性服务体系的关键，95%左右的中小企业都与该行有投融资业务往来。韩国中小企业是经济增长的一大动力，其创造的附加值占工业企业总额的一半，并解决了农村剩余劳动力转移的问题，不过面临着巨大资金缺口。中小企业银行解决了其融资难、信息不对称的问题，补足其资金缺口，并作为独立的经济主体自负盈亏，既发挥了政府对中小企业的扶持，又避免了直接过多的干预对市场的破坏，妨碍公平竞争。农协银行主要成立农业合作信用机构，建立农村金库，专项满足农业现代化对资金的需求，其最大特点是"自上而下"，由政府先建立农业协同组合信用部作为中央领导部门，在基层又配套建立村级信用合作机构，给农业商户及个体发放低息甚至无息贷款，并用高利率吸收存款。面对农业季节性的资金需求，政府划拨专项财政补贴支持农业生产并带动民间资本进入农业，资金来源广泛，并减免农协基层组织税收。水协银行、进出口银行专项支持水产业和出口企业发展。政策性金融机构的资金来源为居民、法人及其他社会组织贷款，国外贷款等。

10.1.3.2　政策性金融服务

韩国城镇化发展特点为"先聚集、后分散"，前期重点发展具有区位优势与资源优势的城市。资金优先支持优势工业园区发展，设立政府投资基金，根据产业结构调整方向，为符合发展需求的企业提供资金，并将信用风险转移银行，政策性基金的建立由政府带动民间资本进入。建立政策性信用担保体系为城镇化发展过程中金融支持提供有效保障，尤其是建立中小企业信用担保体系，很好地解决了中小企业无抵押、无担保、缺乏信用记录的贷款难题。中小企业信用担保体系由信用担保基金、韩国技术信用担保基金和14个地方性担保基金构成，每个基金独立操作，遵循市场利润最大化原则，保证资金高效运转。另外，政策性金融机构积极不仅为农民工提供农业贷款，还提供创业贷款、医疗保险、养老保险、个人理财设计等多样化金融服务。

10.1.3.3 完备的法律体系

韩国政府加强立法保障城镇化建设，其中对政策性金融监管较严。政策性金融机构是最高立法机构通过专门立法设立的金融机构，与政府机构、商业银行适用法律相区别，具有明确的法律地位，如韩国产业银行于 1954 年依据《韩国产业银行法》成立，同时规定《韩国银行法》（适用于中央银行）和《银行法》（适用于商业银行）不适用于韩国产业银行。《韩国产业银行法》界定了产业银行的职能和性质，由金融监督管理委员会监管、财政经济部制定信贷计划、审计监察委员会审查合法合规性。在政府基金方面，先后出台了《政府基金法》《财政投融资法》等法案管理基金运行。

10.1.3.4 政府债券

为支持城镇基础设施建设，引导更多资金流入，扩大政府的资金来源，韩国地方政府开始发行政府债券，种类包括国库券、市政债券、政策性金融债券和特别法债券等，主要投资者为商业银行，中央政府对地方政府发行债券采取行政监管。韩国的市政债券筹集的资金投向交通、水利、住宅、基建、教育等领域，其中投向教育、污水治理等公益性项目的贷款，政府提供土地抵押担保，投向基建、公路等营利性项目的贷款，收益来源于项目建成后的经营收入；政策性金融债券为韩国产业银行发行的工业金融债券和中小企业银行发行的中小企业债券，具有针对性地向市场筹集资金；特别法债券，是针对特定项目而专门成立的债券，如发行支持交通物流体系建设的基础设施建设项目债券等。

10.1.4 中国、美国、日本、韩国地方政府基础设施建设投融资模式间的比较

本研究从财政体制、融资特点、信息披露和风险监管等角度，比较中国、美国、日本、韩国的地方政府融资模式包括地方政府投融资平台和发行市政债券两个方面，借鉴发达国家的已有经验，为我国地方性政府融资的投资模式、制度建设、风险监管提供改革方向。

10.1.4.1 地方投融资平台

其一，中国债务危机的风险性不仅在于债务总量过大，还在于地方政府与企业的债务关系非透明。自 1994 年中国政府进行分税制改革以来，地方政府财政收入减少而事权加大，1995 年颁布《中华人民共和国预算法》限制地方政府通过债券与债务担保融资，地方财政持续出现缺口并呈上升趋势，占

GDP 的比重也逐年上升。地方政府为绕过法规政策的限制，扩大资金来源，分别成立城投公司，直接对城市基础设施建设进行金融支持，如发行城投债券、银行借贷、信托计划融资等，并以政府信用提供担保。一旦国企发生经营困难、亏损无法还本付息时，债务窟窿会由地方政府进行填补，从而加重了财政负担，甚至引发地方政府破产。且中央与地方间转移支付体系不完善。美国实行对称性财政分权体制，保证地方政府事权、财政支出权与征收权、财政收益权相匹配。而日本与中国都实行中央集权与分权相结合的分税制，税收分配比为"六四开"，支出结构为"三七开"，但日本转移支付体系完善，化解了地方财政困境。其二，中国地方政府及其部门、机构以财政拨款或注入土地、股权等资产设立投融资平台，承担政府投融资职能，平台虽是具有独立法人资格的经济实体，但政企界限不清晰，政府隐形担保平台债务，隐蔽性强，兼有财政信用和商业信用特点，资金运作透明度差，不以盈利为目标，风险集中。美国地方政府直接发行市政债券与短期票据融资，包括住房债券、特种债券、工业收入债券等，由市政债券保险公司提供担保，政府以未来税收收入作为抵押。美国设立区域特殊目的机构如美国田纳西河流域管理局（TVA）、洛杉矶运输局、纽约新泽西港，负责整体规划水土保持、粮食生产、水库、发电、交通等。其成为一个"地理导向"的整体解决方案机构，作为独立法人实体，具有私人企业的灵活性与主动性，依靠市场化运作自负盈亏，同时享有一定政府资源与权力，但与美国国会、其他联邦政府机构的权责相独立。日本地方发行地方公债、地方公企业债，设立的公共性团体享有自治权，分为普通地方公共团体（都、道、府、县及市、町、村）和特别地方公共团体（特别区、地方公共团体组合、财产区及地方开发事业团）的国有独资平台和国有参股平台，执行特殊目的，中央政府购买地方债券比重较大，具有财政互助性质，且实行双重保障偿还机制，地方政府作为担保人，中央政府提供再担保。其三，中国地方投融资平台虽与美国相同，是独立的法人实体，但中国地方平台由地方国资委组建，当地政府完全掌握企业的经营、财务、投融资的决策权，缺乏由董事会、监事会、经营管理层组成的现代企业治理架构，美国区域管理局董事会在公司治理和日常经营中处于核心地位，运作规范，政府与董事会之间存在较明确清晰的边界，政府拥有董事会成员的任命及绩效考核权，但在具体经营上，无项目投资决策权、管理层任命权。其四，信息披露在中国存在盲区，"黑箱"操作非透明导致经营低效，寻租腐败行为发生，平台既不受公共财政监督体系等相关政府部门监督，又缺乏自律与市场监管，无明确系统的法律约束与政策考核。其决策机制、考核机制、问责机制力度不足。美国和日本对平台日常经营的信息披露和监管都具有相当高的要求，美国按照《政府绩效和结果法》的要求，定期提交管理和财务报告，制定专门的法律——《田纳西河流域管理局法》规范其职权，并在董事会下设立企业风险委员会，利用金融衍生品对冲相关风险，日本实施事后严格的审计监督制度，《地方自治法》和《地方公债法》分别限定地方公共团体的行政事务权能和公债用途，中央政府和地方监察委员会严格监督，对发债实行计划管理，协议审批发行规模、期限、募集资金投向。

美国和日本的地方政府投融资平台从财政体制到特点再到监督管理方式上都具有本质差异。结合两国不同性质的金融支持体系背景分析，美国市场化融资模式下地方投融资平台具备专业地域管理职能，重点在于开发、整合流域内自然资源，促进城市群协同发展，作为独立市场主体自负盈亏，内部现代法人治理结构完善，投融资属性弱化，由企业自律与市场监督约束；日本政策性模式下公共性团体严格执行政府投融资职能，实行中央和地方政府双重保障机制，融资规模由中央计划管理，受中央监督。但美、日皆有严格的信息披露要求和专门的法律法规与制度规范。首先，中国地方政府投融资平台在分税制改革下承担政府投融资职能，而非对称性财政分权体制导致中央与地方在事权与财权分配上不均衡，我们可以借鉴日本中央集权制下完善的转移支付体系，根据地方公共财政支出预算具体数额计算准确的转移支付资金；其次，投融资平台非市场化运作，"黑箱"操作导致经营效率低下，应借鉴美国政府不担保、不兜底债务的模式，独立经营，引入民间资本持股，以现代企业管理制度和法人治理结构严格把控项目投资，整合区域资源，激发企业创新活力；最后，在信息披露与监督管理方面，借鉴美、日强制的信息披露制度，定期提交管理和财务报告，以企业自律和市场监管监督投融资平台的经营行为。

10.1.4.2　市政债券

2014 年，中央确立了中国地方债务管理"开正门、堵偏门"的长期思路，逐渐建立以政府债券为主的地方举债融资机制，剥离地方投融资平台融资职能，以政府债券置换存量债务，减轻近期地方政府偿债压力，但市政债券发展缓慢。美国市政债券的发展已有 200 多年的历史，8 万个地方政府中近 70%，约 55 000 个政府发行市政债券，市政债券余额占 GDP 的比重基本保持在 15%~20%，约占美国全部债务的 6%。基本上形成了较为成熟的市政债券市场体系，具有完善的制度规范、风险监管机制，透明度高、流动性强，市场化程度高。韩国与中国类似，负担着巨大的"隐形债务"风险，中央与地方的事权责任没有明确界限，依靠中央政府干预的韩国政府债券，引导债券投向基础设施建设，支持韩国城镇化发展。以下将从定义特点、制度规范、风险监管等角度，比较中国、美国、韩国市政债券融资模式上的异同。

其一，中国与美、韩两国的市政债券都是由本地区自行组织发行、支付利息和偿还本金，省（自治区、直辖市）政府和联邦、州、地方政府都有权发行，美国根据项目收益特点分为一般责任债和特殊收益债，投资领域为城市建设和公共服务，包括教育、市政工程和交通，资本项目必须得到有关机构甚至全体公民的授权和批准，地方自控风险，具有信用良好、利率高、期限较长（15~20年中长期债券为主）的特点，债券可在市场上交易，流动性强，免交利息收入所得税，风险相对较低。韩国分为一般账户债务、特别账户债务、公共企业债务，为道路建设、桥梁建设、污水处理、供水系统、公共事业筹资，具有中央集权管理特点，地方主动性较差，受制度约束与行政控制。中国分为政府一般债券、市政收益债（土地储备专项债、收费公路专项债等），筹资用途为土地储备和政府收费公路建设，从"代发代还"模式到试点"自发自还"模式，地方逐渐掌握发行自主权，我国普遍专项债期限不超过10年，以5年期为主，商业银行持有70%，结构单一，且债券市场化交易不完善，流动性较差。其二，中国与韩国将市政债券收入纳入一般财政预算管理，而美国则纳入资本预算管理，不受"平衡预算法则"限制，不计入当年财政赤字。其三，中国债券逐渐开展信用评级，评级标准目前非标准统一化，美国由评级机构定期审查和更新市政债的信用级别，以反映债券发行人的最新信用状况。其四，中国和韩国以事前监管为主，中国发改委实行年度发行限额管理，财政部、中国人民银行建立常态化监督机制、风险预警和应急处理机制，信息披露不及时，由《2014年地方政府债券自发自还试点办法》等一系列文件规范，无明确法律出台。韩国举债考评程序烦琐、举债规模限制严格（要求偿债率小于20%；收支结余率大于等于-10%），在中央政府下设内务部监管地方政府融资，并在全国范围内建立财政管理信息系统，反映地方真实融资情况，制定韩国地方融资法案。美国依靠事后监管、行业自律规范市政债市场，美国证监会（SEC）根据反欺诈条款进行事后监管，市政债券规则制定委员会（MSRB）制定市政债券承销及交易规则、建立市政证券从业人员的职业标准，收集和发布市场信息、宣传教育和引导，发挥实际监管作用，券商自律委员会（FINRA）协助证监会监管从事市政债业务的券商及从业人员，形成实行三权分立的监督结构（MSRB负责制定市政债市场规则、SEC负责执行规则、FINRA监督规则执行），并在2008年建立了全美统一的市政债券信息披露电子系统（EMMA），地方政府必须遵循政府会计准则委员会确立的政府债务报告基本准则，记录和报告政府债务，形成了完善的信息披露制度。其五，美国由10多家专业的市政债券保险公司和金融担保保险协会（AFGI）为州、地方担保，联邦政府设立偿债备付金分散风险，韩国因公共服务中的受益人就是借款人，建立强制包销公债制度，而中国尚缺乏风险分散机制。

美国与韩国市政债券的发行具有明显的差异性，美国市政债券以地方政府根据自身建设需求与金融市场资金供给状况决定举债规模，建设性债务不纳入财政赤字，但各州年度债务一般不能超过经常性预算的20%，向市场上个人投资者发行，债券市场制度建设多样化；韩国则是由中央发布地方筹资计划，并由地方向中央政府举债，受中央行政干预，地方主动性不强。中国地方债市场刚刚起步，从"代还本付息"到"自发自还"试点发债，存在行政干预较多、重复设置审批事项、难以实现市场化定价等问题。我们既要借鉴韩国中央对地方发债规模的控制，设置债务率预警线，但要避免中央严格干预地方举债计划，减少烦琐的审批程序，发行标准应当与现有市场化债券发行标准并轨。美国地方政府发债要通过地方选民投票及议会审议，有效约束地方政府盲目扩张债务，我们应学习美国经验改革预算管理方式，用于地方基础设施等建设的一般债券不再纳入全国赤字口径，激发债券交易市场的活力，提高债券流动性，吸引广泛的家庭储蓄资本，建立债券信用评级制度、债券保险制度与信息披露制度，加强立法与风险防控机制建设，切实保护投资者利益，为地方债市场化创造条件。

10.2 金融支持中小企业发展促进农业人口就业的国际经验

就业是农业转移人口能否立足城镇和真正市民化的关键，只有农业转移人口能够稳定就业并通过就业获得稳定的收入来源，新型城镇化才能从根本上得以实现。农业转移人口就业的前提就是大量的中小企业健康发展并为之提供广阔的就业岗位，因此，各国都积极出台相关的金融支持政策，以促进中小企业的发展。

10.2.1 日本中小企业金融支持体系

日本城镇化的快速发展依靠其背后强大的金融资金支持，日本政府扶持下的合作金融体系主要以政策性金融机构为主，用市场化运作方式引导民间资本投入，形成一种创新的制度金融模式。

日本拥有600多万家中小企业，占国内企业总数的比重高达99.7%，对经济的贡献率为47%，提供的就业岗位占就业人数的70.2%，中小企业的发展在日本整个经济和社会发展中有着不可替代的战略地位。第二次世界大战后，日本在支持中小企业发展上建立了一套完善的金融支持体系，政府的扶持手段较多，具体措施包括设立专门为中小企业服务的政府性金融机构及民间中小金融机构、订立法规扶持政策、设立专门的中小企业管理机构、建立中小企业信用担保体系、制定专门的金融服务政策等；通过完善中小企业金融支持体系（见图10.1），扶持中小企业的发展和进步。

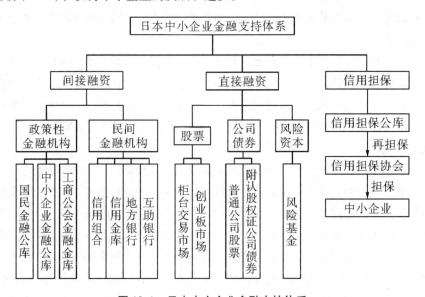

图 10.1　日本中小企业金融支持体系

在设立金融机构方面，民间中小金融机构主要有地方银行、第二地方银行、信用金库、信用组合、劳动金库等，其中地方银行64家、第二地方银行53家，信用金库主要面向小企业、小事业单位及个体业主，信用组合主要以合作形式，通过互相融资满足资金需求，相对规模较小。专门为中小企业服务的政府性金融机构包括国民金融公库、中小企业金融公库、商工组合中央金库，这些银行是一些由政府提供资金或由政府提供债务担保，原则上不接受存款的非营利性金融机构，在经济不景气、资本市场不成熟时期，能对中小企业的融资支持起到至关重要的作用。

中小企业的融资风险高于大企业，城市银行放贷条件除了高利息外，还要求中小企业提供担保和抵押物。政府建立中小企业的信用担保体系，为中小企业提供信用担保，促进国内中小企业融资，贯彻落实了国内经济政策。中小企业信用担保体系是由信用保证协会、中小企业信用保险公库两个相互关联的机构构成的两级信用保证体系。信用保证协会为本区域内中小企业向金融机构贷款提供信用保证服务，中小企业信用金库为全国的信用保证协会进行保险，在两级信用保证体系下，放宽了对中小企业的担保要求，扩大担保商品范围，提高了担保额度，有效推动了融资渠道的多样化。日本各地方政府（都、道、府、县、市、町、村）有义务建立各地区的信用保证协会，帮助当地中小企业筹资，协会间相互独立，以政府信用为基础。现全国有 52 家信贷担保公司、1 个全国性信贷担保联合会。日本中小企业信用担保体系的资金来源以政府财政拨款为主，小部分来源于公共社团和金融机构捐助，资金规模较大，资金来源多样化。

日本政府为解决中小企业融资问题，通过专门立法形式予以保证，并建立了相应制度予以扶持，主要包括《中小企业信用法》《中小企业基本法》两部宪法及《中小企业现代化促进法》《中小企业信用保证协会法》《中小企业信用保险公库法》等 30 多部法律法规，对中小企业信用制度实施规则的方方面面加以规范。

日本中央政府成立专门负责中小企业发展的管理部门——中小企业厅、中小企业管理中心，对中小企业扶持政策进行研究、制定与落实，对中小企业信用担保体系进行设计、论证和建设，对中小企业信贷担保公司等机构进行监督管理、制定业务规则，帮助中小企业制定发展战略规划等服务。针对中小企业专门的金融服务扶持措施有直接贷款、长期低息贷款、技术研发补助、破产资产援助、出口贷款、税收减免等，创新专门支持条款，对"特别不景气地区""高度技术工业集中区"和"特定产业有关地区"等地区的符合产业政策的中小企业进一步放宽条件，促进中小企业成长，解决中小企业生产经营中筹资难的问题。

10.2.2 印度中小企业金融服务体系

印度和中国都是世界人口大国、世界新兴经济体，人口总量超过 10 亿人，目前同处于产业转型期，印度和中国的城镇化水平与城镇化历程存在一定可比性。印度由于农村人口不断涌入城市，造成城市人口增加，城市商业、工业、教育、医疗事业随之发展，在 20 世纪 90 年代前印度城镇化水平领先于中国，但是城镇化水平较低，严重落后于经济发展，人口对经济提出较高的要求。到了现代，中国的城镇化率增长迅速超过印度。同作为金砖国家的成员，印度在金融支持城镇化发展中的金融系统结构、制度体系兼有正面与反面的比较意义，值得我们学习与借鉴。

印度城镇化建设包括城市住宅建设、道路建设、基础设施建造等，通过有关市政法律确定全部归属于中央政府的责任，中央政府设立不同公共服务部门履行相应职责如水资源供应部门、污水处理协会、公共交通管理部门，中央政府承担所有的投资①。印度城市基础设施建设所用的资金在本国财政支出中占较大的比例，市政机构发挥了重要的作用，私人资本投资所占比例不高，将所有建设工程归于政府管理，更容易调动财政资源及人力、物力支持城镇化发展，集权化管理在一定程度上可以节约时间、金钱成本。不过政府负担过重，社会资本闲置，资源利用率不高，风险较大。

印度农村金融服务体系、中小企业金融支持体系的制度体系、结构安排、法律保障方面以政策支持为主要导向，基础建设投入在财政支出中占较大的比例，政策性银行对资金分配进行协调监督，构建层次分明的金融机构体系和多样化健全的制度保障体系，对印度农村建设和中小企业发展起到了重要作用。

印度作为世界上较大的发展中国家，中小企业占国民经济较大比重。印度95%的企业属于中小企业，数量大约 1 300 万个，为 8 110 万人提供就业岗位②。其产值比重约占国家工业总产值的 40%，约占出口总额的 30%，并且增长速度保持两位数，高于全国工业部门增长速度及 GDP 增长速度，中小企业的发展壮大对印度经济的高速增长、社会的进步功不可没。

印度中小企业金融支持体系依靠政府主导，以小工业开发银行为政策性金融机构的核心，向中小企业发放直接贷款，并由地区金融公司提供金融服务、间接贷款，促进中小企业的现代化和帮助病态企业脱离发展困境（见图10.2）。小工业开发银行和地区金融公司多设立于农村金融活动相对薄弱的地区，大力支持普遍在农村设立的中小企业。印度政策性信用评级机构、政策性担保机构、商业银行互相关联，并处于一个利益团体。首先，政策性评级机构对中小企业进行信用评级，其次，信用担保机构对信用良好的企业进行担保，最后，商业银行对中小企业发放信贷融资。这样既解决了中小企业资金不足的难题，又发挥了政府职能，并利用民间资本支持中小企业发展，减轻政府财政负担。针对贫困地区小微型企业具有的信贷风险较大、信贷资金需求较少的融资困难问题，印度政府成立"微型信用项目"，建立微型金融机构和农村自助团体对其提供微型信用支持，并通过培训补助计划对失业青年进行就业培训从

---

① DARSHINI M. Urban Infrastructure Financing and Delivery in India and China [J]. China & World Economy，2006，14（2）：105-120.

② 数据来源：印度资诺瓦管理管理咨询公司研究报告。

而帮助其就业。除此之外，政府还设立政策性投资基金，一类是小微企业成长基金，针对艰苦地区处于初级阶段的小微企业，促进地方经济增长；另一类是软件和 IT 产业国家风险基金，培育具有发展前景的 IT 企业，支持小微企业科技创新，投资开发印度的软件和 IT 事业。

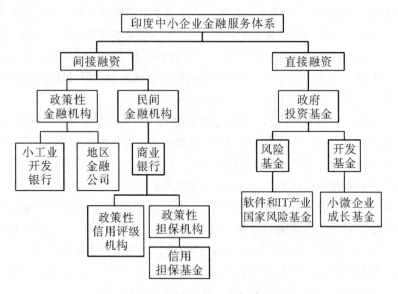

图 10.2　印度中小企业金融服务体系

10.2.3　中国、日本、印度中小企业金融支持体系间的比较

我国中小微企业金融体系由间接融资、直接融资和信用担保构成（见图 10.3），间接融资主要是向城市商业银行和城市信用社取得贷款；直接融资包括股权融资、债权融资、政府投资基金，股权通过创业板市场和新三板市场上市融资，债权通过发行中小企业私募债、中小企业集合债、中小企业集合票据筹资，政府投资基金包括技术创新基金和风险投资基金；信用担保以政策性担保机构为主，商业性担保机构和企业互助合作性机构担保为辅。但是我国中小企业金融支持普遍存在融资成本高、融资方式以银行贷款方式为主、信用担保难以获得等问题，难以解决中小企业长期面临的资本匮乏难题。从短期来看，日常生产经营需要流动资金；从长期来看，生产线投资和科技研发需要资本注入。融资困难成为中小企业发展的最大瓶颈。

日本中小企业得益于金融扶持，在促进地方经济、出口创汇、科技研发中发挥主干力量，成为战后日本经济振兴不可或缺的一部分。日本中小企业金融

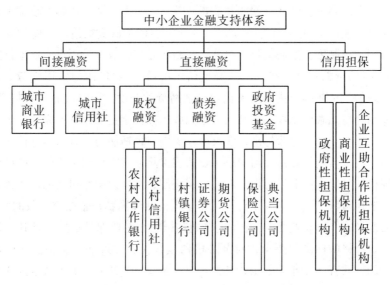

图 10.3　我国中小企业金融支持体系

支持体系为中小企业保驾护航，具有稳定、完善、主动的特点。印度市场化程度较发达国家偏低，中小企业金融服务体系以政策性金融为核心，中小企业贷款主要由政策性银行直接或间接提供，一定程度上解决了融资难问题，对增加就业、活跃市场、激发创新起到了不可替代的作用。通过比较研究我国和日本、印度中小企业融资体系，对于解决我国中小企业融资难的"瓶颈"，促进其健康发展具有重要意义。

其一，中国中小企业融资渠道分为以城市商业银行、城市信用社为主的间接融资和由初级阶段的创业板、新三板、成本过高的中小企业私募债及规模小和运行效率低的政府投资基金构成的直接融资，缺乏专门的政策性银行。日本和印度均以政策性金融支持为主，通过间接融资、直接融资和信用担保融资，日本依靠"联合投资模式"引入民间资本，下设三大政策性银行和民间银行，资本市场股票、债券、风险资本发展较成熟，印度设有小工业开发银行、地区金融公司，将政策性机构与商业性机构利益捆绑，共处同一利益团体。其二，中国中小企业服务机构并非权威专业的中小企业服务管理机构，执行力弱，信息披露不及时，缺乏协调统一的管理，管理范围与层次不清晰。日本设立中小企业厅、中小企业管理中心等专门机构，建立审议会制度，形成由中小企业厅、中小企业审议会、社会团体、企业联合会构成的自上而下的管理组织体系。印度设立小工业开发银行，协调各金融机构的职能，提供资金支持，包括直接融资支持、票据信贷支持、间接融资支持、国际金融支持、小额贷款支持，成立专门委员会，调查问题并监督。其三，中国短期产业调控政策干预导致"金融抑制"现象，商业银行区别对待中小企业信贷配给。印度建立中小企业信用评级制度，削弱信息不对称，实施优先贷款政策，要求商业银行给予20%~60%的贷款额度，并设立"微型信用项目"，提供微型信用支持。日本特别实施的小企业融资优惠政策包括安全网贷款制度、新开办企业支持资金、新事业培育特别融资制度等。其四，中国政策性信贷担保体系不完整，未建立权威的中小企业信用评级标准，缺乏风险识别与评估能力，日本执行信用保证与保险制度，信用保证协会与中小企业信用保险公库提供双重担保，印度政策性担保机构与协作商业银行形成利益共担机制，设立明确针对性的信用担保基金，分散风险。其五，中国出台了《中华人民共和国私营企业暂行条例》《中华人民共和国乡镇企业法》《中华人民共和国中小企业促进法》等法律，但缺乏统一、严格的标准与要求，对金融机构债权保护力度弱。美国法律体系完整、全面，共有《中小企业信用法》《中小企业基本法》《中小企业现代化促进法》《中小企业信用保证协会法》《中小企业信用保险公库法》等30多部法律法规。印度的《印度小工业开发银行法》《印度中小微企业发展法》为中小微企业成长、资金需求、技术支持提供了合理的解决方案。

特别地，在政策性金融支持上，日本有国民金融公库等三家政策性银行，印度有小工业开发银行，专门为中小微企业提供长期低息贷款，对全国金融机构的资金进行调配；在中小企业组织管理上，日本设立了专门的中小企业组织管理中心等专门机构，采取审议会制度研究审议相关法律政策，监督管理中小企业日常运营，而我国中小企业协会只提供相关市场走向等信息，与企业互动性差，对中小企业经营信息披露不及时，缺乏问责机制，较少提供咨询培训服务；在创新融资渠道上，日本作为发达国家，金融市场交易频繁，发达的股票市场、债券市场、风险基金是日本中小企业融资的又一有效渠道，印度有针对性地设置了政府投资基金，分别支持落后地区经济发展和高新技术产业创新；另外信用担保体系通过双重保险和利益捆绑机制有效分散信贷风险，用权威的信用评级标准评估信用，并成立信用担保基金，支持高新技术产业的发展；并且日本和印度拥有完善而详尽的中小企业法律法规，明确中小企业在经济发展中的地位及作用，保护了中小企业的合法权益，并对中小企业金融支持体系的设立和运行进行规范。

10.3 义务教育体制和高等教育助学贷款下的教育融资国际经验

农业转移人口城镇化的一个重要方面是能够稳定地在城镇就业，同时其家庭成员特别是下一代成员能够完全享受并适应城镇教育，从而为真正的市民化打下基础。从义务教育阶段到高等教育阶段，各个国家都通过相应的财政和教育融资手段来支持这部分群体面对的教育问题。

10.3.1 日本义务教育体制

日本九年义务教育自 1947 年《基本教育法》颁布后实施，1969 年起对义务教育实行完全免费，农民工随迁子女可享受平等的教育。日本义务教育体制的资金来源以地方政府财政投入为主，都、道、府、县和市、町、村承担了大部分义务教育的费用。但在日本国库负担制度下，中央政府通过转移支付和专项补助分担地方政府近 1/2 的教育费用。中央国库负担日本教育费用，对保障日本义务教育的实施和促进地区间教育公平和效率方面起到了重要作用。日本义务教育相当重视师资建设，中小学教师工资占义务教育费用总额的 3/4，并实行教师"定期流动制"，以促进日本教育的均衡发展。明确划分中央与地方对于义务教育的责任，中央政府保证义务教育制度的执行，建立健全法律法规，规范行政政策指导，加强宏观调控，监督义务教育的质量；都、道、府、县与市、町、村相互协调、共同管理学校，通过各地区的教育委员会落实义务教育政策，负责全国各学校教育设施的统一标准化建设，实现均等化的办学条件，调动地方政府的积极性，确保地区间义务教育无差别化，为农民工随迁子女提供平等的教育机会。

20 世纪 90 年代后期，日本逐渐改革义务教育体制，东京都品川区率先实行择校制，提倡"自由择校"，引入市场化经济主体投资教育领域，设立私营学校，相互竞争，以解决官僚教育体制下的管理僵化、效率低下、氛围沉闷等问题，打破垄断的行政模式，实现自由化与市场化，减轻国库投入负担，有效提高教学质量和服务效益，满足学生、家庭的差异化需求。

10.3.2 德国高等教育助学贷款制度

德国是世界上高度城市化的国家之一，到 1910 年基本完成城市化，并且实现城市化所用的时间少于美、法等国。德国在城市化的过程中，注重城市间、城乡间的协调发展，布局较为合理，较少出现特大型城市，既出现了大量农业人口向城市转移的现象，又出现了很多农村就地转化为乡镇的现象，从而形成了"分散化的集中型"的城市布局，减少了大城市人口集聚的压力。

德国金融模式以银行为主导，银行处于金融体系的核心地位，企业融资绝大部分来源于银行贷款，银行对企业提供全方位的支持。在德国城镇化建设中，德国政策性银行为德国农业发展、基础设施建设提供资金支持，通过政府规划筹集低成本资金，引导商业银行中的社会资本集中投入某个特定领域，建立政府补助基金，支持城镇化进程快速发展。

德国在教育领域一直处于世界领先地位，这与德国重视教育发展、大力投资教育、完善教育制度不可分离，使得德国教育投资回报率超过金融市场利润率，联邦政府专设联邦教育与研究部，负责管理德国高等教育体系。德国还专门制定《联邦教育促进法》，在法律层面规定贷款资格审定、贷款发放与还款程序。德国助学贷款制度通过国家政策性银行向学生发放贷款，政策性银行是有力高效的投融资通道，资金主要来源于财政补贴，补助大学生学费与生活费，采用收入比例型贷款减免设计，考虑学生实际收入情况制订还款计划，减轻学生还款负担。并因地制宜调整各州的助学贷款制度，总体上德国助学贷款的准入条件宽松、贷款利率较低，对担保无强制要求。德国国有银行资金部分来自私人部门，减少财政压力，吸引社会资本进入高等教育投资领域。德国依靠完善、健全的个人征信体系，将个人银行信用、商业信用、消费信用进行捆绑，失信者将受到法律严厉惩罚，影响生活和工作的方方面面，失信成本高昂，有力保障银行将助学贷款顺利收回。

10.4　社会保障制度与社会保险基金运行的国际经验

社会保障制度关系到农业转移人口在城镇失业、生病及退休后的生活，从而保障其不会在暂时或永久失去劳动能力之后再次回到农村地区，因此可以说针对农业转移人口的社会保障问题是为其进行兜底的政策。美国、新加坡和日本的相应政策和社保基金的运行制度，可以带给我们一些借鉴。

10.4.1　美国 OASDI 复合养老计划

美国社会保障制度具有保障性特点，由联邦政府、州和地方政府实施的社会保障构成，美国养老具有最健全的护理服务设施，包括一人三餐、个人照料、专业医务服务等，为老人提供长期专业级别的养老服务，养老院受到联邦政府和州政府的认证和监督，定期检查其服务和设施。社会养老保险主要依靠美国 OASDI 复合养老计划（老年、遗嘱、残疾保险互相捆绑的残疾保险信托基金）筹资，形成以现收现付为特征的基本养老保险制度，工薪税——OASDI税形式由雇主及雇员各缴付一半的税金，税收具有强制性，减少漏税逃税的发生。OASDI 计划下设两个全国性信托基金（OASI 基金和 DI 信托基金），主要投资财政部内部特别发行债券和政府担保本息的债券，以实现保值增值，并专设社会保障信托基金管理委员会进行管理，单一投资法保证了社保基金高流动性和低风险性，但受通货膨胀的影响，易加重财政赤字。由于美国高度市场化的经济，社会保障市场上还出现了各式各样的私人保险计划和社会公益性慈善机构，州、地方政府也可根据本区域特点制订计划，如加利福尼亚州的就业服务计划和《加利福尼亚失业保险法》等。

10.4.2　新加坡中央公积金制度

新加坡养老保障以中央公积金制度为主，与传统现收现付制不同，雇员和雇主强制缴纳一定收入到个人公积金账户，享受一定公积金存款利率，减轻财政负担，在此基础上衍生出了医疗保障和住房、子女教育、投资等功能，具有与个人收入关联的完全积累特点。新加坡政府成立了公积金局对公积金进行全国统一投资管理，中央公积金储蓄可投资于基础设施建设、国债和有风险的金融市场，投资工具多样化，并通过最低存款计划、最低存款填补政策保障国民退休后的基本生活水平。新加坡一般家庭养老靠退休人员自身的个人公积金，少数老年人可将住房抵押给政府，每个月政府提供一部分补助款。

10.4.3　日本公共年金制度

日本不仅有公营的与老年人有关的养老设施，如利用"护理保险"的特别养护老人院和护理老人保健设施，还有民营的收费老人院和带服务的老年人住宅等，提供在服务内容、居住目的、入住条件等方面各不相同的养老基础服务设施。日本要求企业为进城的农民工强制购买社会保险，包括养老保险、医疗保险、雇佣保险和人身意外险，与城市居民享有的社会保障相同，减轻农民工在城市生活的负担，确保企业劳动力来源。日本作为中央集权制国家，其社会保障制度具有"国家中心主义"特征，公共年金来源于雇员、雇主和财政的强制性支出，公共养老储备金的运营通过财政投融资计划投资于实现社会经济目标的各个领域，财政投资机构贷款占总资产的80%左右，投资过程完全由政府单一的政策性机构掌握，在日本泡沫经济崩溃后，公共养老保障基金出现大量呆账、坏账，造成社会保障基金投资损失惨重。

10.5 保障性住房融资制度的国际经验

安居是农业转移人口实现市民化的必然要求，但作为家庭最大的资产承载物，住房显然也是农业转移人口市民化的最大障碍。借鉴国际上有关住房融资的经验，为农业转移人口提供低成本的住房以及住房融资制度，显然是十分必要的。

10.5.1 美国资本市场融资制度

美国政府在保障性住房融资体制中属于监督管理者，指导私营开发商介入保障性住房投资领域，负责保障性住房的建设开发与经营管理，依靠资本市场解决融资问题。美国创新多种金融工具，规范资本市场吸引社会资本，如住房抵押贷款支持证券（MBS）、商业房地产抵押贷款支持证券（CMBS）等资产证券化产品及超过 300 个总值 300 亿美元的信托投资基金 REITs，成熟的场内场外交易市场为住房抵押债券及房地产信托基金提供便利的流通场所，提高金融资产变现能力。美国设立专门的政策性金融机构如房地美、房利美帮助中低收入者购买住房，制定优惠住房政策，如低息、低首付、减免税额、为购房者提供担保的方式提高住房保障。

10.5.2 德国政策性住房储蓄制度

德国政府重视保障国民的住房需求，建立多层次的法律体系，对低收入者提供住房补贴，并鼓励建立公租房。德国房屋租赁市场活跃，租赁住房率较高，具有严格的房租管理体系，吸引年轻人与外来务工者。德国住房储蓄制度是德国最具特色的政策性住房融资制度，二战后德国为缓解居民购房融资困难，成立住房储蓄银行，凡是参加住房储蓄系统的用户都必须和银行签订"购房储蓄契约"，每月交付"契约金额"的5‰进行银行储蓄，银行向配贷指数较高的家庭发放 10~15 年的低利率贷款，该制度实现了向市场融资及满足中低收入者购房需求的双重职能，解决了城镇化过程中转移人口的住房难问题，切实实现了"人"的市民化过程。

10.5.3　日本政府保障融资模式

日本城市为接受农民工而兴建住房（如公营住宅、公团住宅），为农村转移人口提供住房保障。日本将保障性住房分为公共出租房（公营住宅）和公共出售房（公团住宅），采取不同的融资模式。公共出租房由都市再生机构供给，建设和维护费用由政府财政负担，租赁对象为低收入群体和高龄人士；公共出售房由政府引导私营房地产开发商建造，住宅金融支援机构为开发商提供贷款支持，在贷款额度、利率水平、偿还期限方面给予优惠，公库资金主要来源于财政拨款、发行金融债券、发行抵押支持证券（MBS）。住宅金融支援机构在担保民间商业金融机构长期住宅贷款、承担保险索赔方面发挥重要作用，吸引社会资金参与。

11 国外金融支持农业人口城镇化进程的若干启示

国际上不同国家在基础设施建设融资、金融支持中小企业发展提供就业机会、教育融资、社会保障制度设计和社保基金运行、住房融资等方面的探索和成功实践，为我国进行新型城镇化建设，促进农业转移人口市民化，提供了新的思路和启示。尽管各国政治制度、发展阶段、历史进程以及金融市场发育程度各不相同，但我们仍然可以将这些做法与我们国家新时代的社会背景实际相结合，走出一条适合我国国情的金融支持农业人口城镇化的特色道路。

11.1 转型升级财政投融资平台，增大市政债券发行并加强风险防控

我国各地当前都建有地方政府投融资平台，为地方市政建设等提供融资服务，但这些平台的运行不够市场化，信息披露制度不够健全，缺乏相应的监督体系，这都为其稳健运行带来了隐患，这些平台的转型与改革势在必行。同时，为增加地方政府在进行基础设施建设方面发挥更大的自主权和建设能力，需要通过市政债券进行发行管理的进一步改革。

11.1.1 转型升级财政投融资平台

11.1.1.1 加快财政体制改革，完善政府转移支付体系

平衡地方政府的事权与财权，简化中央政府转移支付制度的结构设计，减少中间环节，弥补地方政府与建设责任不相匹配的税收收入，明确清晰地划分中央政府与地方政府及各级政府间的财政事权，搭建客观、清晰的转移支付计算法则。日本地方收入中中央政府转移支付占较大比例，具体数额根据客观、透明的公式计算得出，减少了转移支付的盲目性和随意性，激发了地方政府的

执政热情。

11.1.1.2 走市场化发展道路，创新投融资模式

为顺应中国经济结构调整方向，加快产业升级，协调区域发展，适应新型城镇化建设的客观需求，深化投融资体制改革，地方政府投融资平台改革转型迫在眉睫，要不断创新投融资手段，改变经营方式和发展模式，走市场化道路。

在债务方面，政府不向其提供担保，不兜底债务，地方投融资平台公司转变为独立市场主体，成为自担风险、自负盈亏的真正独立的企业法人，现行存量债务通过债务重组、注资、债务置换等方式解决；在股权结构方面，逐渐转变国有独资股权结构，适当引入民间资本持股进行混合所有制改革；在制度方面，建立现代企业内部法人治理结构，以董事会为战略决策核心，掌握投资决策权和管理层任命权，设立专门的战略投资部、市场融资部和风险管理部，对投资分析、决策过程制定严格的流程事务制度；在经营领域方面，实现多元化经营，将项目投资领域由基础设施建设为主拓展到文化、教育、科教、医疗等民生领域，分类重组经营板块，提升公司的管理运营水平，促进当地产业结构优化升级，打造公共配套服务健全的新型城镇。以城镇群为纽带，整合现有资源，促进平台间的区域合作并整合成大型国企，适应新型城镇化对城市群协同发展和市镇县协同共进的建设要求。

创新投融资模式，拓宽融资渠道，对于自身具有盈利能力的项目（如高速公路、旅游风景区），可利用本身现金流全覆盖的特点吸引民间实力雄厚的资本投资，利用当地的资源优势，因地制宜地开发新产品，如在旅游资源丰富的地区，根据当地旅游资源的特点，采取公私合作（PPP）、特许经营权转让（BOT）等模式。以资产管理和配置为核心，多方面选择金融模式如信托计划、融资租赁、资产证券化和银团贷款等手段，提高资产的流动性，降低地方政府融资平台财务成本，提高企业的盈利空间。

11.1.1.3 强化信息披露制度，定期披露财务报告

审计署应制定相关业务规范，严厉打击地方政府债务的不透明隐蔽现象。建立财政信息管理系统，目标从中央政府到地方实现全网络财政信息覆盖，保证各地区的宏观经济指标、财政预算执行数据、债务规模大小公开透明化，谨慎预防地方债务危机。地方政府要深化预算改革，分账处理经常性预算和资本预算。因项目周期长、时间跨度大，美国将债权收入纳入资本预算公开透明管理，不受"平衡预算法则"限制，单独考核不占用财政赤字空间，促进地方政府融资向市场化方向发展。商业银行与地方政府业务联系紧密，应密切监测

政府债务规模和结构的变动情况，成为商业银行信贷决策的依据。

11.1.1.4 加强自律与市场监督，建立系统化监管体系，注重风险防控

建立由企业自律与市场监督机制、预警系统、应急处置系统构成的系统化监督管理体系，由财政部对地方投融资平台公司的债务风险情况进行定期评估，若存在未能达到最低风险承受指标的公司，及时采取措施，限制其借贷规模，追究债务责任人。

11.1.2 增大市政债券发行

11.1.2.1 放松发行制度，淡化政府对市场的直接控制

债券发行上设置核准制、审批制，利率定价市场化，充分发挥债券市场的市场机制作用，淡化政府的行政干预，同时制定民主的发债审批程序。

11.1.2.2 债券发行以项目为导向

考虑项目周期长、收益回收速度慢等特点，避免加重财政负担，政府要发行存续时间长的地方债，尤其对于项目专项债，降低对政府"兜底"预期，逐步向完全依靠项目自身收入、现金流偿付本息转变，引导投资者更加注重项目自身资产和收益情况，自行承担损失。因债券市场选择多元化，间接使地方政府甄选项目时更加谨慎，提高债券信用评级，减少发行成本。

11.1.2.3 提高债券流动性、透明性

为提高地方政府债券的流动性、透明性，我国应鼓励债券发行后及时在全国银行间债券市场、上海证券交易所上市交易，进一步完善债券交易市场的运作机制。

11.1.2.4 建立债券保险制度和信用评级制度

建立私人债券保险制度、偿债保证金制度和市场信用评级制度，设立专门的市政债券担保公司为政府债券提供担保，以将来的财政收入做抵押，设立专门的偿债保证金，偿债保证措施多样化，有效提高债券评级，提升地方政府融资能力。

11.1.2.5 完善健全的法律体系

一方面，对地方政府发行债券给予法律支持，制定《公债法》，修改《证券法》《证券法》等法律，肯定地方政府的发债地位与权力，规定地方政府发行债券的条件、资金用途、信息公开等事项，对负债率高的地方政府进行严格控制，设定债务率预警线，注重区域协调发展，大力支持中西部基础设施建设，防止资金向富裕地区过度倾斜。另一方面，为防止地方政府投融资平台公司隐性负债，制定《地方政府投融资平台公司法》等专门法律，规定其职责、

所拥有的权利和运作机制等，将信息披露制度、监督管理制度、信用评级制度写入法律，谨防地方政府债务风险。

11.2 支持中小微企业发展推动就业

在金融支持中小微企业发展方面，我国要通过建立健全法律法规体系确保其发展中的权利保护，借鉴其他国家的经验，组建中小企业发展银行，专门为其提供融资服务，构建中小企业管理制度的同时，发展多元化融资服务体系。

11.2.1 建立健全法律法规体系

日本和印度拥有完善、详尽的中小企业法律法规，明确中小企业在经济发展中的地位及作用，以保护中小企业的合法权益，并对金融支持体系的设立和运行进行规范。我国虽陆续颁布了一系列相关法律政策文件，但缺乏对金融机构的约束标准和长远的体系规划，可操作性差，金融机构的债权未得到有效保护，导致惜贷拒贷现象严重。因此，我国应制定系统的、可操作性的、长远的法律规章制度，建立健全法律法规体系。首先，从立法角度确立中小微企业的法律地位，为中小企业成长经营过程中遇到的资金、技术、管理问题提供有效支持和解决方案；其次，详细规定中小金融支持体系组成结构、各金融机构对中小企业融资的运行原则、违规处罚办法，同时对金融机构的合法权利予以保护；最后，与时俱进，根据实际情况，及时对相关法律进行补充和修正。

11.2.2 组建国家中小企业发展银行

日本有国民金融公库等三家政策性银行，印度有小工业开发银行，专门为中小微企业提供长期低息贷款，对全国金融机构的资金进行调配。我国金融市场较不发达，市场融资渠道还不畅通，为行之有效地落实国家扶持政策，为广大中小企业提供大规模贷款，有必要组建国家中小企业发展银行干预市场，将地区商业银行作为通道服务于全国中小企业，加快落实产业政策。

11.2.3 构建中小企业管理制度

国外在中小企业组织管理上，设立了专门的中小企业组织管理中心等专门机构，采取审议会制度研究审议相关法律政策，监督管理中小企业的日常运营。我国中小企业协会只提供相关市场走向等信息，与企业互动性差，对中小企业的经营信息披露不及时，缺乏问责机制，较少提供咨询培训服务。要尽快转变中小企业协会的职能定位，以协调、管理、服务、监管为核心，形成由中小企业协会、社会商会、企业互助团体构成的自上而下的管理组织体系，通过协商审议制定相关政策，充当中介协调者、信息披露者、服务提供者、监督管理者，以扶持中小企业为目的，向中小企业提供多方面、多形式、多途径、全面的帮助，如法律财务咨询、管理培训、技术咨询等。

11.2.4 发展多元化的中小企业融资渠道，制定中小企业融资优惠政策

日本作为发达国家，其金融市场交易频繁，发达的股票市场、债券市场、风险基金是日本中小企业融资的又一有效渠道；印度有针对性地设置政府投资基金，分别支持落后地区的经济发展和高新技术产业创新。我国要发展多元化的中小企业融资渠道，首先，在股权融资方面，进一步完善中小板市场、创业板市场和新三板市场，放宽入市条件、降低门槛；其次，在债券融资方面，支持中小企业集合债、集合票据、短期融资券等多种债券渠道融资；最后，在风险投资方面，不仅要成立技术创新型基金以支持具有发展前景和技术背景的高新技术企业，还要重视开发基金，重点扶持贫困地区、乡镇的中小企业，带动地方发展，设立专项投资基金如小微企业成长基金等，有针对性地帮助某一行业和某类群体。结合中小企业及经营阶段，制定特别适用于中小微企业的优惠融资政策，延长贷款期限，降低贷款利率，如针对具备核心技术的新成立企业实行无抵押无担保融资政策，针对具有高增长性的新兴企业实行行业特别利率，关于企业的相关审查认定由中小企业协会负责。

11.2.5 建立风险共担、利益共享的信用担保机制

国外信用担保体系通过双重保险和利益捆绑机制来有效分散信贷风险，用权威的信用评级标准评估信用，并成立信用担保基金，支持高新技术产业的发展。我国各地虽建立起地方担保机构，但风险较大、资金规模较小，应加快建立全国性担保机构，对再担保机制进行政策指引，并将商业银行与政策性担保机构、政策性评级机构捆绑成一个利益团体，明确商业银行与担保机构各自的风险责任比例，实现风险共担、利益共享。构建专门的信用评级系统，以标准化的评级制度对信誉良好的中小企业给予贷款优惠。设立风险补偿基金，针对高科技产业成立专项技术信用补偿基金，提供直接担保服务。商业性担保机构实行市场化运作，政府应在加强监管的同时适度减少干预，发挥市场的优胜劣汰机制，保证信贷担保市场的健康运行。

11.3 完善义务教育体制，改革高等教育助学贷款制度

在义务教育和高中教育阶段，我国需要继续完善义务教育体制，特别是注重教育均衡发展，适度引入社会资本办学，建立教育产业引导基金。而在高等教育阶段，我国则要因地制宜地灵活设计助学贷款制度，扩大资金供给，同时完善征信体系，并将之引入教育贷款领域。

11.3.1 完善义务教育体制

11.3.1.1 适时修改完善义务教育法律法规，明确中央与地方的权利与义务

健全有关义务教育制度的法律法规，明确规定义务教育费用支出来源由国家财政支出保证，规范义务教育经费分配使用程序，清晰划分中央政府和地方政府的权利与义务责任。目前我国《义务教育法》确立了义务教育制度，但是农村义务教育落后，投入缺额较大，基础设备与师资队伍不完备，应适时调整修改法律，出台大力支持农村义务教育的政策，完善办学管理体制，建立地方以县为主，乡、校职责明确的教育管理网络，各级财政部门调整财政支出结构，优先安排义务教育经费预算，重点加强薄弱学校建设。另外，还应进一步保证进城务工子女享受平等的教育，与时俱进，针对新问题、新情况不断完善义务教育制度。

11.3.1.2 实现教育均衡发展，构建利益整合机制

日本实行教师"定期流动制"，降低区域、校际、不同群体之间的教育质量差异，我国目前正进行义务教育均衡发展改革，要合理配置城市农村间的教育资源，优化布局，促进义务教育的均衡发展。针对贫困落后的农村地区，出台倾斜的免费义务教育政策，并建立利益整合机制，妥善解决农村学生进城读书对县城教育资源的挤占问题，均衡配置师资，帮助和支援落后地区的学校。

11.3.1.3 鼓励社会资本办学兴教，建立教育产业引导基金

随着国家"两为主"政策出台后，农村劳动力流入城市需要承担随迁子女教育的责任，教育资源投入总量有限的情况下，城市公立学校势必将接收越来越多的农村子女，导致人均教育效益下降，财政压力加大。日本允许民间设立私营学校，实现市场化，以减轻财政负担。我国应更加开放社会资金办学兴教，采取政府扶持和鼓励政策，加快教育事业的改革，进一步简政放权，降低民间资本进入过去半垄断状态的公共服务事业的门槛，引入市场化机制，建立

教育产业引导基金，包括民办基础教育基金、互联网教育基金，推动义务教育发展。

11.3.2　改革高等教育助学贷款制度

11.3.2.1　因地制宜灵活设计助学贷款制度

德国根据各州情况，因地制宜地设计各具特色的还款计划，并结合学生实际家庭情况和收入，采用收入比例型贷款减免制度，区分生活费贷款和学费贷款。我国东、中、西部经济和人均收入水平存在差异，在制定全国统一的助学贷款额度标准时，还应适当考虑地区的差异，根据各地经济情况、大学学费情况、毕业生收入情况设计本地的助学贷款，增加贷款数额，区分贷款种类。

11.3.2.2　由政策性银行办理贷款，扩大资金供给

德国助学贷款由专门的法律进行规范，由专门的部门进行管理，直接通过政策性银行进行发放，高效快捷，较商业银行更具主动性。我国助学贷款主要由商业银行办理，迫于政府政策压力而缺乏主动性。应由国家开发银行着手管理，健全制度规范，扩大政策性银行办理助学贷款的领域和份额，充分募集私人部门资金，扩大资金供给。

11.3.2.3　建立全国个人征信制度

健全的征信体系是贷款制度的有力保障，相比德国健全、执法严格的诚信体系，我国征信体系起步晚，地区、城乡间发展不平衡。德国信用法律体系完善，将银行信用、商业信用、消费信用相互捆绑，失信惩治措施严厉，大大降低了贷款违约率。我国应建立完善、严谨的征信制度，尽快颁布个人信用制度法规及配套政策，各个部门、中央银行、商业银行密切合作、相互配合，设计科学的个人信用评估标准，促进我国助学贷款制度的发展。

11.4　健全社会保险基金投融资制度

在社会保险基金运行领域，我国必须健全社会基本养老保险制度并强化其实际征缴和运行，同时完善社保基金的保值增值渠道，建立相应的监管体系，确保其安全运行。

11.4.1　加大社会基本养老保险强制性征缴力度

我国社会养老保险主要通过雇主缴费的方式筹资，虽然社会养老保险名义

费率较高，但是私营企业主少缴、漏缴、不缴养老保险费现象的存在，导致劳动者的实际参保率与缴费率较低，依靠雇员和雇主筹资困难。社会保险资金来源主要来源于中央财政预算拨款、国有股减持收入等政策性投入。我国应以劳动者为核心，借鉴美国三方共担的社会保障制度，加强对企业基本养老保险金的征缴力度，杜绝少缴、漏缴、不缴现象的发生，加强劳动者自我保护意识，提高社会成员实际参保率，尤其保障进城务工人员对参加城镇职工基本养老保险或新型农村养老保险的选择权。

11.4.2　完善社会保险基金的保值增值机制

我国虽放开了社会保险基金的投资领域，即社会保险基金不仅可投资于银行存款、国债，还可投资于所谓的"其他具有良好流动性的金融工具"，但随着社保基金总量不断增大，人口老龄化时期养老金收支出现不足，完善社保基金的保值增值机制迫在眉睫。我国应借鉴新加坡中央公积金由专业投资管理公司管理、投资组合灵活、投资工具多样化的投资经验，培育专业独立的社保基金资产管理公司，通过市场化竞争进行委托外包，合理调整社保基金投资于基础设施、国外资产、蓝筹股、外汇交易基金、黄金、企业债券等有风险的金融产品的结构与比例，保证投资收益水平。并制定投资可行性评估程序，设立最低投资收益率，出台最低存款填补政策等投资保护措施，以保证公民的基本生活水平。

11.4.3　建立社会保险基金运营监管体制

日本政府暗箱操作下的财政投融资计划在经济衰退时期导致公共养老保险基金出现严重的呆账、坏账。我国要严防投资不当危机，避免政府有关部门进行黑箱造作，建立社会保险基金运营监管体制，健全相关法律法规，设立统一的监管部门，确保基金投资的安全与高效，投资结构与比例适当，降低社会保险基金保值增值风险。

11.5　租购房并举住房融资制度

根据我国国情和当前房地产市场状况，我国应建立由政府引导的市场融资模式，为保证性住房建设融资，同时对保障性住房进行统一管理，设置政策性住房金融机构，对农村向城镇转移人口提供政策性住房金融服务。另外，考虑到房地产"房住不炒"的基本属性，我国应大力发展住房长期租赁市场。

11.5.1 建立由政府引导的市场融资模式

为解决保障性住房融资难问题，切实保障资金供应的可持续性，我国应转变政府职能，建立由政府引导的市场融资模式，发挥资本市场的作用；由各级政府引导社会资本投资，制定有效的低息贷款、减免税收等鼓励政策，完善相关法律法规，监督私营开发商投资建设保障性住房；借鉴美国创新投融资工具的经验，开展资产证券化业务，设立房地产信托投资基金，其中由政府通过合理优惠政策如土地供给倾斜、税收减免等措施保证私人资本的最低投资收益率，加强监管，消除住房市场的投机行为，谨防金融工具创新中的风险转移，预防次贷危机，满足中低收入家庭的住房需求。

11.5.2 大力发展住房长期租赁市场

面对全国众多城市房价居高不下、炒房屡禁不止的住房现状，政府应明确租购并举的住房制度，鼓励民间资本投资建设公共租赁住房，大力发展专业化、机构化的租赁住房建设发展公司，创新租赁市场融资工具如租赁专项基金、租赁住房 REITs、银企合作、政银合作，学习德国的房租制定体系，完善住房租赁相关法律，发展我国的住房长期租赁市场。

11.5.3 集中管理保障性住房，设置政策性住房金融机构

日本都市再生机构统一管理保障性住房建设，便于执行国家保障性住房相关政策，提高行政效率与政策效果。住宅金融支援机构专门负责为保障性住房融资，作为政策性金融机构，统筹全国资金支持住宅建造贷款，具有公共服务特点。我国保障性住房的行政管理体制属于多头管理，国土资源部、住房和城乡建设部、社区组织分别负责土地规划、房屋建设、民事调解，导致国家政策沟通、协调、执行困难，投资效率低下，应集中统一管理保障性住房，将各部门职能整合到专门负责机构。设置政策性住房金融机构，管理保障性住房贷款与抵押支持证券，将商业银行、政策性金融机构、开发商捆绑为一个利益整体，支持保障性住房建设。

第四部分　对策篇

12 金融支持新型城镇化建设的对策建议

　　基于本书前面的研究，我国新型城镇化的推进与金融对其进行有效的支持密不可分，其具体实现路径也主要是通过对新型城镇化发展具有推动作用的影响因素进行金融支持来实现对新型城镇化的推进。结合新型城镇化的主要推进方式可知，城市群是新型城镇化的发展重要依托。因此，本章首先针对金融支持城市群的发展提出对策；其次，分别对新型城镇化发展具有推动作用的五个具体影响因素（基础设施、就业、教育、社会保障和保障性住房）的金融支持分别提出相应的策略；最后，从金融支持新型城镇化进程中的社会角色定位和产业选择两个层面提出金融支持的相关建议。

12.1　金融支持与城市群发展相协调

　　随着新型城镇化的不断推进，我国会发展形成更多的城市群。本书前面章节深入研究了金融支持的相关问题，结合国外已有的先进经验，发现了我国在新型城镇化金融支持上的现有不足，针对性地提出金融支持与城市群的协调发展，来从宏观上解决新型城镇化金融支持的问题。

12.1.1　加强区域金融的合作与联动，提高区域金融资源的利用效率

　　银行同业之间应加强业务合作，比如信贷、银行卡、结算、投资银行等业务，实现耦合发展。各个商业银行应该自觉遵循同业竞争相关秩序，加强金融基础设施建设和金融市场体系建设；与此同时，商业银行要尽可能减少业务的同质化，立足各自特色，差异化拓展业务，发挥各自的优势，促进共同发展。省际系统内分支机构也应该加强沟通，比如在共享客户资源、实施金融创新、防范信用风险、争取总行资源配置、设置区域性金融总部、争取获得政策支持

等方面相互协作，形成合力。

12.1.2　注重转变金融发展方式，提高金融发展的广度和深度

我国应加快转变金融发展方式，以科学为主题，着力促进传统的融资中介职能转变成全能型金融服务职能，由此来加快转变经济发展方式以及增长模式；注重拓展融资渠道和总量的同时，更应注重信贷结构的深入调整，促进区域经济结构调整，加快产业升级；通过有效对接资金融通和产业政策，使各生产要素合理流动，逐步构建和完善现代产业体系。

12.1.3　加强金融服务创新，提高金融要素的集聚与放大效应

区域性经济发展有其各自的特点，因此金融服务应具有针对性。商业银行应加快金融创新的速度，激活各类金融要素，利用现有渠道、信息、资金、人才、系统平台、产品等优势，促进金融服务产品多元化、金融服务管理多维度化、金融服务体系多层次化，加快提高金融服务的水平和效率；在金融创新的过程中，应注重研究分区域或分领域的产品是否适用的问题，创新出更多的同城化管理机制和业务产品，加快促进金融融合。

12.1.4　充分发挥商业银行功能，深化金融合作

12.1.4.1　整体联动，构建上级银行对城市群建设的资源配置区域化

新型城镇化必然会形成更多的城市群，而城市群的跨区域发展也倒逼了金融体系的跨区域发展，也就使得金融机构总部标准化各区域的金融资源。

（1）信贷政策的配置区域化配置。将中心城市和重要的外围城市的信贷政策联合起来，构建城市群区域信贷政策；加强城市群综合交通运输体系建设与重点产业建设。

（2）信贷规模的区域化配置。对于城市群中的重点行业、产业、领域和区域，应因地制宜地进行信贷资源倾斜，扩大对其的信贷审批权限。

（3）产品创新政策的区域化配置。分析经济发展的趋势以及客户的金融需求，授权和鼓励分行进行业务和产品创新，比如在信贷方面、投行业务方面等的创新。加快推动金融的跨区域合作，促进经济的跨区域发展。

12.1.4.2　多策并举，有效支持城市群建设的交通网络化

我们应通过金融支持，解决中心城市和外围城市基础设施的对接和融合，建设城市群一体化区域基础设施网络，实现铁路、公路航空交通的网络化、立交化、便捷化；支持特大型城市形成现代立体综合交通体系，即航空与铁路、

高速公路、水运等相配套衔接。

12.1.4.3 强化服务实体经济的能力，推进城市群的特色产业发展

强调城市群的特色产业发展，从城市群本身的优势产业出发，强化金融支持实体经济，大力支持其特色产业、优势产业的发展。

（1）在坚持集约节约资源的前提下，积极推动东部城市群产业优化升级，推动中部城市群承接产业转移的能力，即承接东部与沿海地区之间的产业转移，推动西部城市群中心城市的带动能力。

（2）积极支持特色资源开发项目。在区域内合理分工产业格局，实行差异化发展。同时，积极推动区域间的产业合作，整合产业资源，促使形成特色优势。

（4）积极支持旅游产品的模块化以及自主化，在城市群区域之间实现无缝对接。

（5）积极支持现代物流行业的品牌化。积极开拓新领域，促进现代生产型服务业和消费型服务业的发展，比如现代物流、电子商务、研究开发及医疗卫生、文化休闲、社会服务等。

12.1.4.4 充分利用银行功能支持新型城市群发展模式

（1）积极支持城市群区域内企业兼并重组。促使优势企业通过兼并、收购、重组以及联合，建立一批大型企业集团以及高新技术优质企业。

（2）积极支持工业发展绿色化、集群化、高附加值化。根据统筹城乡区域协调发展的要求，应以县域经济和中小企业为重点，为中小企业客户提供融资、结算、现金管理等一系列金融服务。

（3）积极支持城乡统筹的城镇建设。积极引导产业向城镇聚集，向城镇转移人口，把各种资源集中到城镇，把县城和中心集镇作为重点，在产业的支持下，增大金融支持力度，推进县一级城镇化的稳步发展，改善城乡二元结构。

12.1.4.5 发挥集团化优势，扩大社会融资总量，支持城市群建设融资渠道跨市场化

（1）强化表内与表外融资业务之间的联动。开发多样化融资品种，满足新型城镇化建设中的资金需求；积极推进理财委托贷款等创新业务模式，进行自主创新，推动区域资产管理业务的发展；积极推进定向委托贷款等业务，针对性地满足客户的资金需求；在监管范围内积极为企业办理信用证等表外授信业务。

（2）强化境内与境外融资业务联动。充分发挥中国工商银行的经营优势，

利用其遍布全球的客户资源、网络资源、支付结算和集团化、多币种等优势，可以为客户提供异地贷款、境外人民币融资等服务，并且还有利于拓展外币资产业务发展空间。

（3）强化商业银行与投资银行业务之间的联动。支持信誉等级较高的企业发行短期融资券和公司债，拓宽企业融资渠道。促使银行开展重组并购等高附加值投行服务，帮助企业降低融资成本、拓宽融资渠道。积极参与资产证券化试点，如城市建设、高速公路、供电等基础设施建设，这类项目具有稳定的现金流，有利于促进项目融资和企业融资。

12.1.4.6　积极推进支持城市群金融资源流动的自由化

（1）构建区域内信息交流平台，促进相互交流以及共同发展。建议建立城市群银行行长联席会议制度，促进交流，加强对口职能部门的工作联系，积极推动区域经济金融信息一体化建设。

（2）充分利用总部带动、系统推进，实现城市群金融资源的自由流动。加强分支机构之间的联动，积极实施联动式营销以及专业化管理，为分支机构和上下游企业提供一揽子金融服务。

（3）构建有利于资源流动的工作机制。应以互利共赢为原则，探索资源整合利用机制，统一制定政策措施，促进各种资源的有效分配。

12.2　金融支持新型城镇化基础设施的策略

12.2.1　金融支持基础设施建设中政府职能定位

随着国家对新型城镇化建设中基础设施提出高标准的要求，加上"三个一亿人"的要求，我国基础设施建设需求仍然处于高位，其资金需求必然庞大。由于基础设施属于公共物品，具有一定的排他性和非竞争性，按照其公共物品属性程度，公共物品可以分为公益性、准公益性和经营性三个类别。在金融支持基础设施建设时，政府职能需按照其属性进行定位。

对于公益性基础设施，由于其公益性，该类基础设施无法形成稳定收益，无法通过私人部门进行融资，所以由政府部门承担起建设、运营和后期维护费用。对准公益性基础设施而言，基于其公益性和经营性的双重属性，准公益性基础设施不可以完全由政府部门或私人部门全权负责其建设和后期的全部费用，既要有政府的投入，也要有商业化运营的部分。政府可以通过对有意愿参与准公益性基础设施建设的私人企业进行政策补贴，给其税收优惠，提高社会资本进入基础设施建设领域的积极性。对于经营性的基础设施建设来说，一般地，此类项目在有效运营的前提下可以实现正常盈利，对政府补贴的依赖性甚微。因此，政府部门需建立高效公平的市场运行机制，提供良好的市场环境，是金融支持经营性基础设施建设中政府部门的工作重点。

总而言之，新型城镇化的基础设施建设进程中，对于没有外部性或者外部性较弱的项目，应发挥市场的主导作用，鼓励社会资本参与为其提供资金支持，实现商业化运营，政府部门起到监管与完善市场机制的主要作用。对于外部性较强的项目，政府需要对其实现资金支持，并积极调动民间资本参与的积极性。"私人生产、政府买单、公众消费"的模式尤为合适，由私人企业直接参与建造，由政府承担公益性部分的建设费用，以公众购买公共产品服务的收益分期付给私人投资者①。

12.2.2　创新型多渠道金融支持基础设施建设体系构建

在新型城镇化进程中，城市基础设施建设供给不足，建设资金需求远超过资金供给，资金缺口巨大。为了解决实际资金缺口的融资问题，对不同属性基础设施的金融支持渠道创新要具有差异性。对纯公共物品城市基础设施建设，我国应健全政府采购模式及相关配套监管制度，合理适度地依靠城市基础设施投融资平台，通过委托代理机制以政府采购协议进行金融产品创新，实现纯公共物品城市基础设施融资的市场化；对准公共物品城市基础设施，应完善特许经营融资模式及相关配套制度，利用其可由经营收入和财政补贴而产生预期现金流的特点，通过资本市场进行融资获得金融支持。基于以上原则，为解决新型城镇化进程中城市基础设施建设资金缺口，本书提出构建针对不同类型基础设施的创新型多渠道金融支持基础设施建设体系，实现金融对新型城镇化建设中基础设施建设多样化。具体金融支持模式构建如下：

12.2.2.1　对纯公共物品性质公益性城市基础设施金融支持

纯公共物品性质的公益性基础设施绝大部分是源于财政资金支持，多采用政府采购模式。但是，财政资金的投入相对于基础设施建设的巨额需求，仍需要创新方式进行金融支持与补充，如通过城市基础设施投融资平台、政府补偿费质押贷款、基金融资等方式进行融资，在合理运用金融工具进行支持的同时也需要对其存在的或潜在的风险进行防范。

---

① 王文峰，施慧洪. 我国城市基础设施建设融资模式探讨 [J]. 商业经济研究，2013 (14)：53-54.

做大做实城市基础设施融资平台，防范市政债务风险。城市基础设施投融资平台与城市政府建设、发展等主管部门签订政府采购协议，约定每年的支付金额作为稳定的现金流，由该平台对该部分稳定的现金流进行市场化运作，进行金融产品设计并进入资本市场进行直接融资。地方政府投融资平台一般通过公开发行的企业债、公司债、中期票据和非公开定向融资工具等城投债为公益性城市基础设施建设融资。2012—2014 年，我国地方融资平台融资债务呈井喷式发展，于 2014 年达到 15 000 亿元。随着 2017 年国家相继出台相关规定后，对地方政府融资管理愈加严格，其债务规模增速随之下落。虽然目前我国政府债务规模庞大，但是只要能够把握其公益性并有效防范其风险，城市基础设施投融资平台通过发行债务进行融资仍然是金融支持新型城镇化基础设施建设的重要渠道。

金融支持模式多样化，扩大资金支持规模。政府项目补偿费质押贷款一般适用于没有未来现金流的公益性项目，政府以项目补偿费形式付给政府性项目建设单位，项目方再以政府的项目补偿费作为质押向银行贷款，一般来说项目建设单位是政府授权或者为政策性公司或者事业机构向政策性银行或商业银行进行贷款。基金融资一般通过设立城市基础设施投资基金或者基础设施债券资金向政策性资金、保险资金和社会资本募集资金。投资基金一般采取封闭式，在特定期限内对某一项目进行直接投资，并建立退出机制。债券基金则采用开放式运行，以组合管理方式与投资基金进行协调投资，在不同基础设施投资基金中将风险进行分散，一般适用于相对成熟的基础设施项目，部分替代短期信贷资金。

12.2.2.2 对准公共物品性质经营性城市基础设施金融支持

对于具有不完全排他性的准公共物品，具有一定经营性的城市基础设施而言，由于在完全的市场机制下其经营性预期收益无法形成合理收益，政府补贴是使其达到市场化收益的办法，由此，此类基础设施融资以特许经营模式较为合适，以特许经营权授予的项目收益与适当的财政补贴补贴结合，满足基础设施建设的资金供给。该类基础设施建设金融支持模式，主要在适当的财政补贴的基础上，形成合理合规的未来预期现金流，引入并充分利用民间资本，实质上是政府、投资者和银行间的博弈，形成规范的特许经营配套制度并形成法律保障是其重点。一般地，项目融资模式，如 PPP、BOT 等融资模式和直接融资租赁模式较适用于此类基础设施引入社会资本，构建新型城镇化基础设施金融支持模式。

12.2.2.3 充分利用资本市场扩大金融支持规模，优化金融支持体系结构

注重金融创新，优化金融支持新型城镇化基础设施建设结构，扩大资本市

场直接融资规模和提高社会资本规模。新型城镇化在其高速发展的阶段，城市基础设施平台的设立使采用政府采购融资模式和特许经营模式的资金支持城市基础设施建设具有实施主体，创新融资模式形成的现金流为基础开发、创新金融工具在资本市场进行更大规模融资。为了扩大资本市场直接融资规模，金融工具开发与创新是其重要途径。对于具有稳定现金流的基础设施建设项目，金融机构应根据项目建设资金需求和企业财务成本，开发短期、中期和长期的结构性直接和间接融资工具。一般地，期限长、资金规模大的大型基础设施建设项目可以利用市政债券，期限较短、规模较小的一般建设项目或者一般大中型基础设施建设项目可以采用收益性企业债券、专项资产管理计划及其他融资工具。我们通过金融工具的设计和创新，一方面可以降低企业融资成本、规避利率风险，另一方面有利于扩大城市基础设施建设在资本市场获得的金融支持规模。

12.2.3　完善金融支持基础设施建设体制相关建议

12.2.3.1　优化投资环境，发挥政府的主导作用，完善融资政策

各地政府应建立健全投资政策与法律法规，可出台向基础设施建设领域倾斜的资本市场融资制度，进一步完善基础设施投资者投资政策；通过优化投资环境，吸引更多投资主体，并完善政府在基础设施建设项目上的规划与管理等方面的主导作用。目前我国资本市场尚未建立专门针对基础设施的交易市场和专项法规，加之，出台对基础设施项目倾斜的政策，既利于资本市场盘活基础设施领域庞大的存量资产，又可以调动增量资金对其建设进行支持。此外，政府主管部门可综合考虑风险与收益，对保险基金、社保基金、产业基金等大型资金持有机构在投资范围、规模、期限、信用担保和信用评级等方面做出明确政策规定，构建良好、规范的投资环境，为吸引金融主体金融进入基础设施建设领域提供保障。

12.2.3.2　推广项目融资模式，鼓励民间资本和国外资本进入基础设施建设领域

引入民间资本和国外资本参与基础设施建设，既可以改善融资结构，又可以减轻政府的财政负担，是金融支持城市基础设施建设的重点。一方面，通过建立基础设施投资平台和外资管理平台，向国际金融组织申请贷款，积极引入外资进入基础设施建设；另一方面，推广项目融资方式，如PPP模式，充分发挥其引入社会资本的积极作用，提高基础设施建设的资金使用效率，引入先进的管理及经营经验，优化基础设施项目的管理效率和服务质量。

12.2.3.3 强化金融支持基础设施建设风险管控，完善多元金融支持基础设施监管体系

随着地方政府融资平台的发展，地方政府融资平台的风险评估与控制愈发成为重点，金融支持基础设施建设的健康发展成为重中之重。在风险管控方面，严控地方债的融资规模，防范地方政府过度举债。保持地方政府通过出让土地或抵押方式来进行债务融资与地方政府财政收入或地区生产总值收入比例相匹配；与此同时，健全信用评估和风险管控及自律约束制度，根据实际信用评级或风险评估调整贷款杠杆比和债务上限额度。此外，完善金融支持城市基础设施建设的监管体系是保持竞争、防控风险的重要途径。各地政府应构建多层次金融支持基础设施监管体系，健全基础设施市场准入、定价机制、运营与竞争机制，注重审计管理，强化社会各部门对基础设施的监督职能，提升基础设施投融资效率。

12.3 金融支持新型城镇化进程中就业问题的策略

12.3.1 金融创新促进土地禀赋资本化

截至 2015 年年底，我国已在 1 231 个县（市）、17 826 个乡镇建立了耕地流转服务平台，拥有耕地流转服务中心的县级政府比例达 43%。但当前我国耕地流转市场缺乏信息公开和共享机制，阻碍了整个流转市场组织机构的科学化和体系化。在促进耕地流转方面，我国可以通过耕地信托流转等新方式加大金融支持力度，政府在为耕地流转提供相关政策支持的同时，设立耕地流转保障基金参与耕地信托流转，以保障耕地信托流转的顺利进行；同时应建立耕地流转互联网交易市场，将耕地流转的相关信息通过网络向潜在交易者公开，通过互联网科技，加快推进耕地流转进程，实现农业转移人口耕地流转权益的最大化。

在促进宅基地流转方面，首先，加快农村宅基地制度改革，促进户籍制度与社会福利制度脱钩。在现行宅基地制度下，农业户口与宅基地紧密相连，宅基地分配的依据是户籍制度。关于禁止宅基地流转出本村集体的规定，更是将农户的户籍与社会福利、社会保障相挂钩，不仅强化了宅基地的福利和保障功能，而且极大地限制了宅基地流转，阻止农业转移人口的宅基地发挥财产功能，应加快改革农村宅基地制度，并完善农村社会福利、社会保障等制度建设，促使社会福利与户籍脱钩，破解宅基地无偿分配、无期限使用等带来的各

种弊端，弱化宅基地的社会福利和保障功能。宅基地制度改革与完善相关配套措施配合进行，进一步保障将户籍转移至城镇的农业转移人口基本权益。其次，破除宅基地流转的各项限制性规定，进一步强化宅基地的财产功能。在充分保障农户宅基地的用益物权的基础上，我国应通过宅基地抵押贷款类金融创新强化宅基地的财产属性。在此过程中，贷款金融机构、村委会、借款人和债务承接人四个关联方签订补充协议，明确各方责任，确保在履行还款责任时做好相关财产的顺利移交，防范信贷风险；在风险可控的情况下，通过金融创新提高农业转移人口的土地禀赋资本化率，提升农业转移人口非农就业的物质基础。

12.3.2 统筹提升农业转移人口人力资本积累

截至 2016 年年底，全国共有技工院校 2 882 所，共为 525 万人提供了各类职业技能培训，但农业转移人口中接受过职业技能培训的仅占 30%，严重阻碍了其就业能力的提高。人力资本制度改革的具体措施包括以下几个方面：首先，要统筹规划政府、企业和社会组织的职业培训职能，构建综合性强、全面统一的农业转移人口就业服务体系；除继续增加培训资金投入外，还要通过提供财政补贴、税收优惠、政企合作等激励措施，让企业和社会组织积极参与到农业转移人口职业培训中来；促进职业技能的培训内容、培训时间及培训方式与企业需求相对接，丰富多元化的培训方式，强化培训的针对性与实效性。其次，推进人力资本制度关于农业转移人口就业方面的制度创新，制定针对农业转移人口职业培训的法律法规；通过立法明确相关培训主体的责任和义务，对资金投入、资源配置、条件保障等进行统筹管理，解决职业培训机构分散问题，并对政府指定培训机构和培训管理单位进行适当补贴，为农业转移人口的职业技能培训提供法律保障。再次，完善职业培训的动态监控和绩效评价机制，加大政府监管力度，并完善农业转移人口职业技能鉴定相关制度。最后，通过普惠金融的深度实施，鼓励各类金融机构开发设计职业技能培训贷款类金融产品，创新农业转移人口贷款抵押担保设计等，提高农业转移人口进行职业技能培训的物质基础，进一步促进农业转移人口非农就业能力的提高。

12.3.3 金融结构优化促进中小企业发展

我国的金融机构数量并不少，但是同质性非常明显，大多数的金融机构要么是大型金融机构要么在业务上附属于大型金融机构，金融产品和金融技术非常匮乏和落后。因为我国大型企业的融资特征在期限、风险和收益方面都非常相似，所以有实力创新的大型金融机构则并不会花大力气在金融产品和金融技术上进行创新。然而中小企业的融资特点比较复杂，因此要缓解金融排斥就必须让金融体系具有服务中小企业的金融能力，具体来说就是要发展对中小企业融资具有针对性的金融产品和金融技术。中小金融机构具有很大的竞争压力和异质性，其自身业务调整也灵活，具有"软信息"技术优势也具有产品的创新动力，因此中小金融机构的发展有利于提升金融服务覆盖范围也有利于改善金融产品的供给情况。

所以，政府应该放宽中小金融机构的准入条件同时可以加强监管力度，使得整体的市场更具活力，使得大型金融机构和中小金融机构健康、有序地齐头发展，这样有助于互相补充，构建更完善的金融体系，提高金融服务能力，改善中小企业面临的金融排斥问题。此外，政府要因地制宜，对不同的地区要实施差异化的准入政策，使用优惠的利率政策等多种手段鼓励民间资本的发展。尤其是在经济偏远、落后地区，要加强和完善多层次的金融体系，激励有能力的金融机构在经济偏远、落后地区增加资金投入，增设营业网点，加强基础金融设施建设；通过政策措施有效促使各类金融机构进行合理的市场定位，与自身特点相结合，制定以客户需求为导向的战略，从而满足中小企业对基本金融服务的需求，促进中小企业的发展，进一步发挥其就业蓄水池的作用。

12.4 金融支持新型城镇化进程中教育问题的策略

随着我国新型城镇化的发展，农村人口涌入城市，对城镇的教育资源提出了更高的要求。然而，我国教育发展较为落后，教育资源极为有限，随着新型城镇化的发展也带来了教育紧缺问题。在我国新型城镇化发展进程中，教育问题的重中之重就是解决农民工随迁子女的教育问题。

教育问题一直是国家改革的重点，对于随迁子女的教育的发展和改革更需要金融支持。中国的教育事业发展的主要突破是在20世纪90年代中后期，国家加大对高等教育经费的投入，实施"211工程"及"985工程"，并扩大高等教育的招生，实现高等教育的大众化、普及化。但是伴随着国家教育经费支出的大幅增加，教育的发展及产业化离不开资金投入，要充分利用金融市场对教育产业进行融资；利用直接融资或间接融资的渠道，补充教育资金。对学校来说，应促进教育产业化，建立教育基金，吸引企业赞助，利用政府担保发行专项债券筹集资金，以获得更多的金融支持。

12.4.1 扩大助学贷款资金来源，促进贫困学生享受教育公平

随着教育改革的推进，高等教育的学费大幅增长，中低收入家庭子女无力承担昂贵的教育支出，国家必须加大国家对贫困学生的学费补助。而目前，国家对高等教育投入不足，公共财政体系尚不健全，没有严格的法律规章制度对教育补助进行规范，导致教育经费流失，无法真正流入贫困家庭，高等教育的扩招和社会保障挤占资金更加重了财政对教育拨款不足的问题。面对资金紧缺的困境，扩大教育补助资金来源是关键。首先，利用金融机构为教育提供融资。银行作为主要的学生助学贷款来源渠道，渠道单一，面临的风险较大，加上学生助学贷款放贷利率较低、贷款期限较长，银行利益也遭到一定程度的损失，严重挫伤银行放贷的积极性。应扩大其他金融机构发放助学贷款的规模，如建立教育基金、助学教育债券，引入市场化经营模式对助学贷款提供资金供给。其次，政府应鼓励企业建立教育基金。政府通过减免税收等对企业实施优惠待遇的方式，调动企业关注教育，培养人才的积极性。企业建立以企业商标命名的奖学金、助学金，一方面为学校教育经费提供补充，另一方面对企业承担社会责任树立良好的企业形象，提高企业的内在价值。最后，政府应完善国家助学贷款制度，扩大财政直接对教育的补贴，并建立各项法律制度，使教育经费从审批到划拨受到严格监管，拨款真正流向贫困家庭。

12.4.2 在维护公共利益的基础上引导高等教育走向产业化

教育有其固有的"公共属性"，每个人都有其受教育的权利，政府要保障义务教育的开展，因此教育行业不能像普通工商行业一样直接引入市场化机制，不能直接对其投资讲利润分红，搞股份制改革。但是对于学校方方面面的工作而言，有一部分可以推向市场利用市场手段经营，如学校后勤实施承包制，将后勤服务外包给私人经营，并由学校直接监管，以提高服务质量。尤其对于高等教育来说，将其充分纳入教育市场化的轨道是提高其产出效率的必要条件。高等学府要充分利用其科研力量，充分将高科技成果转化为生产力，一是将科技成果转化成专利进入市场，二是创办校办企业，将企业利润直接收归学校，成为学校教育经费的来源之一。而国有企业的校办企业，可以向银行进行长期信贷，获得充分的资金用来发展校办企业，我国政府对校办企业还实行免交所得税的优惠政策，将潜在税收转化成资本发展大学教育。对于一批具有良好市场前景的高校高科技园的迅速发展，政府要鼓励金融机构提高信贷支持及相应的多方位的金融服务，加快高校科技成果产业化的步伐。

高等教育产业化经营模式，就是对于目前的公立大学来说要寻求的一种私立化的经营方式，通过取得金融机构的贷款、融资租赁、经营租赁、与金融机构共同参股等方式获得金融支持，或者通过金融机构与企业、政府联合创立集团式办学模式，充分利用社会闲置资金投资教育产业。

教育产业的资金支持，要充分利用资本市场强大融资的功能，一是股票筹资，包括间接股票和直接股票。间接股票通过校办企业发行，吸引社会资本，同时要保证学校作为最大股东从而使企业盈利投资于教育；直接股票用学校名义上市筹资，与学校效益相挂钩。二是债券筹资，公立大学也可以利用政府担保发行专项教育债券的方式筹集资金，或者由政府直接发行教育债券，或将发行国债的一部分资金用于教育发展。三是彩票筹资①，我国彩票发行不足世界发行总量的 0.7%，因此我国彩票市场潜力较大。全国高校贷款规模已经在 25 000 亿元以上，面对巨大的财务负债，应尽快开展教育彩票发行试点，解决教育经费严重不足的问题。

12.4.3　发展社会教育基金

建立国家教育基金制度，从多方面吸引资金，如国家财政资金、企业闲置资金、社会公众存款、社会保障基金、境外援助资金等。资金的来源广泛，将社会教育基金作为高等教育经费来源之一，可以打破原有国家教育经费来源渠道单一化的问题，逐渐形成多渠道基金来源的新格局。政府要充分利用教育资金提高投入效益及实效性，专款专用，为避免投入的重复及浪费，严格把控资金投向的有效性，从需要出发，合理定额、严格审批、计划使用，发挥现有资金的最大效能。政府要将教育基金制度纳入教育改革之中，逐步解决教育经费不足的困境。

12.4.4　建立中国教育银行

一方面，国家财力有限，对教育经费的投入已陷入捉襟见肘的阶段，而自 2004 年《中华人民共和国民办教育促进法》出台后，大量的国外风险资金投入我国民办教育领域，教育产业需要金融业的支持。另一方面，随着银行业同业竞争的日趋激烈，银行存款难度加大，利息差逐步收窄，银行业亟须大量推出创新性产品和扩大服务领域，从而使建立教育银行具有可行性。国家应制定相应的金融政策，在考虑到教育产业的特殊性的基础上，放宽政策限制并实施

---

① 胡艳妮，刘宗华. 湖南教育产业发展的金融支持 [J]. 湖南商学院学报，2000，7 (6)：50-51.

优惠措施，支持教育银行的发展。教育银行主要是将家庭中对子女教育的储蓄集中起来进行教育投资，由此可产生一定的规模效应，按照保守口径测算，中国教育银行资本金利润率可达 15.18%，内部收益率为 9.46%，财务净现值远大于 0，投资回收期较短，中国教育银行可通过资产证券化、教育债券和控制发放规模等手段，有力保障中国教育银行的前期资金链平衡。教育银行资金主要投向学校科研教育、扩张招生和学生助学贷款等方面①。

12.4.5　通过金融市场对教育资金进行保值增值

国家教育部门划拨的教育资金要实现保值增值就要对其进行一定的管理，通过合理利用金融市场，雇佣专门的理财人员或者委托银行进行专门的投资理财使教育资金进行自我积累，自我增值。

12.5　金融支持新型城镇化进程中社会保障的策略

在农民工城市化的进程中，社会保障融资在管理方面存在城乡分割、社会保障制度和政策缺乏衔接等问题，在融资方面存在政府财政负担较重、资金来源渠道较为单一等问题。因此，为了完善社会保障融资渠道，不但要加强管理，做好制度间的整合、衔接，避免格局分散，而且要建立多元化的融资来源和完善增资机制，解决融资难题。

12.5.1　社会保障融资渠道的制度建设

政府应统一社会保险缴费基数。目前企业社会保险缴费率过高，加大了企业产品成本，降低了企业竞争力，容易导致企业拖欠或逃避缴费。统一的缴费基数可以减少参保人逃避缴费的情况，提高企业和个人的积极性，促进社会保障制度的正常运行。

我国社会保障法律法规不完善，各省之间的标准和规定不一致以及制度与机制运行之间不协调，这会造成管理部门分割，行政效率不高。因此，需要将现有零散的规章、条例进行整合，建立完善的法律制度，统一社会保障法，让社会保障融资在实际操作过程中有章可循，提高效率。

---

① 胡雯. 专家呼吁设立中国教育银行［EB/OL］.（2011-08-18）［2020-12-05］. http：//money. 163. com/11/0818/16/7BOLSDQM00252H36. html.

12.5.2 完善现有社会保障融资渠道

社会保障主要的资金来源可分为三部分，一是政府财政资金，二是个人和企业的社会保险费用，三是社会保障资金的增值额。其中政府方面主要是要提高资金使用效率，财政资金投入的领域与范围要明确，做到支出责任清晰，合理妥善运用财政资金。企业和个人是要明确缴费人数与统一社会保险缴费基数。在保值增值方面主要是通过公开招标，让专业机构公平竞争，对社会保障资金合理管理。

12.5.2.1 提高财政资金投入效率

在社会保障融资中政府财政资金占有较大比例，财政负担率在35%左右，存在资金缺口。政府财政资金是有限的，目前养老保险的支付就出现了支付危机。因此，政府需要在合理扩大社会保障支出的基础上，提高资金使用效率，缓解支出压力。

首先，要明确财政资金投入的领域与范围，需要政府财政资金支持的项目应该由政府承担。这主要包括最低生活保障、教育、医疗卫生三个方面。在满足上述三个方面的基本需求之后，财政资金可以用于其他社会保障方面。

其次，提高资金使用效率。主要包括明确政府支出责任，对中央和地方的权责范围进行划分，提高统筹区政府间的转移支付，进行资金整体运行的管理和监督；精简机构，提高行政效率，避免重复缴税、重复支出，减少其他财政支出；建立社会保障财政支出评价体系，对于财政支出资金的使用、成果等进行监管和评价。

12.5.2.2 落实个人与企业缴费

我国企业保险缴费率过高，导致个人和企业通过各种方式来降低社会保险缴费资金。要让个人和企业真实地缴纳费用，就要做到明确缴费人数，规范缴费率。

首先，落实缴费人数，对职工缴费范围进行明确规定。我国的社会保险规范要随着社会发展进行更新和改进。经济发展带来就业形势的多样化，出现了如淘宝网店、网络直播等非实体经济形式，这类从业者无固定办公地点、收支不透明，原先的社会保险缴费范围主要是用来规范民营企业等实体经济主体的，可能会导致这部分人群游离在社会保险缴费范围之外。其次，要加强监督监管，对于社会保险缴费率、缴费人数和缴费规定进行明确规范，对于少报、迟报等予以严厉批评并进行罚款处罚，对于漏缴、欠缴的保险费用进行追缴并做出处罚。

在上述基础之上，对于个人和企业的社会保险费进行改进。第一，降低城镇职工的社会保险缴费率，提高居民社会保险缴费率。第二，精简缴费计算方法，便于企业与个人进行社会保险缴费的计算。

12.5.2.3 完善资金保值增值手段

目前我国的社会保障基金主要投放于银行定期或是国家债券中，虽然可以保障社会保障基金的顺利支付，安全性较强，但是其流动性和营利性较弱。尤其在资金保值增值方面的机制不完善，导致参保人认为自行储蓄或是进行投资产生的盈利比参保强，而不进行参保。因此，我们需要完善社会保障资金保值增值机制，保障参保人的经济利益。

目前，完善社会保障资金保值增值要厘清权责由谁来进行负责，钱到底该投放在哪些领域。一种观点认为通过公开招标由专业的基金管理公司或投资机构，将社会保障资金投入资本市场进行保值增值；另一种观点是设立社会保险基金管理公司，在规定的资金投放领域范围内全权负责资金的运营，但是同时设立全国社会保障基金理事会对其进行监督，可以实现多元化投资，在保障资金安全性和流动性的基础上，实现资金的保值增值。

通过研究，一般认为第一种方式较为合理。首先，通过公平竞争的方式选择专业基金管理公司或投资机构对社会保障资金进行投资，通过多样化投资，可以分散投资风险。其次，相较于设立社会保险基金管理公司，交予投资机构或是基金管理公司更加节省成本，符合成本效益原则。随着我国资本市场的逐渐成熟，2017 年养老金进入资本市场，在市场中进行多元化的投资运营，有利于保障养老金的可持续性。

12.5.3 社会保障融资渠道多元化

我国社会保障依然以财政支出为主，其他途径的融资渠道相对较为单一、融资力度不足以及相关规范要求相对缺乏，导致政府社会保障资金负担较大，捉襟见肘。社会保障融资渠道多元化发展有利于增加资金来源，缓解政府财政压力，稳固社会保障体系。

首先，需要结合各个地区不同的特点制定不同的社会保障融资渠道。同时，完善相应的社会保障基金运营制度，保障社会保障基金的安全性、流动性和可持续性，再实现盈利。其次，一是可以推出各种社会保障相关的金融产品，投放于市场中，随着中国经济的发展，中国金融市场也日益成熟，人们对于金融产品的投资需求也会增加。推出相关金融产品（尤其是建造基础设施项目方面），可以有效获得融资。二是发展社会慈善捐赠，对于参与的企业或个人进行相应的感谢回馈，如企业给予税收优惠。

12.6　金融支持新型城镇化保障性住房的策略

12.6.1　市场建设政策建议

12.6.1.1　完善金融市场，创新金融产品

创新融资模式的基础是拥有发达的、完善的金融市场环境，比如美国采用以国家控制的私营机构为主体的模式来支撑保障性住房建设，而英国则是采取民间专营机构控制的互助模式来支撑保障性住房建设。虽然我国金融市场目前发展迅速，但整体上规模还不够大，金融产品也不够多，同质化现象较为严重，并且缺乏产品创新，各种因素综合导致金融体系不够完善，层次不够丰富，一些职能角色缺乏，金融市场亟待发展、完善。我国必须大力推进各类金融机构如城市商业银行、村镇银行等适合地方特色发展的银行业建设，不断增强竞争力，提高风险抵御能力；同时大力支持证券、保险、基金、信托、融资租赁公司等各类金融以及非金融机构的发展，有效将新兴产业等如互联网与金融业的发展相结合，从而开发出适应新市场环境的产品；此外，也要大力支持配合会计师事务所、信用评级机构等相关中介机构的发展。

进一步加强资本市场的建设和发展，积极稳步推进 REITs 项目，进一步建设能够充分发挥交易作用，运转高效、透明的保障性住房的 REITs 二级市场，在这个市场中，投资者买卖产品能够顺利、高效进行，投资风险得到降低，这样才能提高 PPP-REITs 保障性住房项目对投资者的吸引力，从而反向促进一级市场的发展，最终达到保障性住房建设融资的良性循环。

12.6.1.2　建立市场准入机制，实现融资体制改革

实施创新性的 PPP-REITs 融资模式，引入其他私人资本比如房地产开发公司、信托公司等进入的基础是需要有良好的市场环境——清晰的市场准入制度。政府必须要能够充分降低民间资本的准入门槛，打破不合理的投资方向限制，合理引导私人资本进入保障性住房建设，到目前为止，政府已逐步放宽民间资本进入公共产品领域投资的限制。2010 年 5 月，国务院出台《国务院关于鼓励和引导民间投资健康发展的若干意见》，其中就指出要拓宽民间投资的领域范围，鼓励民间资本进入政策性住房建设领域。但是从目前发展情况看，仍然缺少清晰明确的准入标准、准入条件和明确的审批流程。通常由于信息的不对称、政府权限过大、权责范围不明确等因素导致私人机构在项目建设过程中处于明显不平等的弱势地位，从而私人机构不愿意加入公租房项目的建设。

对此，国家更要进一步完善市场准入机制，建立公开、公平、公正的市场准入制度，同时开始融资体制的改革，通过法律法规来有效限制政府权力的滥用，明确各方权责分配，建立起完备的问责机制。只有通过政府对融资体制的改革，明确公私双方权利义务的分配，建立起政府良好的信誉口碑，才能够逐步吸引房地产开发建设公司、信托公司等与政府进行合作，推进 PPP-REITs 融资模式的顺利发展。

12.6.1.3 培养机构投资者，构建合适的投资土壤

PPP-REITs 融资项目的主要收益来源是政府的财政补贴以及租金收入。从如今成熟市场中已有的项目来看，REITs 最显著的特点是收益稳定，风险小。通常 REITs 是低于银行理财产品、股票等的收益率的，但是一般高于国债收益率。同时 REITs 融资项目一般周期较长，更能满足长期投资者的投资需求。从西方国家的成熟经验来看，由于 REITs 项目的特点更能满足机构投资者长期投资的价值需求，因此 REITs 项目中一般机构投资者占比较大。但目前为止我国类似的机构投资者还比较少，也还不满足适合其发展的市场条件，因此政府必须要在此做出相应的努力，这样既可以解决资金来源问题，同时也可以为这些机构提供高质的投资机会。

12.4.1.4 实行公租房产业化建设，吸引投资

保障性住房作为我国新型城镇化建设中极为重要的一部分，是一种准公共产品，对于公租房的供给量，应该以满足中低收入群体的基本住房需求为准，所以住房建设过程中不需要过度装修，应以实用为准。因此，在公租房的建设上可实行产业化的住宅建设技术，从生产方式的升级上来降低公租房建造的成本，这样不但可以减轻政府的财政压力，也能够促进新能源技术、节能技术等造福社会的新兴产业的发展，通过产业整体升级的方式来改进原本落后的建造方式，提高建设效率，改善建设环境，同时采用产业化住宅建设的保障性住房建设的成本下降，使收益提高，从而提高公租房市场的吸引力，也能够进一步促进 PPP-REITs 项目的融资。

12.6.2 政府方面政策建议

12.6.2.1 政策相关

（1）健全法规体系，完善政策环境。

作为新型的公租房融资模式，REITs 在我国正处于起步发展阶段，借鉴其他国家的发展经验来看，要发展 REITs 模式，第一步就是要完善法律体系，也即健全与 REITs 相关的法律法规体系是目前的首要问题。首先，要从制度上确

定 REITs 的合法地位，明确规定项目参与者的各项权利义务，通过对现有法律体系的补充和完善，如《公司法》《信托法》，并且颁布相关新的产业投资基金法律，如《房地产投资基金暂行管理办法》来为 REITs 的顺利发展提供坚强的法律支撑。其次，对于房地产信托基金尤其是公租房 REITs 也应该出台相关专项规定，对于 PPP 来说，相关法律体系包含特许权文件、特许经营权形式、合同文本内容授权对象、突发状况处理、特许权协议主要内容、特许权协议范本以及其他合同关系等都需要法律规范，并且相应配套的财政补贴、政策优惠、税收制度等也要在法律法规体系当中得到明确。再次，对于招投标程序、审批程序、定价程序、项目移交管理、项目风险管理、项目公示制度等管理办法及具体程序也必须进行明确规定。对此，中国人民银行、证监会以及相关政府职能机构等部门都有义不容辞的责任。最后，要建立明确的违规惩处办法和完善的监督管理机制。这些法律法规体系的制定必须要借鉴其他国家的经验，与国际接轨。

此外，与 PPP-REITs 项目实施过程中法律法规体系不完善一样，公租房管理方面也没有清晰明确的法规体系。例如对于什么样的群体可享受公租房，享受公租房的资格如何界定，都还没有相应的法律法规来明确落定，并且要保证法律的公平、公正性，必须尽快促成《基本住房保障条例》的出台。

（2）深化税制改革，增加财政支持。

我国传统式税收审批制度流程复杂，耗时长，导致效率低下，因此地方政府的财税部门要对税收审批制度和相关审批流程进行精简清理，减少审批手续，优化程序，提高税审效率，可以同时减轻政府方和企业方的负担，提高双方的工作效率；同时要做到公开透明、依法收税，坚决抵制税收规则不公平、税收制度不明确的现象，也即对于税收相关的政策必须要做到公平、公开，这样才能维护企业税法的公平环境。

同时，一方面政府可以利用税收制度改进来支持公租房的建设，对于相关的优惠应该要结合相关各方的实际情况，如投资抵免、所得税减免返还等政策的税收优惠来支持公租房建设；另一方面，给予参与企业其他相关税负方面一些优惠和鼓励支持，提高参与公租房建设对市场的吸引力。

12.6.2.2　管理相关

（1）构建系统性监管体系，强化监管机制。

在 PPP-REITs 融资模式下，通过引入 REITs 来替代私人资本，使其融得的资金以信托的形式进入市场流通，这样一方面对投资者来说，信息透明程度高，很大程度上降低了投资风险，更能保障投资者的合法权益。另一方面，从资本市场的角度来说，信托管理公司就时刻受到监管部以及投资者的监督，促使其按照规定披露公租房项目的各项财务指标、盈利能力、风控信息、管理团队情况等，同时对相关违规操作等做相应的处理。

PPP-REITs 融资模式所涉及的所有角色、所有环节都必须纳入监管体系中，从而建立起一个多层次的、系统的、完善的监管体系，各要素主体能够按照合同规定办事，使项目风险、融资风险等得到有效降低，投资者的合法权益得到保障，这样才能够保证项目的顺利开展。对于监管体系的建立来说，其要建立起责任制，首先是政府具有监督管理的作用，行业自律协会也同样具有监督管理作用，要将二者有效结合，相互协调配合，共同对项目进行监督管理，同时政府、行业自律协会等也必须要有明确的职能划分，对于监管责任要明确分工，不重复、不疏漏，建立起多层次的、和谐的监管体系，并且在涉及重大事项时，相关政府部门、金融管理部门的主体权利责任要做到权责一致，分解、规划工作任务要能够落到实处，建立起责任追究机制和绩效考核机制，对于违法违规行为的追究责任也必须要落到实处。

政府在实施监督管理职责时也必须要把握一个合适的度，监管不力势必会导致 REITs 相关主体为了一己私利而实施一些不良行为，比如忽略公共利益、费用浪费、对项目偷工减料等；相反监管过度则会对房地产开发公司、信托公司等造成干预过多的现象，降低 REITs 相关主体积极性的同时也降低了项目建设效率，对吸引投资产生不利影响。

另外，政府对于不同项目的各个环节进行监督管理的侧重点也是不同的。比如，对于工程质量问题必须要将监管贯穿全过程，也就是事前、事中、事后都要严格监管，从根本上监管工程质量问题，排除安全隐患，杜绝公租房质量问题，保障项目的安全建设，维护建成项目的生活秩序；对于财务问题则需要对资金使用和账户管理进行严格监管，避免贪污受贿以及偷工减料等行为的发生；对于运营管理问题则采用定期检查与不定期抽查相结合的方式，来监管房屋管理公司的房地产运营状况。

除此之外，政府也要强化各监管部门之间的联系和沟通，通过网络等方式实现共享监管信息，提高监管效率，有效化解一些问题。

（2）转变政府角色，提高项目效率。

政府在传统的公租房项目建设中担当着项目主导者、融资者、经营管理者和监管者的角色，几乎包揽了该过程所有的角色，在项目建设过程中就极容易出现复杂化程序、降低效率等问题，而政府在 PPP-REITs 融资项目中仅仅担当融资者和监管者的角色，并不直接参与项目的具体建设过程，这种角色的转变对于政府部门来说，可把重点放在与信托公司、房地产开发公司的合作上，通过出台各类法律法规，支持并鼓励私人资本参与公租房建设，充分发挥政府监督管理职能，降低政府工作难度，简化程序，提高效率。政府职责的划分是按照"谁投资、谁决策、谁受益、谁承担风险"的原则进行角色转化的，最终形成风险共担、利益共享的合作模式，公私双方在法律上既是限制与被限制的关系，在经济上也是合作伙伴的关系。

（3）有效识别风险，制定风险应对机制。

当前阶段的公租房建设主要依靠政府主导和私营资本参与。PPP-REITs融资模式在缓解财政压力、拓宽融资渠道方面发挥着重要作用，而政府和私营资本在项目建设中的关注点有所不同，政府侧重于项目成本与收效，而私营部门则更关注项目的盈利和效率，在项目建设过程中有潜在的不确定性使得二者无法达到预期目标，这需要政府和私营资本进行积极配合，共同进行风险管理，对可能存在的风险进行有效的识别，将项目风险控制在可控范围内。具体来说，政府利用自身政治优势可以有效防范和处理限定价格、政府违约等政治风险，私营部门可以根据自身特点防范和处理运营效率低、融资困难等风险。在这其中，政府拥有更多的信息优势和决策权，因而有必要制定一套风险预警和应对机制，有助于及时分享信息，合理分配社会资源。

12.6.2.3 操作相关

（1）培养专业人才。

从我国目前情况来说，无论是项目方案的设计、利益的分配还是风险规避以及其他，PPP-REITs融资模式都需要引入大量相关专业人才，这些人才必须具有极高的专业素质，他们不仅已经充分掌握信托、基金相关的金融专业知识，而且对财政政策、法律环境、房地产市场行情等都已经有很通透的了解。基于此，各大高校应该合理设置相关专业和课程，培养出兼具专业性和复合性的高素质人才。同时也要强调在会计师事务所、资产评级机构、律师事务所等岗位工作的从业人员对于REITs、PPP等融资模式的了解和学习，努力培养出顶级的公租房融资相关专业团队，创新出符合我国目前实际情况、因地制宜的融资模式。

（2）设立行业协会，推广成功模式。

借鉴西方发达国家的成功经验，要建立一个与PPP-REITs项目相关的行业协会，广泛吸引从事金融、财务、法律、房地产等相关领域研究的专家学者和人才。就我国目前的实际情况进行研究分析，利用具有的各种优势推广融资项目在公租房领域的应用，并且在对之前项目等进行充分分析解读的基础上，总结出之前不足的教训以及成功经验，对项目方案做及时调整，制定出标准化的项目合同文本，明确 PPP-REITs 项目的流程、各方参与者的权责分配以及利益分配、风险分担等，减少因为规定不明确而造成的不必要的麻烦和损失。

12.6.3 实施过程政策建议

PPP-REITs 融资模式在保障性住房中的应用是不能一概而论的，需要结合当时总体的宏观环境、市场环境及不同地区的不同情况等制定出具体的项目计划。

12.6.3.1 因地制宜原则

从目前情况来看，修建新公租房、回收市场已有的存量住房以及棚户区等旧有住房是我国公租房项目住房的主要来源，这些不同的住房来源也需要根据其各自的特征实施不同的融资模式。由于我国目前各地区经济发展状况极不平衡，人均收入水平、消费习惯、住房经济情况等也是千差万别，因此对于城镇化的制定也有着很大不同，例如，深圳、上海等一线城市从目前市场来看房价飙升，而一些二线、三线城市则存在很大的去库存压力，因此确定公租房的标准实施方案也必须遵循因地制宜的原则，在发达地区主要采取市场回购的措施，先积累一定经验之后再逐渐过渡到新建住房，而对于相对欠发达地区则采用通过借鉴成功案例的方法来发展本地的公租房项目，此外，政府给予的财政支持对于不同地区也不应相同，应该根据财政资金的充裕程度等因素确定财政支持数额。

12.6.3.2 因时制宜原则

由于不同时点公租房的需求也各不相同，那么对于 PPP-REITs 融资模式来说需求也就不大一致，目前建设资金短缺，非一线城市房地产存在巨大的去库存压力，股市走低、投资需求旺盛，政府应采取各种措施充分调动民间资本，使其积极投入 PPP-REITs 项目中，采取回购已建成住房来建设公租房项目的措施，不但可以减轻当地房屋市场的去库存压力，盘活存量，而且能够充分发挥资源配置作用，实现多方共赢。

12.7 金融支持新型城镇化其他相关方面

12.7.1 金融支持新型城镇化社会角色定位

12.7.1.1 政府金融支持发挥的主要作用及方向

在新型城镇化进程中，政府发挥着至关重要的作用。因此，我们要明确政府在城镇化建设过程中的角色定位，积极发挥政府在优化升级产业结构、提供公共产品、制定与创新政策等方面的作用。

（1）完善新型城镇化健康发展体制机制，实现供给侧结构性改革。

新型城镇化建设最核心的是实现供给侧结构性改革，优化并升级产业结构。过去粗放型经济发展方式使我国经济快速发展，取得了举世瞩目的成就。但在这种粗放型经济发展方式下进行城镇化建设带来了大城市人口剧增、城市污染严重、水土流失等问题。因此，需要政府来完善城镇化健康发展体制机制，建立透明和规范的城市建设投资融资机制，实现经济的健康可持续发展。政府要在城镇化建设过程中重视生态环境，制订科学合理的城市规划建设方案。在转变经济发展方式的过程中，要运用金融支持来解决城镇化建设中实体经济的资金需求问题。

（2）均等提供基本公共服务，保障公共产品供给。

目前我国政府在提供公共服务方面仍有一些不足，存在公共资源分配不均衡、部门垄断、供给总量不足等问题，与新型城镇化建设要求的公平合理地提供公共服务有一定差距。其中部分原因是资源分配机制不完善和城乡二元经济结构的制约。因此，政府要完善资源分配机制，健全对公共服务的监管体系，保障人人都可以公平地享受改革成果；改变城乡二元结构体制，为加快实现城乡一体化奠定基础，统筹城乡公共产品供给体制，提高政府提供公共服务水平，更好地推动新型城镇化建设。

（3）健全基层组织机构，创新管理机制。

新型城镇化建设以人为核心，强调要让农民真正融入城市，因此，政府要构建良好的基层组织，有利于实现基层管理，组织基层工作，让农民在城镇化过程中市民化。政府要协调好各方面的利益，加强与城镇化建设者的紧密联系，各个方面通力合作，推进城镇化的进程。政府作为制度的总设计师，应大力推进体制改革和制度创新，通过建立新的制度确保社会生活的常态化，来进一步扫清守旧、僵化的制度机制对新型城镇化发展的障碍①。

（4）建立农民工社会保障制度。

政府要确保农民在新型城镇化建设中都能在城镇中落户，建立农民工社会保障制度，保障农民工的权益，让农民能够安心入住城镇。政府还应辅以保障性住房等形式，以多层次、多形式的社会保障体系，打造有利于农民居住的城

---

① 杨静美，张新华，杨肖.新型城镇化建设"三部曲"及政府角色定位：以天津市为例［J］.天津行政学院学报，2014（4）：40-45.

镇环境①。

（5）改革完善户籍制度。

对于农民而言，户籍所呈现的变化主要表现在形式上，但居民的初衷是希望政府通过改变户籍制度让其实现真正意义上的平等，享有权利②。首先要对征地制度的内容进行完善。国家要使土地只因公共用途占用，由政府进行购买，补偿费需要接近或等于被占用土地的市场价格，至少也不能比质量一样、土地面积一样的征地成本低。其次，国家还应建立科学合理的土地评估制度和衡量标准，坚持自愿、平等、协商等原则。

12.7.1.2　社会金融支持发挥的主要作用及方向

社会金融的主要力量为民间资本，民间资本能够接受市场机制的调节，提高资源配置效率，缓解政府在新型城镇化建设中财政负担较重和资金紧缺的情况，因此要积极推动民间资本参与城镇化。也要与政府引导功能相结合，来缓解民间资本的盲目性和随机性，具体可以从以下方面切入：

（1）完善公私营合作制，创新并分类使用 PPP 模式。

新型城镇化采用 PPP 模式，有利于使国有企业与金融机构共同参与建设。但目前 PPP 模式法律法规制度缺位，法律尚存许多问题，对 PPP 的有效实施构成了一定障碍。对于不同类型的基础设施，政府可以参考表 12.1，选取相对应的 PPP 模式，以提高资源和资金的利用效率。同时，政府通过建立补仓基金、提供土地资源补偿等多种渠道来降低民间资本风险，鼓励民间资本加入。

表 12.1　不同类型基础设施对应的 PPP 模式

类型	PPP 模式	内容
现有基础设施	出售	民营企业收购基础设施，在特许权下经营并向用户收取费用。
	租赁	政府将基础设施出租给民营企业，民营企业在特许权下经营并向用户收取费用
	运营和维护的合同承包	民营企业经营和维护政府拥有的基础设施，政府向该民营企业支付一定费用
	转让－经营－转让（TOT）	政府将已有基础设施转让给民营部门，民营部门在政府特许权下进行经营，经营期限过后，再转让给政府部门

---

① 李勇. 新型城镇化建设中的障碍性因素及财税对策 [J]. 天津行政学院学报, 2013 (5)：83-87.

② 辜胜阻, 曹誉波, 李洪斌. 激发民间资本在新型城镇化中的投资活力 [J]. 经济纵横, 2014 (9)：1-10.

表12.1(续)

类型	PPP 模式	内容
扩建和改造现有基础设施	租赁/购买-建设-经营	民营企业从政府手中租用或收购基础设施，在特许权下改造、扩建并经营该基础设施，可以根据特许权向用户收取费用，同时向政府缴纳一定特许费
	外围建设	民营企业扩建政府拥有的基础设施，仅对扩建部分享有所有权，但可以经营整个基础设施，并对用户收取费用
新建基础设施	建设-转让-经营	民营企业投资兴建新的基础设施，建成后把所有权移交给公共部门，然后可以经营该基础设施20~40年，在此期间向用户收取费用
	建设-（拥有）-经营-转让	与建设-转让-经营类似，不同的是，基础设施所有权在民营部门经营20~40年后才转移给公共部门
	建设-拥有-经营	民营部门在永久性特许权下，投资兴建，拥有并经营基础设施

（2）引入民间资本参与和扩大公共服务供给。

随着新型城镇化的发展，居民对于公共服务的需求日益增长，作为公共服务提供主体的政府在供给数量和质量上远不能满足需求，引入民间资本是扩大公共服务供给的重要途径。首先，政府应制定公共服务的准入清单，明确民间资本可以涉足公共服务的领域。其次，制定和完善政府购买公共服务的筛选和评估机制，鼓励多家民间机构采用公平竞争的方式来赢取项目，提高公共服务的供给质量，降低政府购买成本。

（3）引导民间资本参与保障房建设和棚户区改造。

鼓励和引导民间资本参与棚户区改造和保障性安居工程建设。通过财政资金先期投入、财政补贴、资金注入、信贷贴息等优惠政策，拓宽筹资渠道，撬动社会资本积极参与。前文也专门提到了保障性住房建设的金融支持，可创新民间资本进入模式，将原有单一建设环节的"代建模式"转变为设计规划、物业管理等多环节的"代开发模式"，给予周边基础设施和商业开发优先权，优化保障性住房周围的社区建设，拓宽民间资本参与保障房建设、开发与运营的渠道，确保收益，提高吸引力。给予返还土地出让金、减免或暂缓税费缴纳等优惠政策，激发民间资本参与棚改项目的积极性，使大量民间资本进入市政府棚改项目①。

12.7.1.3　个人市民化过程中的作用及方向

新型城镇化的本质是农民的市民化，即实现农业人口向城镇人口的转换。新型城镇化要使农民"进得来、留得下、活得好"。进城农民可以通过就业或自主创业在城镇找到合适的工作，享受到医保、教育、养老等公共服务，能够享受良好的城市居住环境，真正享受到市民待遇和公共服务。这需要城镇基础设施、公用事业（公共产品）和公共服务等配套建设。因此，农民市民化的着力点应当是：

（1）有序推进农业转移人口的市民化。

农民工为我国经济发展做出了重大贡献，是我国工业产业的主力军。但是，目前我国常住人口城镇化率为 53.7%，户籍人口城镇化率只有 36% 左右。由于户籍制度不完善，大批长期在城镇工作的农民工无法在城镇落户。因此，应大力推广及贯彻《国家新型城镇化规划（2014—2020 年）》（以下简称《规划》）所提出的"按照尊重意愿、自主选择，因地制宜、分步推进，存量优先、带动增量的原则，以农业转移人口为重点，兼顾高校和职业技术院校毕业生、城镇间异地就业人员和城区城郊农业人口，统筹推进户籍制度改革和基本公共服务均等化②"基本方向。

（2）建立成本分担机制。

《国家新型城镇化规划（2014—2020 年）》明确规定：建立健全由政府、企业、个人共同参与的农业转移人口市民化成本分担机制，根据农业转移人口市民化成本分类，明确成本承担主体和支出责任。具体地说，政府要承担农业转移人口市民化在义务教育、劳动就业、基本养老、基本医疗卫生、保障性住房以及市政设施等方面的公共成本。企业要实行农民工与城镇职工同工同酬制度，加大职工技能培训投入，依法为农民工缴纳职工养老、医疗、工伤、失业、生育等社会保险费用。农民工要积极参加城镇社会保险、职业教育和技能培训等，并按照规定承担相关费用，提升融入城市社会的能力。

（3）保障失地农民的长远生计。

现行的征地制度有不够完善之处，另外也存在部分地区没有严格按照规章制度执行土地征用的情况，多种原因导致一部分农民在失地之后没有及时获得能够满足其利益要求的补偿，甚至由此还会导致一些社会问题的出现。《规

---

①　冯奎. 新型城镇化过程中政府的角色 [J]. 中国党政干部论坛, 2013 (8)：18-20.

②　中共中央国务院. 国家新型城镇化规划（2014—2020 年）[R/OL]. （2014-03-16）[2020-12-13]. http：//www. gov. cn/gongbao/content/2014/content_ 2644805. htm.

划》规定："实行最严格的耕地保护制度和集约节约用地制度，按照管住总量、严控增量、盘活存量的原则，创新土地管理制度，优化土地利用结构，提高土地利用效率，合理满足城镇化用地需求。"深化征地制度改革，缩小征地范围，规范征地程序，完善对被征地农民合理、规范、多元保障机制。建立兼顾国家、集体、个人的土地增值收益分配机制，合理提高个人收益，保障被征地农民长远发展生计。

12.7.2　金融支持主导产业选择问题

在新型城镇化的发展阶段，政府除了要在基础设施、保障性住房、教育医疗等公共服务方面有序推进之外，对于城镇化建设中的其他方面如产业选择、土地集约利用、生态环境维稳等也要足够重视，才能保证新型城镇化的进程有序平稳推进。目前我国应该说处在工业化的中后期阶段，加之经济增速下行压力巨大，支持经济发展的产业选择变得十分重要。党的十八大以来，我国将产业转型升级拉动经济列入重点方针，只有通过产业转型，结构升级等才能找寻新的经济增长点，改变原有的产业结构才能适应目前的宏观环境。这里的产业转型升级不仅指产业结构推进，还包括产城融合、产业空间转移、发展方式转变等，通过产业转型升级，对于一些产业做出合理的选择，才能加快新型城镇化的建设步伐。

新型城镇化提出以人为本的核心思想，从长远来看，必然要实现从粗放扩张式增长到内涵集约型的转变，走绿色低碳、高效集约的道路。努力提高城镇化水平薄弱地区发展水平，平衡大城市与小城镇的发展关系。产业选择作为内生增长因素，是推进城镇化进程的根本保障。在这一过程中，金融要发挥支持产业转型发展的作用，提供系统的融资支持、创业支持、产业转型支持等，更好地服务于各产业的发展。

12.7.2.1　我国产业结构存在主要问题

我国目前的产业发展，尚存很多问题。首先，最突出的问题就在于产业结构不合理。我国产业结构存在农业基础薄弱、工业发展粗犷、服务业严重滞后等问题。1978—2011 年，我国城镇化率增加 33%，同期的服务业占比只提高了 19.5%，滞后于城镇化发展水平。在农村转移人口就业方面，制造业与建筑业吸纳 53.7%，服务业只有 34.2%，可发展空间极大，因此如何调整产业结构，发挥第三产业优势尤其是服务业的作用，这对于促进新型城镇化建设意义重大。其次，区域空间及规模失衡，我国的经济支撑产业等多半集中在中南沿海城市以及大城市中，中西部地区与小城镇较少，造成区域空间及规模失衡。

大型城市吸纳能力强，会加速膨胀，中小城镇则因为缺乏有力竞争则吸纳人口较少。东部地区 400 万以上人口特大城市占全国的 57%，100 万~400 万人口的城市占 40%，中西部则缺少城市群，结构失衡明显，因此造成中西部地区城镇化发展缓慢。最后，产业发展与城镇化建设不匹配，产业创新能力薄弱。2000—2011 年，我国城镇化建成面积增加 75% 以上，而城镇常住人口只增加了 50%，城镇化土地面积增速远高于人口增速，带来的是人口密度下降，城镇规模扩张过快，侵占周围耕地，造成资源的浪费。与此同时，现有产业的创新能力薄弱，目前产业发展主要依靠廉价土地和劳动力等初级要素，价值来源主要是加工制造环节，而管理营销品牌方面则缺失，此类路径可创造价值有限，可开拓空间也有限，外生式增长必然会导致城镇化质量较低。除此之外，产业发展的低碳环保、绿色节能方面也缺乏动力，地方政府和企业为了追求利润和业绩指标等对于转型发展的内生动力不足。

12.7.2.2 新型城镇化产业选择路径

对于新型城镇化的产业方面，要做到层次分明地推进产业结构升级，产业布局优化，寻找合适的产业转型路径等，以此来推动新型城镇化进程中的产业发展。

首先，要做到产业结构升级的层次化。因为每个产业的发展情况、特点不同，对于城镇化建设的影响、意义不同，因此要能够划分层次，有重点、有差别地区分推进。对于农业要推进现代化建设，扩大农业生产规模，提高农业生产效率，构建农业生产经营体系，形成规模化、组织化、科技化的农业体系，取代小规模、无组织、低效率的传统农业发展方式。对于工业要对知识、技术密集型产业如装备制造业等的发展给予大力支持，对于新兴产业如环保产业、生物技术产业等要给予重视、鼓励和一定的引导、优惠等。要从劳动密集型产业集中过渡到科技密集型产业。原劳动密集型产业要从产出数量优势转变为质量、文化、设计等核心竞争优势，成为产业链的高阶。对于服务业等第三产业，要多层次、全面地发展，通过拓展服务领域，针对新型城镇化建设中的教育医疗、社会保障、养老等服务，拓展养老服务、社区服务、健康服务等发展给予支持。对于已有的传统服务业要创新服务功能，改革服务体制，创造现代化高效率的服务体系，提高城镇化质量。

其次，要实现区域产业的专业化发展。目前我国的产业情况是东部沿海地区已经进入工业化中后期，不再适合发展劳动密集型产业，而中西部地区工业化发展相对落后，甚至有些处在初期，发展劳动密集型产业更为合适，因此将劳动密集型产业转向更适合发展的中西部地区，是产业转移的重要路径，也是实现区域性新型城镇化进程协调发展的重要步骤。目前中西部地区具有劳动力资源优势，对于发展劳动密集型产业极为有利，可以吸纳本地居民就业和农民工回流，有利于实现人口城镇化的均衡发展，缓解大型城市人口压力，解决中小城市人口流失问题。

再次，在此要将产业发展和城镇化进程协调发展，通过二者结合促进新型城镇化进程。目前城镇化建设要建设保障性住房，建设各类工业园区、开发区等，带动人口发展，并逐步发展完善生活设施和公共服务设施，形成规模化产业园区，并带动中小企业发展，加强各企业之间合作协调，通过产业发展促进城镇化建设，同时通过城镇化建设带动各类产业的进步。

最后，要提高产业创新能力。新型城镇化建设要改变原有的外延式增长状态，实现内生式增长，而实现内生式增长的关键要提高自身的核心竞争力，必须要具有自主创新能力，摆脱传统发展的路径依赖，通过品牌营销、供应链管理、创意设计、技术服务等创新来强化产业的内生动力。对于创新能力要给予高度重视，政府要鼓励创新发展，建立协同创新机制，健全创新激励机制。

结　论

本书立足于金融支持新型城镇化，认为"新型城镇化"主要体现为经济发展城镇化、人口城镇化、基础设施均等化、公共服务均等化和生活质量城镇化五个维度，"金融支持"指通过优化金融支持体系进行合理的金融制度设计和金融资源配置，来促进产业和人口的聚集，并形成规模效应，从而促进各要素的优化配置，提高新型城镇化质量。

本书通过对金融支持新型城镇化的内在机理和路径选择进行了理论研究和模型构建，从金融支持规模、金融支持结构、金融支持效率三个角度对金融与新型城镇化的质量和协调性进行了实证检验，形成了系统的分析框架并证实了金融在新型城镇化建设中的重要作用，探索了金融支持新型城镇化的五个具体支持路径，包括基础设施、教育、就业、保障性住房和社会保障，并对我国目前金融对基础设施、教育、就业、保障性住房和社会保障的金融支持结构性问题和资金缺口规模进行了测算。在此基础上，本书对金融支持新型城镇化建设中存在的问题进行了深入探讨，借鉴国外部分国家金融支持城镇化的经验，提出了我国金融支持新型城镇化相关对策建议。

经过本书的研究，我们提出以下主要结论：

（1）新型城镇化是"人"的城镇化，主要体现为经济发展城镇化、人口城镇化、基础设施均等化、公共服务均等化和生活质量城镇化五个维度，最终要体现在基本公共服务的均等化上，基础设施和公共服务均等化是农民工市民化的核心，也是衡量新型城镇化质量的重要参考标准。有序推进基础设施和基本公共服务同城化，稳步推进义务教育、就业服务、基本养老、基本医疗卫生、保障性住房等城镇基本公共服务覆盖全部常住人口是新型城镇化的必要要求。

（2）金融支持指通过优化金融支持体系，进行合理的金融制度设计和金融资源配置，来促进产业和人口的聚集，并形式规模效应，从而促进各要素的优化配置，提高新型城镇化质量。金融支持新型城镇化的最终着力点应该强调通过优化金融支持体系得以实现金融资源在实体经济的合理配置，有效利用优质金融服务和适宜的金融制度的设计方面。新型城镇化的金融支持主要通过广义和狭义路径来实现，其中广义路径是指对经济发展水平、经济增长方式转型、产业结构升级等影响新型城镇化的广义影响因素进行金融支持，狭义路径是指对基础设施建设、教育、就业、保障性住房和社会保障的新型城镇化的五个具体影响因素的金融支持。金融通过以上路径对新型城镇化进行支持，形成了对农业转移人口的"推力"和"拉力"，促进产业与人口聚集，促进各要素优化配置，进而实现对新型城镇化进程的推动作用。

（3）基于以"人"为核心的新型城镇化的五个维度和新型城镇化金融支持的路径，本书构建了我国新型城镇化金融支持路径模型，引入财政支持与金融支持进行比较研究，选取表征金融、财政和推动新型城镇化水平提升的广义影响因素和具体影响因素（基础设施建设、农业转移人口就业、教育、社会保障和保障性住房）的指标，采用结构方程模型（SEM），对2006—2015年我国31个省份的数据进行计量分析，实证检验我国金融对新型城镇化的推动作用和具体支持路径。通过模型构建与实证检验，本书认为金融支持较财政在新型城镇化推进过程中具有稍显著的作用，主要需通过对实体经济发展的支持和基础设施建设、教育、就业、社会保障和保障性住房等利于基础设施均等化和公共服务均等化的具体因素支持来实现对我国新型城镇化建设的推动作用。

（4）在对我国新型城镇化建设质量的评价中，本书对目前我国新型城镇化发展质量按照高低进行了如下分类：第一类地区为我国城镇化发展质量最高的地区：北京、广东、上海；第二类是我国城镇化质量发展较高的地区：江苏、浙江、天津、山东、辽宁；第三类是城镇化质量发展较低的地区：福建、重庆、湖北、内蒙古、四川、宁夏、海南、陕西、新疆、吉林、黑龙江、湖南和河北；最后第四类是我国城镇化质量发展最低的地区：安徽、河南、青海、山西、江西、甘肃、广西、云南、西藏、贵州。从全国范围来看，新型城镇化质量呈现东高西低的状况，虽然我国城镇化质量在逐年提高，但仍存在明显的发展不协调的现象。

（5）就金融对新型城镇化建设的支持现状来看，我国金融规模、结构、效率与新型城镇化质量存在长期均衡关系，但不同地区的金融规模、金融结构、金融效率对新型城镇化质量有不同的影响。具体来看，全国范围内金融规模对新型城镇化质量的影响最为显著，其次是保险市场的影响，但其结构不太合理，大部分省份的人身保险比例过高，其他险种数额较低，与新型城镇化质量呈负相关关系。至于证券市场的影响，由于我国金融股票市场运行效率较低，对新型城镇化质量的提高效应并不明显。

（6）从我国新型城镇化建设中金融支持的五个具体方面来看，基础设施、就业、教育、保障新住房和社会保障均存在巨额资金需求，资金供给结构较为单一，亟须金融支持，扩大有效资金供给。第一，就基础设施而言，仅以城镇市政基础设施为统计口径对我国新型城镇化进程中基础设施融资缺口进行静态测算并已经高达 10 万亿元，预计 2020 年城镇化率达到 60%，由此带来的投资需求预期超过 40 万亿元，以政府及其所属机构为融资主体的投资规模远远不足。第二，就教育而言，结合随迁子女人数、生均财政内经费供给、生均非财政经费供给以及生均教育经费需求等数据，测算得出 2015—2020 年，财政教育经费有较大的缺口，由于财政经费投入增长有限，资金缺口规模会与日俱增。第三，对就业而言，从农业转移人口职业技能培训、土地禀赋转换和吸纳其就业的中小企业来看，有吸纳农业转移人口就业的中小企业面临融资难问题。关于农业转移人口就业相关的资金支持，由于农业转移人口基数庞大，如果仅依靠增设财政专项资金解决，会明显增加政府的财政负担。加之经济下行的压力，2015 年下半年我国的财政支出增长速度都高于收入的增长速度，资金缺口巨大。我国保障性住房在"十二五"期间资金缺口已经高达 3.36 万亿元，缺口是实际供给的 2 倍，资金缺口巨大，政府财政压力明显，融资渠道过于单一，融资效率低，融资成本高，融资主体动力不足，融资工具缺乏创新。第四，就社会保障而言，政府不仅有责任完善现有的社会保障制度，而且在融资方面扮演重要角色。为保障农民工同市民平等享有社保权利，我们测算出每人每年的社会保障成本为 12 675.74 元/人/年，其中包括养老保险成本、医疗保险成本以及民政部门的其他社保支出。由于我国目前社保基金增值乏力与不断增长的城镇化人口，政府在资金供给面临巨大困境。

（7）本书通过借鉴美国、日本、韩国、印度等金融支持新型城镇化国际经验，结合对我国金融支持新型城镇化现状与问题的研究，针对性地提出了强化城镇化进程中金融支持作用的对策建议：第一，注重区域金融合作与联动，提高各区域利用金融资源的效率，转变金融发展方式，拓展金融发展的深度和广度，关注金融服务创新，增强金融要素的集聚与放大效应，充分发挥商业银行功能，深化金融合作；第二，金融要发挥支持产业转型发展的作用，提供系统的融资支持、创业支持、产业转型支持等，更好地服务于各产业发展，实现从粗放扩张式增长到内涵集约型的转变，走绿色低碳、高效集约道路，努力提高薄弱地区的城镇化水平，平衡大城市与小城镇的发展关系；第三，明确政府在城镇化建设过程中的角色定位，积极发挥政府在优化升级产业结构、提供公共产品、制定与创新政策的积极作用，如规范土地流转制度、改善户籍制度、农民工社会保障制度等；第四，以项目融资、市政建设债券、创新金融产品和服务以及引入民间资本等扩大基础设施建设资金渠道，以政策性金融、直接融资、互联网金融模式、普惠金融破解农业转移人口就业和中小企业融资困境，以创新金融产品和服务、提高市场化程度和引入民间资本为社会保障、教育和保障性住房提供金融支持并在金融支持新型城镇化进程中注重和加强防范金融风险。

参考文献

[1] ACEMOGLU D, ZILIBOTTI F. Was Prometheus Unbound by Chance? Risk, Diversification, and Growth [J]. Journal of Political Economy, 1997, 105 (4): 709-751.

[2] ALMEIDA J, CONDESSA B, PINTO P, et al. Municipal Urbanization Tax and Land-use Management—The Case of Tomar, Portugal [J]. Land Use Policy, 2013, 31: 336-346.

[3] AL-MULALI U, FEREIDOUNI H G, LEE J Y M, et al. Exploring the Relationship between Urbanization, Energy Consumption, and CO2 Emission in MENA Countries [J]. Renewable and Sustainable Energy Reviews, 2013 (23): 107-112.

[4] BERGLOF E, BOLTON P. The Great Divide and Beyond: Financial Architecture in Transition [J]. Journal of Economic Perspectives, 2002, 16 (1): 77-100.

[5] BERNANKE B, GERTLER M, GILCHRIST S. The Financial Accelerator and the Flight to Quality [J]. The Review of Economics and Statistics, 1996, 78 (1): 1-15.

[6] BLAU G, LUNZ M. Testing the Incremental Effect of Professional Commitment on Intent to Leave One's Profession beyond the Effects of External, Personal, and Work-related Variables [J]. Journal of Vocational Behavior, 1998, 52 (2): 260-269.

[7] BOOT A W A, THAKOR A V. Financial System Architecture [J]. The Review of Financial Studies, 1997, 10 (3): 693-733.

[8] BUTTON K J. Urban Economics: Theory and Policy [M]. Publication of Macmillan Press Limited, 1976.

[9] CABALLERO R J, KRISHNAMURTHY A. International and Domestic Collateral Constraints in A Model of Emerging Market Crises [J]. Journal of Monetary E-

conomics, 2001, 48 (3): 513-548.

[10] CAMAGNI R. Sustainable Urban Development: Definition and Reasons for A Research Programme [J]. International Journal of Environment and Pollution, 1998, 10 (1): 6-27.

[11] CAMPION M A, CHERASKIN L, STEVENS M J. Career-related Antecedents and Outcomes of Job Rotation [J]. Academy of Management Journal, 1994, 37 (6): 1518-1542.

[12] CHEN F, ZHANG H, WU Q, et al. A study on Coordinate Development between Population Urbanization and Land Urbanization in China [J]. Human Geography, 2010, 115 (5): 53-58.

[13] CHEN M, HUANG Y, TANG Z, et al. The Provincial Pattern of the Relationship between Urbanization and Economic Development in China [J]. Journal of Geographical Sciences, 2014, 24 (1): 33-45.

[14] CHO S H, POUDYAL N, LAMBERT D M. Estimating Spatially Varying Effects of Urban Growth Boundaries on Land Development and Land Value [J]. Land Use Policy, 2008, 25 (3): 320-329.

[15] CHO S H, WU J J, BOGGESS W G. Measuring Interactions among Urbanization, Land Use Regulations, and Public Finance [J]. American Journal of Agricultural Economics, 2003, 85 (4): 988-999.

[16] DEGUEN S, ZMINROU-NAVIER D. Social Inequalities Resulting from Health Risks Related to Ambient Air Quality—A European Review [J]. European Journal of Public Health, 2010, 20 (1): 27-35.

[17] DEMATTEIS G. Towards a Unified Metropolitan Urban System in Europe: Core Centrality versus Network Distributed Centrality [J]. Urban Networks in Europe, 1996: 19-28.

[18] DEMIRGUCKUNT A, LEVINE R. Bank Based and Market Based Financial Systems: Cross Country Comparisons [J]. World Bank Policy Research Working Paper, 1999, 2143 (1): 1-41.

[19] EKUMANKAMA O O, UJUNWA A, AHMAD U H, et al. Managing Urban Cities in Nigeria Efficiently by Local Councils: The Capital Market Option [J]. Management Science and Engineering, 2012, 6 (4): 30-41.

[20] FEI J C H, RANIS G. Development of the Labor Surplus Economy: Theory and Policy [J]. A Publication of the Economic Growth Center, Yale University Se-

ries, 1964.

[21] FRIEDMANN J, WOLFF G. World City Formation: An Agenda for Research and Action [J]. International Journal of Urban & Regional Research, 1982, 6 (3): 309-344.

[22] FU B, ZHUANG X, JIANG G, et al. Environmental Problems and Challenges in China [J]. Environmental Science and Technology, 2007, 41 (22): 7597-7602.

[23] GOLDSMITH R W. Financial Structure and Economic Development [M]. Yale University Press, 1969.

[24] GOLDSTEIN G S, GRONBERG T J. Economies of Scope and Economies of Agglomeration [J]. Journal of Urban Economics, 1984, 16 (1): 91-104.

[25] GOODMAN S A, SVYANTEK D J. Person-organization Fit and Contextual Performance: Do Shared Values Matter [J]. Journal of Vocational Behavior, 1999, 55 (2): 254-275.

[26] GOTTMANN J. Megalopolis or the Urbanization of the Northeastern Seaboard [J]. Economic Geography, 1957, 33 (3): 189-200.

[27] HAUGHTON G, HUNTER C. Sustainable Cities [J]. Economic Geography, 1994, 41 (4): 167-180.

[28] HAUSMAN J A, TAYLOR W E. Panel Data and Unobservable Individual Effects [J]. Econometrica, 1981, 49 (6): 1377-1398.

[29] HENDERSON J V. The Effects of Urban Concentration on Economic Growth [R]. National Bureau of Economic Research, 2000.

[30] HERR E L. Counseling for Personal Flexibility in A Global Economy [J]. Educational and Vocational Guidance, 1992, 53: 5-16.

[31] HOSSAIN M. Poor Municipal Spending for Infrastructure Development and Gap for Investment: A Case of Bangladesh [J]. International Journal of Business and Management, 2013, 8 (11): 27-37.

[32] JOSZA A, BROWN D. Neighborhood Sustainability Indicators Report on a Best Practice Workshop-Report, School of Urban Planning [R]. Montreal: McGill University and the Urban Ecology Center/SodemC, 2005.

[33] KIM K H. Housing Finance and Urban Infrastructure Finance [J]. Urban Studies, 1997, 34 (10): 1597-1620.

[34] KING R G, LECINE R. Finance and Growth Schumpter Might Be Right

[M]. World Bank Publications, 2004.

[35] KING R G, LEVINE R. Finance, Entrepreneurship and Growth [J]. Journal of Monetary Economics, 1993, 32 (3): 513-542.

[36] KUNIEDA T, SHIBATA A. Endogenous Growth and Fluctuations in an Overlapping Generations Economy with Credit Market Imperfections [J]. Asia-Pacific Journal of Accounting & Economics, 2011, 18 (3): 333-357.

[37] LAMPARD E E. The History of Cities in the Economically Advanced Areas [J]. Economic Development and Cultural Change, 1955, 3 (2): 81-136.

[38] LEVINE R. Bank-based or Market-based Financial System: Which is Better? [J]. Journal of Financial Intermediation, 2002, 11 (4): 398-428.

[39] LEVINE R. Financial Development and Economic Growth: Views and Agenda [J]. Journal of Economic Literature, 1997, 35 (2): 688-726.

[40] LIN G C S, YI F. Urbanization of Capital or Capitalization on UrbanLand? Land Development and Local Public Finance in Urbanizing China [J]. Urban Geography, 2011, 32 (1): 50-79.

[41] MAHADEVIIA D. Urban Infrastructure Financing and Selivery in India and China [J]. China & World Economy, 2006, 14 (2): 105-120.

[42] MARTELL C R, GUESS G M. Development of Local Government Debt Financing Markets: Application of a Market-Based Framework [J]. Public Budgeting & Finance, 2006, 26 (1): 88-119.

[43] MASAKICHI I, GOLDSMITH R W. Financial Structure and Development [J]. Economic Review, 1970, 39 (5): 193-194.

[44] MATHUR S. Use of Land Pooling and Reconstitution for Urban Development: Experiences from Gujarat, India [J]. Habitat International, 2013, 38: 199-206. .

[45] MCDONALD R I, GREEN P, BALK D, et al. Urban Growth, Climate Change, and Freshwater Availability [J]. Proceedings of the National Academy of Sciences, 2011, 108 (15): 6312-6317.

[46] MUNIER N. Methodology to Select A Set of Urban Sustainability Indicators to Measure the State of the City, and Performance Assessment [J]. Ecological Indicators, 2011, 11 (5): 1020-1026.

[47] NIJKAN P, VLEUGEL J. In Search of Sustainable Transport Systems [M]. Serie Research Memoranda, 1995.

［48］ ONISHI T. A Capacity Approach for Sustainable Urban Development：An Empirical Study ［J］. Regional Studies, 1994, 28 (1)：39-51.

［49］ PORTA R L, LOPEZ-DE-SILANES F, SHLEIFER A, et al. Law and Finance ［J］. Harvard Institute of Economic Research Working Papers, 1996, 106 (6)：26-68.

［50］ PRIBADI D O, PAULEIT S. The Dynamics of Peri-urban Agriculture during Rapid Urbanization of Jabodetabek Metropolitan Area ［J］. Land Use Policy, 2015, 48 (11)：13-24.

［51］ SCOTT A J. Global City-Regions：Trends, Theory, Policy：Trends, Theory, Policy. ［M］. OUP Oxford, 2001.

［52］ TERANISHI J. Interdepartmental Transfer of Resources Conflicts and Macro Stability ［M］// Aoki Kim, Okuno-Fujiwara, eds. Economic Development and Roles of Government in the East Asian Region. Nihon Keizai Shimbun, Inc. 1997.

［53］ United Nations Institute for Training and Research. PPP for Sustainable Development ［R］. 2000.

［54］ ZHAO Z J, CAO C. Funding China's urban infrastructure：Revenue structure and financing approaches ［J］. Public Finance and Management, 2011, 11 (3)：284-305.

［55］ ZHOU D, XU J, WANG L, et al. Assessing Urbanization Quality Using Structure and Function Analyses：A Case Study of the Urban Agglomeration around Hangzhou Bay (UAHB), China ［J］. Habitat International, 2015, 49：165-176.

［56］ 巴曙松, 牛播坤, 杨现领. 保障房制度建设：国际经验及中国的政策选择 ［J］. 财政研究, 2011 (12)：16-19.

［57］ 巴曙松, 王劲松, 李琦. 从城镇化角度考察地方债务与融资模式 ［J］. 中国金融, 2011 (19)：20-22.

［58］ 白钦先. 金融可持续发展导论 ［M］. 北京：中国金融出版社, 2001.

［59］ 蔡昉. 农村发展与增加农民收入 ［M］. 北京：中国劳动社会保障出版社, 2006.

［60］ 曹凤岐. 新型城镇化与金融创新 ［J］. 金融论坛, 2013 (7)：3-6.

［61］ 曹文莉, 张小林, 潘义勇, 等. 发达地区人口、土地与经济城镇化协调发展度研究 ［J］. 中国人口·资源与环境, 2012, 22 (2)：141-146.

［62］ 陈道富, 朱鸿鸣. 中国 2013—2020 年新型城镇化融资缺口测算 ［N］. 中国经济时报, 2014-12-04 (5).

[63] 陈国进，林辉. 金融制度结构与经济增长 [J]. 南开经济研究，2002 (3)：17-21.

[64] 陈乐一，李良，杨云. 金融结构变动对经济波动的影响研究：基于中国省际面板数据的实证分析 [J]. 经济经纬，2016，33 (1)：126-131.

[65] 陈文通. 对"脱实向虚"的经济学分析 [J]. 中国浦东干部学院学报，2017，11 (3)：39-64.

[66] 成都市人力资源与社会保障局. 职业培训（就业、鉴定）补贴申报办理指南（试行）[Z/OL]. (2015-04-16) [2015-04-27]. http：//www. chengdu. gov. cn/uploadfiles/08330302/20150416111928. doc.

[67] 成都市统计局. 成都市 2012 年新型城镇化综合评价监测报告 [R/OL]. (2013-01-29) [2015-05-09]. http：//news. dichan. sina. com. cn/2013/01/29/641564. html.

[68] 成都市武侯区人力资源和社会保障局. 武侯区企业在岗职工技能提升性培训补贴实施细则（试行）[Z/OL]. (2014-08-26) [2015-05-21]. http：//english. cdwh. gov. cn/index. php/？cid=954&tid=361742.

[69] 程维. 重庆发 49 亿地方债 12 亿用于保障房 [EB/OL]. (2010-05-13) [2015-05-23]. http：//www. yicai. com/news/349069. html.

[70] 重庆日报. 全国首笔公租房贷款花开重庆 [EB/OL]. (2012-02-08) [2015-05-26]. http：//finance. huanqiu. com/data/2012-02/2418894. html.

[71] 崔喜苏，荣晨. 崔喜苏，荣晨. 新型城镇化、固定资产投资与金融支持：基于省际面板数据的实证研究 [J]. 投资研究，2014，33 (11)：139-149.

[72] 崔国清. 中国城市基础设施建设融资模式研究 [D/OL]. 天津：天津财经大学，2009 [2016-03-25]. http：//kns. cnki. net/KCMS/detail/detail. aspx？dbcode=CDFD&dbname=CDFD0911&filename=2009114320. nh&v=MzIwNDM3RjdLNUd0TE9yNUViUElSOGVYMUx1eFlTN0RoMVQzcVRyV00xRnJJDVVI3cWZZdWRWRzRkNuZ1ZielBWMTI=.

[73] 单卓然，黄亚平. 试论中国新型城镇化建设：战略调整、行动策略、绩效评估 [J]. 规划师，2013，29 (4)：10-14.

[74] 丁蕾蕾. 十三五中国要建 19 个城市群：长三角领衔，江淮城市群落选 [EB/OL]. (2016-03-07) [2016-05-11]. https：//www. thepaper. cn/newsDetail_ forward_ 1440236.

[75] 范立夫. 金融支持农村城镇化问题的思考 [J]. 城市发展研究，

2010（7）：63-66.

［76］方显仓.新型城镇化发展中的金融支持机制建设研究［J］.经济纵横，2013（12）：16-20.

［77］冯奎.新型城镇化过程中政府的角色［J］.中国党政干部论坛，2013（8）：18-20.

［78］傅伯仁，李爱宗，张亮，等.我国农村劳动力转移问题的新变化及其对策［J］.农业现代化研究，2010，31（6）：660-664.

［79］傅晨，任辉.农业转移人口市民化背景下农村土地制度创新的机理：一个分析框架［J］.经济学家，2014（3）：74-83.

［80］辜胜阻，曹誉波，李洪斌.激发民间资本在新型城镇化中的投资活力［J］.经济纵横，2014（9）：1-10.

［81］谷秀娟，李文启.城镇化背景下地方政府投融资平台建设研究［J］.中州学刊，2013（10）：39-42.

［82］顾丽.成都市农民工就业状况调查简析［EB/OL］.（2015-04-09）［2016-05-11］.http：//www.cddc.chengdu.gov.cn/detail.jsp？id=11561.

［83］郭新双."十二五"时期金融支持我国城市化进程的路径［J］.中国投资，2010（7）：32-36.

［84］国家开发银行网站，http：//www.cdb.com.cn/web/News Info.asp？News Id=2896［OL］.2009-02-20.

［85］中共中央国务院.《国家新型城镇化规划（2014—2020年）》［R/OL］.（2014-03-16）［2015-08-13］.http：//www.gov.cn/gongbao/content/2014/content_2644805.htm.

［86］国务院发展研究中心农村经济研究部.从城乡二元到城乡一体：我国城乡二元体制的突出矛盾与未来走向［M］.北京：中国发展出版社，2014.

［87］何平，倪苹.中国城镇化质量研究［J］.统计研究，2013，30（6）：11-18.

［88］胡海峰，陈世金.创新融资模式 化解新型城镇化融资困境［J］.经济学动态，2014（7）：57-69.

［89］胡金星.完善我国公共租赁住房公平分配的政策建议［J］.科学发展，2013（2）：82-84.

［90］胡雯.专家呼吁设立中国教育银行［EB/OL］.（2011-08-18）［2015-09-05］.http：//money.163.com/11/0818/16/7BOLSDQM00252H36.html.

［91］胡艳妮，刘宗华.湖南教育产业发展的金融支持［J］.湖南商学院

学报，2000，7（6）：50-51.

[92] 黄贻芳. 农户参与宅基地退出的影响因素分析：以重庆市梁平县为例 [J]. 华中农业大学学报（社会科学版），2013（3）：36-41.

[93] 蒋达强，苏敬，李琳莎. 城市可持续发展的新思维 [J]. 上海交通大学学报（哲学社会科学版），2001，9（3）：84-88.

[94] 金迪，蒋剑勇. 基于社会嵌入理论的农民创业机理研究 [J]. 管理世界，2014（12）：180-181.

[95] 李立清，李燕凌. 企业社会责任研究 [M]. 北京：人民出版社，2005.

[96] 李霓. 新生代农民工职业流动现状透视城乡统筹新动向 [J]. 成都大学学报（社会科学版），2012（4）：17-21.

[97] 李雅维. 基于融资方式的城市基础设施项目分类研究 [D/OL]. 西安：西安科技大学，2009 [2015-09-18]. http：//kns. cnki. net/KCMS/detail/detail. aspx? dbcode=CMFD&dbname=CMFD2010&filename=2009262875. nh&v=MTYyODlEaDFUM3FUcldNMUZyQ1VSN3FmWXVkc0Z5amhWTHJOVjEyN0Y3RytlTm5McXBFYlBJUjhlWDFNdXhUUzc=.

[98] 李亦楠，邱红. 完善我国城镇化建设融资模式探讨 [J]. 经济纵横，2015，357（8）：121-124.

[99] 李勇. 新型城镇化建设中的障碍性因素及财税对策 [J]. 天津行政学院学报，2013（5）：83-87.

[100] 林金忠. 城市聚集经济理论研究及其进展 [J]. 中国经济问题，2005（6）：48-54.

[101] 林毅夫，姜烨. 经济结构、银行业结构与经济发展：基于分省面板数据的实证分析 [J]. 金融研究，2006（1）：7-22.

[102] 刘国斌，高英杰，王福林，等. 中国特色小镇发展现状及未来发展路径研究 [J]. 哈尔滨商业大学学报（社会科学版），2017（6）：98-107.

[103] 刘国斌，杨富田. 新型城镇化背景下县城的"亚核心"作用机理研究 [J]. 当代经济研究，2017（3）：90-96.

[104] 刘莉萍. 住房公积金支持公租房建设模式探析 [J]. 中国房地产，2015（7）：73-75.

[105] 刘平，王会雨，罗文孜. 金融支持保障性住房建设的问题与政策研究 [J]. 金融监管研究，2015（1）：32-49.

[106] 刘守英. 中国土地制度改革的方向与途径 [J]. 上海国土资源，

2014, 35（1）：1-8.

[107] 罗云开. 我国新型城镇化过程中政策性金融作用探讨 [J]. 上海经济研究, 2015（4）：51-54.

[108] 吕可, 赵杨. 新型城镇化进程中的商业银行集团金融产品创新研究 [J]. 中南财经政法大学学报, 2013（6）：69-73.

[109] 吕文静. 论我国新型城镇化、农村劳动力转移与农民工市民化的困境与政策保障 [J]. 农业现代化研究, 2014, 35（1）：57-61.

[110] 马凯. 转变城镇化发展方式 提高城镇化发展质量 走出一条中国特色城镇化道路 [J]. 国家行政学院学报, 2012（5）：4-12.

[111] 牛文元. 中国可持续发展的理论与实践 [J]. 中国科学院院刊, 2012, 27（3）：280-290.

[112] 浦发银行研究团队. 2012 年房地产市场调研报告 [R/OL]. （2013-03-19）[2015-10-14]. https：//www. doc88. com/p-1794771669608. html.

[113] 邱俊杰, 邱兆祥. 新型城镇化建设中的金融困境及其突破 [J]. 理论探索, 2013（4）：82-86.

[114] 邱兆祥, 安世友. 新型城镇化建设中如何发挥金融工具作用问题的思考 [J]. 教学与研究, 2013, 47（10）：31-36.

[115] 全国妇联课题组. 全国农村留守儿童城乡流动儿童状况研究报告 [J]. 中国妇运, 2013（6）：30-34.

[116] 荣晨, 葛蓉. 我国新型城镇化的金融支持：基于政府和市场关系的经验证据 [J]. 财经科学, 2015（3）：22-32.

[117] 邵传林, 王莹莹. 金融市场化对地区经济波动的非线性平抑效应研究：来自省级层面的经验证据 [J]. 经济科学, 2013, 35（5）：32-46.

[118] 沈军, 白钦先. 中国金融体系效率与金融规模 [J]. 数量经济技术经济研究, 2013（8）：35-50.

[119] 盛世豪, 张伟明. 特色小镇：一种产业空间组织形式 [J]. 浙江社会科学, 2016（3）：36-38.

[120] 宋健, 白之羽. 城市青年的职业稳定性及其影响因素：基于职业生涯发展阶段理论的实证研究 [J]. 人口研究, 2012, 36（6）：46-56.

[121] 孙阳. 发改委：推动小城镇发展与疏解大城市功能相结合 [EB/OL].（2016-02-25）[2016-06-18]. http://finance. people. com. cn/n1/2016/0225/c1004-28150171. html.

[122] 谈佳洁, 刘士林. 长江经济带三大城市群经济产业比较研究 [J].

山东大学学报（哲学社会科学版），2018（1）：138-146.

[123] 陶然，曹广忠.“空间城镇化”“人口城镇化”的不匹配与政策组合应对 [J]. 改革，2008（10）：45-49.

[124] 田东林. 围绕新型城镇化做好金融服务 [J]. 宏观经济管理，2013（10）：54-55.

[125] 王博宇，谢奉军，黄新建. 新型城镇化评价指标体系构建：以江西为例 [J]. 江西社会科学，2013（8）：72-76.

[126] 王发曾. 中原经济区的新型城镇化之路 [J]. 经济地理，2010，30（12）：1972-1977.

[127] 王建威，何国钦. 城镇化发展与财政金融支持机制协同创新的效率分析 [J]. 上海金融，2012（6）：94-96，118.

[128] 王涵，邓玲. 人力资本积累对我国新型城镇化发展的影响分析：基于结构方程模型和214个城市的实证研究 [J]. 四川大学学报（哲学社会科学版），2017（1）：127-133.

[129] 王文峰，施慧洪. 我国城市基础设施建设融资模式探讨 [J]. 商业经济研究，2013（14）：53-54.

[130] 王晓东，洪爱华. 个人保障性住房融资再研究：基于政府财政与民间资本合力效应的实证分析 [J]. 华东经济管理，2014（12）：129-133.

[131] 王勋，方晋，赵珍. 中国金融规模、金融结构与经济增长：基于省区面板数据的实证研究 [J]. 技术经济与管理研究，2011（9）：59-64.

[132] 王振坡，游斌，王丽艳. 论新型城镇化进程中的金融支持与创新 [J]. 中央财经大学学报，2014，1（12）：46-53.

[133] 王振山. 金融效率论：金融资源优化配置的理论与实践 [M]. 北京：经济管理出版社，2000.

[134] 卫言. 四川省新型城镇化水平及指标体系构建研究 [D/OL]. 成都：四川师范大学，2012 [2016-05-12]. http：//kns. cnki. net/KCMS/detail/detail. aspx？dbcode＝CMFD&dbname＝CMFD201301&filename＝1012501905. nh&v＝MjA4MzhSOGVYMUx1eFlTN0RoMVQzcVRyV00xRnJDVVI3cWZZdWRzRnl2bVY3N1BWRjI2SExhNEg5ak1xcEViUEk=.

[135] 魏晨. 新生代农民工工作流动状况及其影响因素分析 [J]. 劳动经济，2013（5）：15-18.

[136] 吴超，钟辉. 金融支持我国城镇化建设的重点在哪里 [J]. 财经科学，2013（2）：1-10.

[137] 吴新伟. 重庆公租房获签全国社保基金单笔最高贷款 [EB/OL]. (2011-07-12) [2016-05-12]. http：//finance. sina. com. cn/china/dfjj/2011 0712/141510133967. shtml.

[138] 伍艳. 中国城镇化进程中的金融抑制问题研究 [J]. 理论与改革, 2005 (2)：100-103.

[139] 西南财经大学中国家庭金融调查与研究中心. 城镇家庭住房空置率及住房市场发展趋势 (2014) [R]. 成都：西南财经大学, 2014.

[140] 谢俊贵. 职业转换过程的职业社会学论析：基于失地农民职业转换的观察与思考 [J]. 广州大学学报 (社会科学版), 2013, 12 (5)：26-33.

[141] 新华社. 守住管好"天下粮仓" 协调推进"新四化" 建设 [N]. 人民日报, 2013-01-16 (1).

[142] 熊湘辉, 徐璋勇. 中国新型城镇化进程中的金融支持影响研究 [J]. 数量经济技术经济研究, 2015 (6)：73-89.

[143] 徐策. 从投融资角度看新型城镇化建设 [J]. 宏观经济管理, 2013 (1)：31-32.

[144] 徐美银. 农民工市民化与农村土地流转的互动关系研究 [J]. 社会科学, 2016 (1)：42-51.

[145] 徐志峰, 温剑波. 保险业参与城镇化发展的思考 [J]. 保险研究, 2013 (6)：68-75.

[146] 杨充霖. 资源空间配置与中国新型城镇化的基础理论构架 [J]. 经济学动态, 2014 (9)：98-105.

[147] 杨发祥, 茹婧. 新型城镇化的动力机制及其协同策略 [J]. 山东社会科学, 2014 (1)：56-62.

[148] 杨慧, 倪鹏飞. 金融支持新型城镇化研究：基于协调发展的视角 [J]. 山西财经大学学报, 2015, 37 (1)：1-12.

[149] 杨静美, 张新华, 杨肖. 新型城镇化建设"三部曲" 及政府角色定位：以天津市为例 [J]. 天津行政学院学报, 2014 (4)：40-45.

[150] 杨新华. 新型城镇化的本质及其动力机制研究：基于市场自组织与政府他组织的视角 [J]. 中国软科学, 2015 (4)：183-192.

[151] 杨志勇. 我国城镇化融资方式分析 [J]. 中国金融, 2011 (19)：25-27.

[152] 姚宜. PPP模式应用于新型城镇化建设中的关键问题及建议 [J]. 理论探讨, 2016 (1)：101-104.

[153] 尹彦文. 新型城镇化进程中基本公共服务均等化的路径选择 [J]. 西安建筑科技大学学报（社会科学版），2015（3）：47-53.

[154] 俞林，张路遥，许敏. 新型城镇化进程中新生代农民工职业转换能力驱动因素 [J]. 人口与经济，2016（06）：102-113.

[155] 岳文海. 我国城镇化基础设施融资模式研究 [J]. 中州学刊，2013（10）：48-50.

[156] 曾江，慈锋. 新型城镇化背景下特色小镇建设 [J]. 宏观经济管理，2016（12）：51-56.

[157] 曾亚玲. 基于 REITs 的湖北省保障性住房 PPP 集成融资模式研究 [D/OL]. 武汉科技大学，2012 [2015-11-06]. http：//kns. cnki. net/KCMS/detail/detail. aspx？dbcode＝CMFD&dbname＝CMFD201301&filename＝10131420 90. nh&v＝MTM2NjNVUjdxZll1ZHNGeXZtVkxyT1ZGMjZIYks4SE5IRnnI1RWJQSVI4 ZVGxTHV4WVM3RGgxVDNxVHJXTTFGckM＝.

[158] 张记伟. 新型城镇化进程与信托公司的金融支持 [J]. 中国证券期货，2013（9）：282-283.

[159] 张俊宇，朱辉. 香港开放 REITs 对内地房地产市场的影响 [J]. 中国房地信息，2005（12）：23-26.

[160] 张雷. 土地流转影响农民工市民化的机制研究 [D/OL]. 西安：西北大学，2017 [2018-06-28]. http：//kns. cnki. net/KCMS/detail/detail. aspx？dbcode ＝CDFD&dbname＝CDFDLAST2018&filename＝1017270090. nh&v＝MjQ5OTZyV00xRnnJDV VI3cWZZdWRzRnl2bVZidkxWRjI2R2JHL0h0SEZyNUViUElSOGVYMUx1eFlTN0RoMVQz cVQ＝.

[161] 张立勇. 规范地方政府融资平台发展 [J]. 中国金融，2012（4）：73-75.

[162] 张丽琴，陈烈. 新型城镇化影响因素的实证研究：以河北省为例 [J]. 中央财经大学学报，2013，1（12）：84-91.

[163] 张林山. 农民市民化过程中土地财产权的保护和实现 [J]. 宏观经济研究，2011（2）：13-17，41.

[164] 张向东，李昌明，高晓秋. 河北省新型城镇化水平测度指标体系及评价 [J]. 中国市场，2013（20）：76-79.

[165] 张永岳，王元华. 我国新型城镇的推进路径研究 [J]. 华东师范大学学报（哲学社会科学版），2014（1）：92-100.

[166] 张庆光. 城市基础设施投融资方式研究 [D/OL]. 大连：东北财经大

学，2002 [2015-12-11]. http：//kns. cnki. net/KCMS/detail/detail. aspx? dbcode
= CMFD&dbname = CMFD9904&filename = 2003073917. nh&v = MTEzNzdXTTFGckNVUjdx
Zll1ZHNGeXZuVXJyTlYxMjdIYk8vSGRqTnFKRWJQSVI4ZVZgxTHV4WVM3RGgxVD
NxVHI =.

[167] 赵剑锋. 新型城镇化导向下的基础设施融资模式变革探讨 [J]. 商
业研究，2014，56 (7)：66-72.

[168] 中共东明县委党校课题组. "三型社会" 条件下山东省新型城镇化
建设影响因素研究 [J]. 新疆农垦经济，2014 (3)：34-41.

[169] 《中共中央关于全面深化改革若干重大问题的决定》 [EB/OL].
(2013-11-15) [2015-10-23]. http：//cpc. people. com. cn/n/2013/1115/
c64094-23559163. html.

[170] 《中国共产党第十九次全国代表大会报告全文》 [EB/OL]. (2017-
10-24) [2017-10-27]. https：//wenku. baidu. com/view/246551f948649b664
8d7c1c708a1284ac950055b. html.

[171] 周景彤，徐奕晗. 论金融在工业化与城镇化进程中的支持作用 [J]. 经
济学动态，2013 (5)：131-138.

[172] 周晓虹. 产业转型与文化再造：特色小镇的创建路径 [J]. 南京社
会科学，2017 (4)：12-19.

[173] 周宗安，王显晖，汪洋. 金融支持新型城镇化建设的实证研究：以
山东省为例 [J]. 东岳论丛，2015，36 (1)：116-121.

[174] 朱建华，周彦伶，刘卫柏. 欠发达地区农村城镇化建设的金融支持
研究 [J]. 城市发展研究，2010，17 (4)：143-145，149.

[175] 朱珊珊. 基于 PPP 模式的政府保障房建设融资问题研究 [D/OL]. 济
南：山东财经大学，2013 [2015-08-18]. http：//kns. cnki. net/KCMS/detail/de-
tail. aspx？dbcode = CMFD&dbname = CMFD201302&filename = 1013206168. nh&v = MzEy
NDdmWXVkc0Z5dm5VN3ZCVkYyNkhiRzRHTkRLcDVFYlBJUjhlWDFMdXhZUzdEaDFFU
M3FUcldNMUZyQ1VSN3E =.

[176] 朱宇，杨云彦，王桂新，等. 农民工：一个跨越城乡的新兴群体
[J]. 人口研究，2005 (4)：36-52.

[177] 住房和城乡建设部. 2014 年城乡建设统计公报 [R/OL]. (2015-
07-03) [2016-04-19]. http：//www. mohurd. gov. cn/wjfb/201507/t20150703
_ 222769. html.

附录　调查问卷

一、个体特征部分

1. 您的性别

A. 男　B. 女

2. 您的年龄

A. 18 岁以下　B. 18~25 岁　C. 26~35 岁　D. 36~45 岁　E. 45 岁以上

3. 您的受教育水平

A. 小学及以下　B. 初中　C. 高中（中专）　D. 大专及以上

4. 您的婚姻状况

A. 未婚　B. 已婚

二、后续学历教育与职业培训

5. 您对工作之后接受的学历教育满意吗？

A. 非常满意

B. 比较满意

C. 一般

D. 不满意

E. 非常不满意

6. 您对在所在地的人才市场参加过的就业培训满意吗？

A. 非常满意

B. 比较满意

C. 一般

D. 不满意

E. 非常不满意

7. 您对参加过的企业在岗提升培训满意吗？

A. 非常满意

B. 比较满意

C. 一般

D. 不满意

E. 非常不满意

8. 您对在社区参加过的创新创业培训满意吗？

A. 非常满意

B. 比较满意

C. 一般

D. 不满意

E. 非常不满意

三、职业转换与升迁预期

9. 您在职业转换过程中，对所在地的就业中介市场提供的就业服务满意吗？

A. 非常满意

B. 比较满意

C. 一般

D. 比较不满意

E. 非常不满意

10. 您对了解到的涉及职业转换的创就业扶持政策满意吗？

A. 非常满意

B. 比较满意

C. 一般

D. 比较不满意

E. 非常不满意

11. 您所在的企业中您的岗位的升迁机会如何？

A. 有很大可能升迁

B. 有较大可能升迁

C. 不一定升迁

D. 不太可能升迁

E. 不可能升迁

五、薪资待遇及福利

12. 您对您的月收入水平能满足您的基本生活保障需求这一观点认同吗？

A. 非常认同

B. 比较认同

C. 一般

D. 比较不认同

E. 非常不认同

13. 您目前是否有换职业提高生活水平的需要？

A. 非常需要

B. 很需要

C. 无所谓

D. 不太需要

E. 完全不需要

14. 您对所在企业为您缴纳"五险一金"或"六险一金"的状况满意吗？

A. 非常满意

B. 比较满意

C. 一般

D. 不满意

E. 非常不满意

六、新型城镇化

15. 您对所在的城市转移人口落户的户籍政策满意吗？

A. 非常满意

B. 比较满意

C. 一般

D. 不满意

E. 非常不满意

16. 您对您农村的土地权益（承包地、宅基地）的确权、流转状况满意吗？

A. 非常满意

B. 比较满意

C. 一般

D. 不满意

E. 非常不满意

17. 您对目前租房或购房的政策满意吗？

A. 非常满意

B. 比较满意

C. 一般

D. 不满意

E. 非常不满意

18. 您对在工作所在地享受社保和参加医保的情况满意吗？

A. 非常满意

B. 比较满意

C. 一般

D. 不满意

E. 非常不满意

19. 您对随迁子女入学在当地入学完成义务教育的情况满意吗？

A. 非常满意

B. 比较满意

C. 一般

D. 不满意

E. 非常不满意

七、职业转换能力

20. 您对于您之后可以到更适合您能力的行业或岗位工作的观点认同吗？

A. 非常认同

B. 比较认同

C. 一般

D. 比较不认同

E. 非常不认同

21. 您对于您之后可以到更高待遇的行业或岗位工作的观点认同吗？

A. 非常认同

B. 比较认同

C. 一般

D. 比较不认同

E. 非常不认同

22. 您对于您之后可以到更有拓展空间的行业或岗位发展的观点认同吗？

A. 非常认同

B. 比较认同

C. 一般

D. 比较不认同

E. 非常不认同